Sin velo

Sin velo

Una mujer libre contra los talibanes

Khadija Amin y Mónica Nion

Papel certificado por el Forest Stewardship Council®

Primera edición: marzo de 2026

Printed in Spain – Impreso en España

ISBN: 979-13-87600-55-6
Depósito legal: B-23.263-2025

Compuesto en Comptex & Ass., S. L.
Impreso en Impreso en Rotativas de Estella, S. L.
Villatuerta (Navarra)

C 6 0 0 5 5 6

Índice

Para Omar, Seawash y Rezwan.
Para Mia y Max

A squirrel has more freedom than a woman in Afghanistan.

MERYL STREEP, asamblea general de la ONU, 2024

Todas las mujeres poderosas asustan.
Pa' achantar sabiduría nos dijisteis brujas,
que somos mu malas, que somos mu putas,
que mordimos la manzana, todo es nuestra culpa.
Y mira, cariño, tú no has visto maldad.
Tú no eres consciente de lo que va a pasar.
Si crees que somo malas ahora, va a ser de verdá.
Ahora vamo a ver si tiene para afrontar.
Y yo vine santa, pero igual me voy Satán.
Puedo endemoniarte solo con la mirá.
Si quieres probarme, te vas a quemar.
Diabla, sucia, sucia diabla.

LAPILI, *Dirty Diabla*, artista multidisciplinar

سرزمین من

بی آشیانه گشتم خانه به خانه گشتم
بی تو همیشه با غم شانه به شانه گشتم

عشق یگانه من از تو نشانه من
بی تو نمک ندارد شعر و ترانه من

سرزمین من خسته خسته از جفایی
سرزمین من بی سرود و بی صدایی
سرزمین من دردمند بی دوایی
سرزمین من

سرزمین من کی غم تو را سروده؟
سرزمین من کی ره تو را گشوده؟
سرزمین من کی به تو وفا نموده؟
سرزمین من

ماه و ستاره من راه دوباره من
در همه جا نمیشه بی تو گزاره من

گنج تو را ربودند از بهر عشرت خود
قلب تو را شکسته هر که به نوبت خود

سرزمین من خسته خسته از جفایی
سرزمین من بی سرود و بی صدایی
سرزمین من دردمند بی دوایی
سرزمین من

سرزمین من مثل چشم انتظاری
سرزمین من مثل دشت پر غباری
سرزمین من مثل قلب داغداری
سرزمین من.

Mɪ ᴛɪᴇʀʀᴀ

Me quedé sin nido, de casa en casa errante.
Sin ti, siempre hombro con hombro con la tristeza andante.
Mi único amor, señal que me guía,
sin ti no tienen sabor mis versos ni mis melodías.
Mi tierra, cansada, cansada de injusticia,
mi tierra, sin canto y sin caricia,

mi tierra, doliente, sin remedio ni alivio,
¡mi tierra!
¿Quién ha cantado tus penas profundas?
¿Quién ha abierto tus caminos en la bruma?
¿Quién te ha sido fiel en esta fortuna?
¡Mi tierra!
Luna y estrellas mías, sendero de mi vida,
en ninguna parte puedo vivir sin tu salida.
Robaron tu tesoro para su propio placer,
rompieron tu corazón, cada uno a su vez.
Mi tierra, cansada, cansada de injusticia,
mi tierra, sin canto y sin caricia,
mi tierra, doliente, sin remedio ni alivio,
¡mi tierra!
Mi tierra, como unos ojos que esperan,
mi tierra, como llanuras cubiertas de arena,
mi tierra, como un corazón de penas,
¡mi tierra!

AMIR JAN SABORI

Prólogo

La búsqueda

Despierto entre lágrimas, hiperventilando, asustada. No es algo extraño, me pasa casi todos los días desde hace tres años. Abro los ojos y todo está completamente oscuro. No sé quién soy ni dónde estoy. La sensación de pérdida es total, ¿qué es lo que busco?

Me levanto de la cama con dificultad y subo la persiana. La luz me tranquiliza. Ahí fuera, el mundo sigue su curso como si nada. Todo está bien. ¿Todo está bien? Mi psicólogo parece no tener respuestas. Hace unos días, mantenía con él la conversación de siempre:

—Me pesa mucho esta sensación de pérdida. Es como un puñetazo en la boca del estómago.

—¿Te has preguntado qué es lo que buscas?

—Aquí tengo seguridad y todo lo que quiero, pero una parte de mí está perdida. Disfruto de libertad y protección, pero parece un espejismo; como si mi verdadera vida, mi identidad, estuviera en Afganistán. Se quedó allí y no puedo rescatarla.

Contemplo mi cara en el espejo, intentando reconciliarme con este rostro hinchado, anegado en llanto. Algo desenfocado por las lágrimas, miro mi piso de Vallecas, el primero al que he podido acceder yo sola, como mujer independiente. Es la primera vez que tengo llaves propias, en mi país las mujeres no podemos tenerlas. Esto está bien. Pero extraño Kabul, a mis hijos, mi vida. No sé dónde están. Me los quitaron; y, por más que los busco, siento que no los voy a recuperar nunca. No quiero parecer desagradecida, pero hay algo que me corroe las entrañas. Como refugiada, no tengo identidad. Me pasaré la vida intentando cambiar este hecho y no lo lograré. Soy una refugiada. Esa condición es lo que me define.

Soy una mujer joven. Acabo de cumplir treinta y un años, pero, cuando despierto, me siento como una recién nacida o como una anciana terminal. Después de dejarlo todo atrás, después de años reaprendiendo e integrándome, sigo arrasada por la pérdida. Para sobrevivir, disocio; mi cuerpo no parece mi cuerpo, mi mente tampoco parece la mía, pero aún me queda alma. Cuando veo mi cara en el espejo, lo único que veo es trauma. Siempre es peor por las mañanas.

Regreso a mí y repaso mentalmente mis coordenadas: soy Khadija Amin. Afgana, de la etnia tajik. Periodista y activista. Feminista y musulmana. No tengo pareja y vivo de manera independiente por primera vez en mi vida. Tengo tres hijos, uno de nueve años, Omar, y dos mellizos de siete, Rezwan y Seawash. Tras mi divorcio, mientras intentaba labrarme un porvenir, su padre se quedó con ellos y nunca pude verlos bajo un régimen de visitas normal. Cuando los talibanes tomaron Kabul en 2021,[1] mi exmarido me engañó y se los llevó a un lugar que desconozco.

Ahora solo puedo hablar con ellos de forma esporádica. Hace tres años que no los abrazo. Tres años que no puedo arroparles en la cama ni darles un beso de buenas noches. En este momento, vuelve a mi mente la noche en que me los quitaron. La revivo como a cámara lenta. Después del divorcio, Omar vivía con su padre y los mellizos permanecían conmigo, pero yo no tenía medios para subsistir y no había nadie que quisiera ayudarme. Ni siquiera mi propia familia. Recuerdo qué oscuro estaba cuando se llevaron a los mellizos. Eran bebés de solo dos años. Me los arrancaron y me sentí amputada, mutilada. No conseguí dormir hasta por la mañana; me dolían los pechos, llenísimos porque aún los amamantaba. Pero más me dolía saber que los pequeños tendrían hambre. La parte de arriba del pijama se empapó con mi leche. Mis pechos estaban tensos, a reventar, al no encontrar las bocas que debían alimentar. Desde entonces, nada tiene sentido.

Me puse a estudiar Periodismo. Y acabé siendo presentadora de las noticias en el canal estatal afgano, RTA, Radio Television of Afghanistan.[2] Era muy conocida, la cara visible de un boletín diario, ¡hasta tenía fans! No fue fácil salir adelante, pero me encantaba mi profesión. Y aún me encanta.

Podría culpar a la *sharía* y a mi religión de todo lo que me ha sucedido, pero la realidad es mucho más complicada. En todo el Corán, no hay ni una sola frase que afirme que las mujeres son inferiores a los hombres o que les está prohibido estudiar ni trabajar. Antes de que los talibanes regresaran al Gobierno de Afganistán, en mi país las mujeres teníamos derechos. Otra cosa es que se respetaran. Esa es la verdad.

Por otro lado, aunque existían leyes que garantizaban los derechos de las mujeres, había mucha diferencia, en cuanto a su aplicación real, entre Kabul y las zonas más rurales, recónditas o de montaña. A las niñas les estaba permitido continuar estudiando después de los doce años, pero eran las familias las que tomaban esa decisión. Con el tiempo, las mujeres alcanzamos representación en el ámbito de la política y en los espacios públicos. No existían vetos a nuestra presencia ni prohibiciones. Ahora, las mujeres son solo ausencia y privación. Desesperación y silencio.

Todas ellas forman parte de mi trauma. Pienso continuamente en mi pasado, en mi vida, en mis hijos, en mi país, en las niñas que siguen allí, en las mujeres como yo, como nosotras, víctimas de todas las violencias posibles: matrimonios forzados, violaciones, tortura; ser esclavas, estar muertas en vida, tener menos derechos que un animal. Sé muy bien en qué situación están las mujeres en Afganistán. Y sufro. Y si conozco esa situación es porque yo también la viví. ¿Cómo puedo respirar tranquila aquí sabiendo lo que viven mis hermanas allí? Es imposible. Aunque yo tenga libertad, no puedo distanciarme de mis pensamientos.

En España soy una privilegiada. Trabajo como periodista en el Departamento de Nuevos Formatos de TBS, la productora audiovisual de Telefónica,[3] y colaboro con varios medios de comunicación entre los que destaco *20 Minutos*. Integrarse, como ser humano, no es para nada gratificante y requiere un esfuerzo inmenso en todos los aspectos. Aquí hay juezas y diputadas afganas malviviendo y sin poder ejercer su profesión; deportistas de élite que quieren competir, pero que nunca podrán hacerlo con el orgullo de levantar su propia bandera.

Desde que salí de Afganistán no he dejado de defender los derechos de las mujeres y niñas afganas en todos los foros donde me han brindado la oportunidad. Al poco de llegar, cuando ni siquiera hablaba el idioma, empecé a contar mi historia y a denunciar las condiciones en las que viven la mitad de mis compatriotas bajo el régimen talibán. Conferencias, charlas, encuentros... Estoy agotada, pero no puedo parar de hacerlo. Aun así, a veces, parece que no he logrado nada. O tal vez sí. Participo en la directiva del Club de las 25, una asociación feminista, y en la de Reporteros sin Fronteras. También he creado una red internacional que presta ayuda a las mujeres afganas allá donde estén: en Afganistán, escondidas y torturadas; en Pakistán, refugiadas, esperando a poder escapar mientras sus vidas corren peligro; o en cualquier otro país en el que necesiten atención.

La prensa muestra interés, los periodistas me hacen las mismas preguntas regularmente y yo cuento mi propia historia y las de estas mujeres, en bucle. Una y otra vez. Todas las semanas doy conferencias y asisto a reuniones. Nada cambia.

Miro el reloj de mi iPhone 14 Pro Max. Las ocho menos cuarto. Tengo que activarme. Recuerdo cómo era estar con mis hijos por las mañanas. Pero el tacto de sus pieles, la suavidad de su cabello azabache, su perfume de niños están ya casi borrados de mis neuronas. Esto me mata. El dolor me paraliza. Tras hablar con un abogado catalán, tengo esperanzas de llegar a recuperarlos. El amor es motor.

Leo en los medios que dos turistas españolas han sido asesinadas en Afganistán. ISIS reivindica el atentado. Al parecer, viajaban con un grupo de una agencia de viajes. Existen turoperadores que realizan este tipo de viajes a Afganistán, donde cada año aumenta el número de visitantes y el tráfico aéreo. ¿Acaso se han creado viajes organizados a Ucrania o a Gaza? No. Todavía.

Sigo con esa sensación de pérdida que tengo a menudo por la mañana cuando me levanto. En duermevela y entre tinieblas, empiezo a buscar y a mirar. ¿Qué estoy buscando? No lo sé. Quisiera escapar de esto, pero es una realidad que me acompañará para siempre. Lo único que puedo hacer es seguir luchando para conseguir que mis hijos vuelvan conmigo. También por las mujeres y niñas afganas, que son como yo misma.

Mi mente y mi cuerpo necesitan tratamiento crónico. El psiquiatra me ha ajustado la medicación, otra vez: tranquilizantes, ansiolíticos, antidepresivos… Tengo muchos altibajos emocionales. De pronto, ¡quiero ser la primera presidenta de Afganistán! ¿Son compatibles fortaleza y fragilidad? El nuevo cóctel surte efecto y tengo la fuerza necesaria para ponerme los tacones e ir a trabajar. Nada me importa mucho, estoy animada. He superado tres intentos de suicidio, pero, hoy, salir a la calle es mi mayor conquista.

Introducción

Yo soy Mónica Nion, la otra autora, y esta no es mi biografía. Me paso por aquí para compartir con vosotros algunas coordenadas de contexto ante la lectura de la apasionante existencia de Khadija Amin, Mary (así es como la llamo yo). Esto ha sido para mí un viaje de aprendizaje, y creo que también lo será para vosotros. Y en una doble vertiente: la del conocimiento de la persona detrás del símbolo Khadija Amin y, con todo lo que me ha contado la protagonista del libro y lo que nos hemos documentado, la de la historia reciente de Afganistán. Pero lo primero que va a provocar este texto es la desintegración de vuestros prejuicios. Ya, ya sé… Vosotros, como yo, pensáis que no tenéis ideas preconcebidas. Error.

Todavía recuerdo el día en que conocí a Mary en TBS. Fue en junio de 2023. Como sabía que era musulmana, al saludarla, le dije:

—¿Te puedo dar dos besos?

¿En qué estaría pensando? Debo reconocer que es mi primera y única amiga y compañera de trabajo afgana y musulmana. Yo no sabía bien cómo ser respetuosa y natural a la vez. Ahora lo veo con perspectiva y me siento tonta. Cargaba con una mezcla de estereotipos culturales, inconscientes o no, de falta de exposición y de generalizaciones varias.

Lo primero que pensé fue que era muy tradicional o conservadora, porque es musulmana. Asumí que era anticuada y que se oponía a los valores modernos (como, por ejemplo, la igualdad de género en el ámbito laboral). También di por hecho que su religión la oprimía, uno de los prejuicios más arraigados en general. Consideraba que una mujer musulmana lo era por imposición y sumisión; no sabía que para muchas es una elección personal o un acto de fe o de identidad cultural y que por eso se ponen el velo… o no.

Supuse que, tal vez no sería capaz de relacionarse con normalidad, que no querría participar en eventos sociales de trabajo por las prohibiciones religiosas relacionadas con el alcohol, el cerdo, etc. Pensaba que sería tímida, callada o sumisa. Tenía prejuicios sobre su personalidad, una idea preconcebida negativa basada en la identidad religiosa, y no esperaba de ella que fuera una persona divertida, comunicativa o con carácter fuerte.

Por supuesto, creía que no compartiría mis valores feministas. Asumía un conflicto ideológico antes de conocerla. Creer que por ser musulmana no lucharía por sus derechos o no comprendería la lucha fue otro error. Recuerdo pensar también que tendríamos pocos temas de conversación…, y quizá este fue el más desacertado de mis pensamientos, pues podría haber creado entre nosotras una barrera social anticipada al pensar que no compartía con ella ningún interés debido a las diferencias culturales.

Tras entonar un *mea culpa* interno y ver que estaba completamente confundida, ¡en todo!, en mi defensa, debo decir que tracé un plan de acción, natural, y entre nosotras se estableció una bonita relación de amistad en pocos días. La conocí profundamente como persona, no como representante de una religión o cultura, sino valorando sus gustos, sus aspiraciones y su personalidad. Le hice (y le sigo haciendo) preguntas respetuosas sobre sus prácticas y sus costumbres. También la incluí en los planes sociales como comidas y *afterworks*. Evité hacer suposiciones sobre ella y su familia; y la animé (y animo) profesionalmente, destacando sus habilidades y méritos. ¿El resultado? Empatía y curiosidad sin prejuicios.

Tras hablar con Mary, tantas y tantas veces, os puedo hacer una hoja de ruta de los hitos de la historia reciente de su país. ¿Cómo era la vida en Afganistán hace cien años? ¿Era mejor o peor que ahora?

La situación de hace un siglo seguro que no os la imagináis. Una constitución progresista e igualitaria vio la luz de la mano del rey Amanulá Khan y la reina Soraya en 1923. Ellos querían garantizar los derechos de las mujeres y, entre 1919 y 1929, se abrieron colegios mixtos, se aumentó la edad requerida de las mujeres para su casamiento y se prohibieron los matrimonios forzados y las normas de vestimenta para nosotras. También se reconoció de forma teórica el derecho al voto de las mujeres en 1919, aunque nunca llegó a ejercerse. La figura de la reina Soraya es una figura rompedora dentro de la historia de Afganistán; todavía hoy es fuente de inspiración para muchas personas, y sin duda lo es para Mary.[1]

Mohammad Nadir Shah se proclamó rey en 1929, y todo empeoró: las escuelas a las que podían acudir niñas se cerraron, las mujeres debían llevar velo... ¡Menos mal que esta época no duró mucho!

Después del asesinato de Nadir Shah vienen cuarenta años de bonanza para las mujeres, por así decirlo. En 1933, ocupó el trono su hijo, Mohammad Zahir Shah, hasta 1973. Durante su reinado, el último periodo monárquico y estable de verdad en Afganistán, las niñas volvieron a las escuelas, se creó una nueva universidad y en la Constitución de 1964 se otorgó de forma explícita, nada más y nada menos, el derecho al voto de las mujeres, que por fin pudo ejercerse. ¡Grandes progresos para toda la sociedad afgana!

En los setenta, se instauró la República de Afganistán, cuando Zahir Shah fue derrocado por su primo, Mohammed Daoud Khan, en 1973. Durante esos años, el sistema político contaba con las mujeres. Empezaron a verse en el Parlamento y en las universidades. La situación mejoró todavía más cuando llegó al Gobierno el Partido Democrático Popular de Afganistán tras la revolución de abril de 1978; y también, más tarde, tras la invasión soviética en 1979.

Cuando la madre de Mary, Farida, iba al colegio, su clase era mixta y no era obligatorio llevar velo; en las fotos de la época, no lo llevaba. Las mujeres usaban minifalda, medias, maquillaje, llevaban ropa de colores… Sin ningún problema. Eran los años ochenta. Las mujeres podían entrar y salir solas, ir al cine, fumar…, aunque su madre no lo hacía. En la boda de sus padres, los hombres y las mujeres compartieron el mismo espacio, y todos bailaron y celebraron juntos, sin obstáculos. En aquel entonces, las niñas podían soñar con ser lo que quisieran de mayores. Había mujeres periodistas en la televisión, cantantes, actrices, doctoras. El país era musulmán, como ahora, y las mujeres tenían creencias religiosas profundas, pero eso no impedía su desarrollo como ciudadanas plenas. Digo esto para que veáis que la situación actual de las mujeres afganas no tiene nada que ver con que la sociedad sea musulmana. Las mujeres y niñas musulmanas han tenido libertad en muchos momentos de la historia de Afganistán.

Luego estaban los muyahidines. ¿Quiénes son? ¿Qué pintan en todo esto?

Mucha gente se lía al tratar de identificarlos. A ver si consigo contarlo de forma clara. Los muyahidines son como tropas de combatientes islámicos, grupos de guerrilleros de diferentes tribus y etnias que lucharon durante la invasión soviética de Afganistán, entre 1979 y 1989. Tras la retirada de la Unión Soviética, estalló una guerra civil entre ellos. De ese conflicto interno, surgió el crecimiento de los talibanes en los noventa. Por eso, en 1996, todo el progreso femenino se perdió. Igual que ahora.[2]

Ese primer periodo talibán fue una época muy dura y represiva. Los talibanes impusieron su interpretación de la *sharía* (la ley islámica) y comenzaron las restricciones, cómo no, para las mujeres. Se les prohibió trabajar, estudiar e incluso salir de casa sin un acompañante masculino, y siempre usando burka. Se las castigaba con lapidaciones, amputaciones y ejecuciones públicas por adul-

terio o por robo. Se eliminaron la música, el cine, la televisión…
Se supone también que los talibanes ayudaron a esconderse, o escondieron, yo no lo sé, a Osama Bin Laden y a los terroristas de Al-Qaeda, lo que causó el enfrentamiento con Occidente que todos conocemos. Al final, la Alianza del Norte y las fuerzas internacionales los vencieron en diciembre de 2001.

Estados Unidos se mete en todo este fregado tras el sangriento y mediático 11 de septiembre de 2001. Junto con sus aliados, invadieron Afganistán sin pensárselo mucho y expulsaron a los talibanes. La comunidad internacional acabó apoyando un Gobierno que se mantuvo de 2004 a 2021. Ese fue el régimen de la República Islámica de Afganistán, que tenía a Hamid Karzai como presidente. Todo parecía irradiar cierta esperanza…, pero la corrupción y el resurgimiento de los talibanes impidieron, una vez más, el progreso. Parece que es imposible que en Afganistán vayan las cosas bien, aunque todo lo organice la comunidad internacional.

Y ahora viene la guinda del pastel. Todo se precipitó en 2020, cuando Estados Unidos firmó un acuerdo con los talibanes para retirar las tropas que aún tenía en el país. Eso desencadenó lo que después acabaría trayendo a Mary a España: en agosto de 2021, los talibanes tomaron Afganistán. El Gobierno colapsó y el presidente Ashraf Ghani huyó del país. Miles de afganos intentaron emular al mandatario en una crisis humanitaria retransmitida por televisión.

En 2021, los talibanes prometieron un gobierno más moderado que en los años noventa. Todo era mentira, claro. Desde su llegada, las mujeres están sometidas a un *apartheid* de género y la economía afgana está en crisis debido el aislamiento del país y a la suspensión de la ayuda internacional. Los talibanes han intentado ganar reconocimiento internacional, pero creo que no engañan a nadie.

Hay más de veintitrés millones de personas que necesitan asistencia humanitaria; cerca de quince millones padecen inseguridad alimentaria y la hambruna afecta a tres de cada diez niños. Lo que aún se sostiene es gracias a la ayuda humanitaria, que proviene, en su mayor parte, de Estados Unidos.[3] En un informe que publicó en julio de 2024 el inspector general para la reconstrucción de Afganistán, se calculaba que los fondos estadounidenses alcanzaban los dieciocho mil millones y medio de euros… La desgracia es que ese dinero no llega adonde debe.

Los 995 millones de dólares que, según la Oficina de Coordinación de Asuntos humanitarios de la ONU, han aportado los donantes internacionales (principalmente Estados Unidos, como digo) han derivado en beneficios directos e indirectos para los talibanes. ¿Cómo?, os preguntaréis. Las ONG (muchas financiadas por Estados Unidos) están cumpliendo con las leyes fiscales afganas pagando los impuestos sobre los salarios de los empleados. Además, la ONU y otras organizaciones han sustituido al Gobierno en la gestión de los servicios básicos, algo que los talibanes usan como propaganda propia. Tremendo… Y ahora la situación puede empeorar radicalmente, pues el presidente Trump ha anunciado la suspensión de sus programas de ayuda internacional.[4]

Con respecto a las mujeres afganas, ¿cómo ha sido la evolución de sus derechos? ¿Ha habido en la historia de Afganistán una ley específica contra la violencia de género?

Los derechos femeninos y la igualdad de género ante la ley fueron consagrándose en las constituciones de 1923, 1964 y 1976, respectivamente. También hubo intentos de protección contra la violencia: en la Constitución de 2004 me llama mucho la atención, por ser tan necesaria, la ley sobre la Eliminación de la Violencia contra la Mujer (EVAW por sus siglas en inglés); otro punto importante es que se ratificó la Convención sobre la Eliminación de Todas las Formas de Discriminación contra la Mujer; y, como gran hito, se creó el Ministerio de Asuntos de la Mujer.[5]

Este avance con respecto a los derechos femeninos se fue concretando en los años siguientes. En 2009, se aprobó por fin la ley de Eliminación de la Violencia contra las Mujeres. La magnitud real de este hecho solo la podéis entender del todo si pensáis que antes de ella las mujeres eran impunemente objeto de homicidios, violaciones y abusos por parte de grupos armados; muchas quedaron traumatizadas. Hay un informe de Amnistía Internacional de 1995 que dice que la situación era, literalmente, «catastrófica».[6] Eso sí, que haya una ley no significa que todo se vuelva de repente de color de rosa, claro está.

De hecho, hay otro informe de Human Rights Watch de 2021 que señala un problema que Mary vivió en su propia piel. Aunque la EVAW representó un avance significativo, muchas mujeres siguieron teniendo obstáculos para acceder a la justicia, pues, para empezar, tienen miedo de denunciar.[7]

Se ganaron ciertos derechos, pero a las mujeres no se las tenía en cuenta. El gran ejemplo de esto es la firma del acuerdo para la paz en Afganistán entre Estados Unidos y los talibanes (Acuerdo de Doha) de 2020. Allí se dejaron totalmente de lado los derechos de las mujeres, a las que no se invitó a participar en ningún momento del proceso, ni se las escuchó, como siempre.

Luego, los talibanes volvieron a arrasarlo todo. Estos grupos de guerrilleros de las montañas, terroristas, tomaron el poder en agosto de 2021 y, en diciembre, todos los servicios para mujeres y niñas supervivientes de violencia de género habían sido desmantelados, una situación gravísima, pues las víctimas se quedaron sin protección. Esto también lo denunció en su día Amnistía Internacional.

El patriarcado afgano se las apaña para acabar dejando siempre a las mujeres fuera, y sin derechos, de una u otra forma. Las mujeres afganas han perdido hasta la identidad. En 2017, hubo una campaña importante que denunciaba esta situación y de la que Mary formó parte. Se llamaba «¿Dónde está mi nombre?» y hacía referencia a que, en Afganistán, lo habitual es que las mujeres no sean mencionadas por su nombre en los documentos públicos, medios de comunicación o incluso en conversaciones, sino que se las identifica como la hija de, la esposa de o la madre de un hombre. Es una cultura patriarcal que considera el nombre de una mujer como algo privado o vergonzoso. Con el movimiento «¿Dónde está mi nombre?» se señalaba que negar el nombre de las mujeres era borrar su existencia como individuos. Tras la campaña, algunas mujeres comenzaron a usar sus nombres públicamente. Su influencia aún perdura.

Lo más sangrante de la tragedia personal de Mary tiene que ver justamente con esto. Sus tres hijos nacieron en 2014 y en 2016, pero el nombre de la madre no consta en ninguna parte de su documentación de nacimiento; aparece solo el de su padre. En lo que podría ser el equivalente al libro de familia español, ella figura como fallecida, algo que notificó su exmarido al salir él de Afganistán y que nadie comprobó.

Desde el principio, los talibanes han interpretado la *sharía* a su antojo y cada poco lanzan edictos que restringen más y más los derechos de las mujeres. Estos son solo algunos:[8]

En 2021, se restringió la educación de las niñas más allá de sexto grado. Ese mismo año, se dio una instrucción a los conductores (varones) para que no acepten llevar en su vehículo a una mujer si no lleva el «hiyab adecuado». En desplazamientos de más de setenta y dos kilómetros, las mujeres no pueden ir sin su *maharam*, un acompañante masculino.

En 2022, se limitó el acceso de mujeres y niñas a los parques y se vetó su entrada completamente en los parques de Kabul. También se prohibió que embarcaran en vuelos nacionales e internacionales sin *maharam*. Se multiplicaron los vetos, se obligó a las presentadoras de televisión a llevar el rostro cubierto y también a todas las niñas de cuarto a sexto grado para ir a la escuela; a las trabajadoras públicas, se les pidió que no acudieran al trabajo; se prohibió a las mujeres utilizar los gimnasios; se suspendió su derecho a ir a la universidad y también a trabajar con organizaciones no gubernamentales nacionales e internacionales. Fue un año terrible.

Y, en 2023, se terminó prohibiendo a las mujeres afganas trabajar en Naciones Unidas.

Pero hay más.

En Afganistán, las mujeres no pueden ir a la peluquería, pues se han cerrado todas. Para los talibanes, arreglarse y cuidarse es algo pecaminoso. Las mujeres tienen prohibido también ir a médicos hombres. No pueden trabajar fuera del hogar. No pueden ser vistas. No pueden elegir con quién se casan ni cuándo tener hijos o no tenerlos (esto ya era así antes de los talibanes). No tienen libertad de expresión y no pueden protestar.

Y, aunque parece que no queda espacio para más restricciones, en 2024 aún hubo más: ahora las mujeres deben cubrir siempre completamente sus rostros y sus voces no pueden ser oídas en espacios públicos. Tampoco pueden formarse en profesiones sanitarias, lo que es especialmente grave porque ya no habrá mujeres que puedan tratar a mujeres, así que se quedan sin asistencia sanitaria. Todo es pecado para los talibanes. En total, van más de cien edictos. ¿Os imagináis algo así aquí?

Al principio, las mujeres se rebelaban, protestaban y se manifestaban arriesgando sus vidas. Miles han sido detenidas, brutalmente torturadas, encarceladas, violadas… Ahora la única salida es la resistencia. Las mujeres han creado escuelas clandestinas,[9] peluquerías secretas, gimnasios para ellas…, e intentan seguir adelante con todo en contra.

En 2023, un grupo de relatores de la ONU se desplazó a Afganistán para comprobar sobre el terreno cuál era la situación de los derechos humanos. Ese mismo año, en el Consejo de Derechos Humanos se hizo público un informe que describía el *apartheid* de género que sufren las mujeres y las niñas afganas. Lo llamaban *apartheid* porque querían señalar que es un sistema estructural e intencional, no algo que ocurre por casualidad. Es el diseño de un régimen institucionalizado que se apoya en actos inhumanos para asegurar la opresión sistemática de un grupo con el objetivo de seguir manteniendo dicho régimen.[10]

Es decir, en Afganistán, la discriminación de las mujeres y de las niñas está institucionalizada. Esto es extremadamente grave y constituye una violación de los derechos humanos. La Corte Internacional de Justicia también ha dejado claro que las justificaciones culturales o religiosas para el *apartheid* de género son inaceptables y contrarias al derecho. En enero de 2025, la Fiscalía de la Corte Penal Internacional solicitó a los jueces órdenes de arresto contra el líder de los talibanes, Haibatulá Ajundzadá, y contra el presidente del Tribunal Supremo del Emirato Islámico de Afganistán, Abdul Hakim Haqqani. Los consideran penalmente responsables del crimen de lesa humanidad de persecución por motivos de género. No sé en qué quedará todo esto, pero quizá sea una tenue luz al final del túnel.[11]

Las últimas veces

Hoy celebramos el Eid al-Adha. Es un evento muy importante en Afganistán y en todos los países musulmanes. Dura tres jornadas y no cae siempre en la misma fecha, cambia cada año. En Kabul, se sacrifican vacas, corderos y ovejas, y se reparte la carne entre la gente de la comunidad. Lo que más me gusta de esos días es que todas las familias se reúnen; las más pudientes peregrinan a La Meca. Amo el Eid.

Esta celebración rememora el momento en el que Dios ordenó al profeta sacrificar a su propio hijo. Él obedeció, pero cada vez que intentaba cortarle el cuello al niño, el cuchillo parecía no poder atravesar la carne. Entonces lo sustituyó por una oveja y, esa vez sí, la sangre brotó. Dios evidenció así la fe de su profeta.

Aunque el Eid es un día festivo, los periodistas trabajamos, así que por la mañana voy a los estudios del canal de televisión. Al salir, podré ver a mis hijos. En ocasiones especiales, su padre, Shafiq, les permite venir a verme. Bueno, mejor dicho, me permite ir a buscarlos, aunque Shafiq tenga coche propio y yo no. Conciliar así es muy difícil.

Atravieso Kabul en taxi. Es la capital de Afganistán, la ciudad más grande del país, con una población de más de cuatro millones y medio de personas, el centro de todo. Está situada en lo alto de

30

un valle estrecho que rodea el río Kabul, en la parte más alta entre las montañas Hindu Kush, antes del paso Khyber, el milenario y árido desfiladero que conecta Asia central y el subcontinente Indio. La historia dice que esta ciudad tiene más de tres mil quinientos años de antigüedad.

Kabul es una urbe horizontal, se extiende como un manto amarillo y anaranjado de edificios medianos y, en general, tiene mucha vida. Las calles están siempre atestadas de coches, motocicletas, camionetas. Las carreteras no tienen muchos carriles y el tráfico es caótico. Los peatones lo tienen difícil. ¿Hay pasos de cebra en Kabul? Ni lo sé. Voy a buscar a mis tres hijos para llevarlos a casa de mis padres, donde vivo con ellos y con mis hermanos. Los niños viven un poco lejos, pero hay que aprovechar. Es la Fiesta del Cordero.

Verlos me proporciona una felicidad automática. Uno de los mellizos, Rezwan, está un poco enfadado conmigo, pero no sé el motivo, y nunca lo sabré. Ojalá se le pase pronto. Su padre solo me deja verlos una vez al mes, dos como mucho. Y si no es con motivo de una festividad concreta, como hoy, voy con ellos al parque del centro comercial. Allí hay juegos infantiles y mis pequeños no paran. Hoy están muy guapos, los tres vestidos iguales, con polos azul marino con motivos amarillos, y sus brillantes cabellos negrísimos.

Llego con los niños a casa. Vivo en Qalai Wakil, un barrio de clase media cerca del aeropuerto Hamid Karzai. En esta zona casi todas las casas son bajas y pequeñas. La nuestra, de dos plantas, es de las más grandes. Uno de mis hermanos, que colabora con los militares estadounidenses, la compró para mis padres. No hay muchos servicios en este barrio, nada de centros sociales o teatros, solo diminutas tiendas de alimentación. Los restaurantes más cercanos están a quince minutos en coche, en el centro de la ciudad. Mi casa es confortable. Lo más destacable de ella es el salón. En las casas de Afganistán se reserva un salón para los invitados; se intenta que sea un espacio lo más bonito y cómodo posible. Yo misma me ocupé de decorar el nuestro a mi gusto, con los muebles más modernos que encontré: un conjunto de sofás de diseño para unas quince personas, unas cortinas grises y verdes, brillantes y una mesita de centro muy bonita. Todo tiene un aspecto refinado y elegante.

Las alfombras también son nuevas, pero no pude comprar las típicas artesanales afganas porque se me iban de presupuesto. Tener un salón así era mi sueño. No sabía que tres meses después de comprar todo aquello, los talibanes tomarían Kabul y allí se quedarían mis muebles. Cuando me vine a España, mi madre se los dio a mi hermana, Karima, que está casada y sigue viviendo en Kabul. ¿Será que en realidad no le gustaba cómo había decorado su salón y nunca me dijo nada?

Dejo a los niños con mis padres y voy a ponerme ropa cómoda. Aparco el vestido y los tacones y me pongo el pijama (rosa). Me encanta estar en pijama en casa. Aunque tengamos una comida especial, apuesto por la comodidad. Mi favorito es uno de Winnie the Pooh que aún conservo de cuando vivía en Afganistán.

Nos reunimos toda la familia. Mi padre se llama Mohamed Naiem, y no sé qué edad tiene. Mi madre, Farida; creo que tiene cincuenta y cuatro años. Somos siete hermanos: el mayor es Karim (39); le sigue Yalda Karima (en casa le llamamos Yalda) (36); luego vamos yo, Rahim (27), Abobaker (25), Najim (23) y, finalmente, Samim (18). En Afganistán no se come en torno a una mesa, sino sobre una alfombra, con las piernas cruzadas y sobre un mantel de plástico. Y la comida se comparte: por cada dos comensales, hay una ración.

Comemos con las manos, reímos y hacemos fotos. Días antes le había dado dinero a mi madre para que comprase los ingredientes y cocinase los platos que más les gustan a mis hijos. Quiero que todo salga perfecto. Le dije que comprara lo que hiciera falta. No me importa mimarlos demasiado. Su padre, Shafiq, no es como yo. A pesar de tener buenos ingresos, no es detallista ni les compra caprichos. Hoy, como plato especial, hemos preparado hamburguesas. A mis hijos les encantan. Hamburguesas con patatas, y sin límite de kétchup. Estamos felices.

En ese momento no puedo ni imaginar que esa va a ser la última vez que vea a mis hijos en persona. Son nuestras últimas fotos juntos. Nuestra última comida. Los últimos besos.

MADRID, MAYO DE 2024

De haber sabido que esa era la última vez, les habría explicado que no me alejé de ellos porque quisiera: mi objetivo era trabajar y ganar dinero para que pudiéramos vivir bien. Juntos. No tenía medios para garantizar su bienestar, por eso no podían estar conmigo. Su padre tenía una buena casa y una excelente posición económica. Y yo debía sacar adelante mi carrera. No sé a qué se dedicaba mi exmarido: a pesar de estar casada con él seis años, nunca lo supe… Y sigo sin saberlo; hasta tal punto nos mantienen ajenas a todo. Las mujeres solo somos útiles para tener hijos, cocinar y hacer las cosas de casa. Lo único que sé es que su familia tenía dinero, poco más.

Hijos: me gustaría deciros que algún día volveremos a vivir juntos. Si hubiera sabido que no os volvería a ver, no hubiera dejado que os fuerais con vuestro padre. Si pudiera regresar a ese momento, cometería, sin dudarlo, un delito: os secuestraría.

KABUL, 13 DE AGOSTO DE 2021

La ciudad está muy cambiada. La gente se congrega en filas más o menos caóticas en las aceras que rodean los bancos, los burkas se agotan en las tiendas y el miedo flota en el aire. Los talibanes se han hecho con el control de casi todas las provincias, pero Kabul aún resiste. Mis compañeros periodistas y yo tenemos la sensación de que algo está a punto de pasar. Es viernes, y en Afganistán es día de descanso, pero nuestro trabajo es informar y hoy no paramos. Mi labor, en concreto, es dar las noticias en un boletín en directo. Entre compañeros, bromeamos con la idea de que si entran los talibanes al set mientras estoy presentando, me tocaría cambiar de registro al instante y darles la bienvenida. Sin pestañear.

En realidad, tenemos la esperanza de que Kabul aguante. Además, no creemos que algo así pueda pillarnos de improviso: trabajando en la televisión pública, sabríamos algo antes que los demás. Ilusos. El ministro de Defensa, Bismillah Khan Mohammadi, acaba de emitir un comunicado para tranquilizar a la gente. Y el presidente del Gobierno, Ashraf Ghani, ha enviado un vídeo a nuestra televisión diciendo exactamente lo mismo. Hace una semana, nos empezamos a preocupar, pero solo un poco, cuando el presidente de nuestro canal de televisión, Ismail Miakhail, se marchó a Inglaterra. Nunca más regresará.

KABUL, 14 DE AGOSTO DE 2021

Además de trabajar, estudio el cuarto curso de Periodismo en la Universidad Fanoos. Es una institución privada que tiene un campus pequeño y cinco facultades. Hoy es sábado y voy a clase. Hay dos turnos: de seis a nueve de la mañana y de cinco a ocho de la tarde. Yo asisto al primero y soy la delegada de mi curso. Tardo poco en llegar a mi facultad, unos quince minutos. Junto con otras tres compañeras del mismo campus, hemos contratado un coche que viene a recogernos cada mañana.

Llego a mi aula. Estamos en medio de clase e, inesperadamente, alguien la interrumpe. Tenemos que reunirnos para ayudar a los refugiados. Los delegados de curso y los profesores nos organizamos para gestionar recursos para las personas que están llegando a Kabul desde otras partes del país, zonas que han sido ocupadas por los talibanes. Me esfuerzo por ayudar a los otros. En apenas unos días, yo seré una de ellos y mi vida cambiará para siempre.

En la reunión, nos planteamos de qué manera ayudar: pidiendo donaciones a los alumnos, a los profesores y al personal de la universidad para comprar comida y todo lo que esa gente, que no tiene nada, necesite.

Es la última vez que acudiré a mi universidad.

KABUL, 15 DE AGOSTO DE 2021

Mi padre hace mucho tiempo que no trabaja. Mi madre es maestra de escuela, y es ella quien se encarga de pagar la comida, las facturas, los cursos de inglés, la ropa. Nuestro nivel de vida es medio-alto. No nos podemos quejar. Bueno, yo en su momento sí lo hice. Antes tenía mi habitación propia, bien montada, con su papel en la pared estampado con piedras, sus libros y una cama, y de un día para otro me la arrebataron (puntualizo lo de la cama porque era la única de la familia que tenía una; en mi país no es costumbre usarla, allí simplemente se pone el colchón sobre la alfombra).

Durante una de las visitas de mi hermano desde Estados Unidos, donde vivía, mi madre le comentó que estaba cansada de la cocina americana y no se les ocurrió otra cosa que convertir mi lugar privado en una cocina. Por supuesto, nadie me consultó antes de tomar esa decisión. Me enfadé, pero a nadie le importó. Tuve que trasladarme a un rincón de una habitación muy grande, con un armario blanco, mi cama y una colcha rosa. No me sentí motivada para redecorarlo todo de nuevo, así que lo dejé como estaba. Estoy bastante fastidiada por esa situación en la que me encuentro desde hace unos tres meses.

Es domingo y hace calor, algo más de treinta grados. Mi padre, Mohamed Naiem, se levanta a las cinco de la mañana para rezar y avisa a toda la familia. Mis hermanos siempre obedecen y se levantan con él. Yo… a veces hago caso y a veces no. Eso me genera muchos problemas con mi padre. No sé cuántas veces reza mi padre, dentro o fuera de casa, pero es su actividad principal durante el día. Parece una obsesión. Para él, la religión es lo más importante. Da sentido a su existencia. Cuando me despierta, aunque no me levante para ir a rezar con él, luego me resulta difícil conciliar el sueño. A mi padre también le molesta el pijama que llevo: es apretado y fino, y no le gusta que lo use cuando mis hermanos están presentes. La mente de los hombres afganos es insondable. Discutimos mucho por eso.

A las seis de la mañana suena la alarma, pero no me levanto. Mi madre, Farida, entra en la habitación para recordarme que es hora de ir a la universidad. En casa me llaman María o Mary, Khadija es para la gente de fuera. Ni mi madre ni mi padre son afectuosos, cercanos o cálidos, ese no es el estilo de crianza en Afganistán. La distancia que se genera entre padres e hijos se considera un signo de respeto. Por supuesto, yo trato a mis hijos de manera diferente.

Le digo a mi madre que hoy no tengo ganas de ir a la universidad. Ni siquiera insiste, sabe que voy a hacer lo que me dé la gana. Muchos días no va nadie y termino estando yo sola en clase. Tampoco les gusta madrugar. Apago la alarma y pongo el teléfono en silencio (por eso, más tarde, no escucho las llamadas de mis compañeros que quieren avisarme para que vaya). Me quedo remoloneando en la cama con una sensación extraña de culpabilidad por faltar a clase.

Este mes me he puesto el objetivo de adelgazar diez kilos siguiendo una dieta y haciendo deporte cada día. Me pongo mi ropa deportiva y, tomo un vaso de agua templada con limón y bajo a la planta inferior para empezar a correr en la cinta. En realidad, es como un sótano algo oscuro, pero me viene muy bien disponer de este espacio para ejercitarme (mi jefe me prohibió ir al gimnasio y aquí puedo entrenar sin que nadie me diga nada). Corro, en ayunas, a ritmo rápido durante una hora, con música animada. Me pongo los cascos o cierro la puerta para no molestar a mi padre, que a las ocho vuelve (de nuevo) de rezar y se

pone a leer el Corán. No quiero tener más problemas. El reguetón suena a todo volumen. Solo me gusta este tema, que no sé ni
de quién es…

Khala khala Jan (tía, tía, quiero a tu hijo).

Seba larzandum (sacudo el manzano).

En ese momento, desconozco que esa va a ser también la última vez que haga deporte (años después, aún no he sido capaz de
retomarlo). Pero estoy motivada: en veinte días he bajado cinco
kilos y eso me anima a seguir. Luego, una ducha rápida caliente y
a vestirme. Mi armario es grande, me chifla la ropa (no solo los
pijamas). Tengo muchos trajes y americanas, cincuenta pares de
zapatos de tacón, zapatillas, complementos. Soy muy coqueta.
Vanidad afgana.

Aunque no quiero reconocerlo, el anuncio de la llegada de los
talibanes por la radio me provoca un cierto miedo. Escojo un vestido largo y negro de algodón, que no es como suelo vestir ha-
bitualmente. Añado al *look* un gran velo (que tampoco suelo usar,
lo que suele provocarme aún más discusiones con mi padre), por lo
que pueda pasar… Los trajes que llevo en la televisión siempre son
negros, azul marino o gris, y los velos, de colores: blanco, rojo,
amarillo… Mientras me pongo la ropa, ignoro que todo mi vestuario se va a quedar en esa casa, abandonado. Sacaría una pequeña fortuna si ahora pudiera venderlo en Wallapop.

Mi madre me sirve el desayuno y me lo tomo sentada en uno de
nuestros colchones típicos, sobre la alfombra. Ya he dicho que mi
sueño era decorar la casa con alfombras afganas, pero nunca pudo
ser. Tras tomar el poder, los talibanes prohibirán a las chicas el acceso
a las escuelas secundarias y muchas de ellas harán de tejer alfombras
una profesión. Es una de las actividades artesanas más antiguas e
importantes del país y a ella se dedican especialmente las mujeres.
Tejen las alfombras a mano con una técnica que se transmite de generación en generación. Tejer una sola alfombra lleva meses.

MADRID, 2023

Es la primera vez que alquilo un piso propio y lo primero que hago es buscar una alfombra afgana. Desde pequeña he fantaseado con el día en que tendría una preciosa alfombra tejida por las manos de mujeres afganas, que son mágicas. A pesar de esa magia, y aunque sus precios son cada vez más altos, quienes las elaboran ganan poco.

En Madrid conocí a un chico afgano que regenta una tienda de alfombras. Se llama Abdul Hakim. A veces voy allí solo para ver el género y mirar a la gente elegir y comprar mientras pienso: «Menos mal que la artesanía de las mujeres afganas tiene mercado en España, así seguirán trabajando y ganando dinero para mantener a sus familias». La tienda de Abdul me transporta a Afganistán, pese a los miles de kilómetros que me separan de mi país. Finalmente, pude ahorrar y tengo en mi casa una de sus alfombras. De alguna manera, eso la convierte en hogar. Abdul Hakim Salí lleva dieciséis años en España, empezó en Barcelona y ahora tiene dos tiendas en Madrid. Abdul ayuda con sus negocios a más de doscientas cincuenta familias del norte de Afganistán comprando las alfombras que hacen las mujeres.[1]

KABUL, 15 DE AGOSTO DE 2021

Mientras pienso qué velo escoger para presentar hoy, tomo el desayuno que me ha preparado mi madre, un poco de leche de vaca con avena y nueces. En Afganistán no hay diferentes tipos de leche para elegir. Como estoy a dieta, tomo muy poca cantidad; más tarde, a media mañana, comeré un par de dátiles para seguir el plan.

Nunca me tomaré esos dátiles. Ese será mi último desayuno antes de la hecatombe. Pero, una vez más, yo no lo sé.

Se hace tarde. Cojo mi bolso, mis papeles del trabajo, un velo de color granate y salgo de casa. No tengo coche y opto por uno compartido. Estos vehículos llevan a más personas de las permitidas. En el asiento del copiloto pueden ir dos y detrás, muchas más. Es algo que me repatea. Hombres y mujeres vamos mezclados —ahora sería impensable—, apretados como sardinas. Si no hay tráfico, en diez minutos llego a mi trabajo.

Desde el taxi todo parece normal: veo a profesoras y profesores caminando y a muchos alumnos y alumnas que se dirigen a las escuelas y universidades cercanas. A juzgar por lo que se ve en la calle, no parece que la vida vaya a cambiar de forma radical.

Mi oficina está en el distrito de Wazir Akbar Khan muy próxima a los ministerios y al palacio presidencial, conocido popularmente como Ciudadela, una especie de castillo que terminó de construirse en 1880. La embajada de Estados Unidos también está muy cerca. Su edificio rectangular anaranjado ha sido objeto de numerosos atentados, así que al pasar por allí parece que se siente el peligro.

Paso también por delante del Instituto de Cine Afgano. El cine de Afganistán empezó a producirse en el país a principios del siglo XX, pero los cambios políticos no han permitido que creciese y se desarrollase adecuadamente, aunque sí se han realizado numerosas películas en pastún y darí, tanto dentro como fuera de Afganistán. Cuando los talibanes tomaron el poder, en 1996, cargaron contra los cines y quemaron los celuloides de muchas películas. Después los cerraron (también prohibieron ver la televisión) y muchos se convirtieron en tiendas de té o en restaurantes. En los peores casos, los locales están en un estado de abandono. Las películas que se ponen en los cines en estos momentos, antes de que los talibanes acaben por completo con ellos, son sobre todo de Bollywood. Pero, a decir verdad, nunca he ido al cine en mi país.

Llego al entorno de la RTA. Es un complejo grande, con varios edificios y arbolado, muy agradable. Para llegar a mi oficina, debo caminar unos quince minutos y pasar tres controles militares, menos exhaustivos según avanzas. Estos últimos meses los atentados se han sucedido y hay que extremar las precauciones (las medidas de seguridad, de más minuciosas a menos pueden llegar a asustar, pero al final te acostumbras). En cada uno, hay tres o cuatro militares con uniformes modernos, aseados y armados con *kalashnikovs*. Tengo mi tarjeta identificativa del canal, así que la muestro en cada parada. Me miran el bolso, y me cachea una mujer. Entre un control y otro, hay algunos establecimientos donde, en ocasiones, compro zumos o galletas.

Un gran cartel con letras doradas y fondo negro me recibe en mi edificio. Subo las escaleras y cruzo una enorme puerta. Me voy pitando a peluquería y maquillaje. Es un espacio en el que otras periodistas y yo nos sentimos seguras y hablamos de todo lo que se nos pasa por la cabeza: confidencias, algunas ideas descabelladas y otras no tanto. Uno de los temas recurrentes de nuestras conversaciones es si algún día podremos presentar las noticias sin velo. En ese momento, aún pensábamos que llegaría el día en que lo conseguiríamos. No podíamos sospechar todo lo que el país iba a retroceder.

En peluquería y maquillaje siempre me atiende una chica muy simpática, la llamamos madre de Asali (madre de Miel) porque su hija se llama así. Hoy está preocupada: si llegan los talibanes y nos matan a todos, cree que ella será de las primeras en caer y que la harán sufrir, pues se encarga de maquillar y peinar a mujeres. Para ellos, con esos aderezos, somos unas putas. Intento tranquilizarla. Y tranquilizarme a mí también. Le digo —me digo— que es imposible que los talibanes tomen Kabul, que la ciudad va a resistir. Finalmente, sus miedos se harán realidad. Ella está ahora refugiada en Pakistán. Por lo menos, sigue viva.

Durante los meses previos a la llegada de los talibanes, como no llevo velo en la oficina, mis compañeros me hacen muchas bromas.

—Si llegan los talibanes, vamos a tener problemas todos por tu culpa.

—Los talibanes no van a tomar el poder nunca. Yo voy a seguir viviendo a mi aire. Y llegaré a salir en la televisión sin velo.

A veces soy un poco jefa. Me vengo arriba.

La maquilladora tarda unos veinte minutos en arreglarme. Me hace una especie de semirrecogido con cuatro o cinco mechones sueltos que me encanta. También llevo un buen plastón de maquillaje para salir por la tele. Para arreglar a los hombres, hay otro peluquero y maquillador. Una vez, nuestra madre de Miel se puso enferma y tuvo que sustituirla. A mí no me generó ningún problema, pero a otras personas sí.

Mientras madre de Miel me arregla, llegan otras tres compañeras. Hablamos de cosas grandes y pequeñas. Me siento arropada, les caigo bien. El tema de fondo, el que sobrevuela todas las conversaciones, es siempre el mismo: si los talibanes llegarán a tomar Kabul o no. Tenemos dudas, pero nadie se imagina el horror que está a punto de desatarse. Aunque entonces aún no lo sabemos, el sueño de todas nosotras, presentar en la televisión sin velo, ya ha empezado a esfumarse.

Estoy lista. Me voy al plató. Tengo que subir un piso y, con los tacones, me cuesta un poco (siempre protesto para que me pongan un ascensor). Me gusta llegar diez minutos antes para repasar el guion, que llevo impreso desde la redacción.

El jefe de redacción se llama Fahim (nombre ficticio) y ya ha cumplido los cuarenta años. Me llevo muy bien con él. Se dirige a mí como *auder*, que es como en Afganistán llamamos a la gente que es de nuestra familia. Significa «primo». Trabajamos en un entorno mixto y agradable, no tenemos ningún problema en juntarnos hombres y mujeres en el mismo plató. Quizá parezca una tontería, pero en Afganistán no lo es. En un canal privado en el que trabajé anteriormente, tuve muchos desencuentros, pues hasta me llamaban la atención por hablar y reírme alto. Allí hombres y mujeres debían trabajar separados y no se relacionaban.

Son las nueve menos cinco minutos. Estoy en el set y me pongo el micrófono. No está bien visto que un técnico hurgue entre mi ropa o cerca de mi cuerpo, así que yo misma me coloco el pinganillo en el oído y me dispongo a dar el boletín de noticias. El nuestro es el segundo canal de mayor audiencia del país, tiene mucha programación cultural y social y aborda temas de educación, deportes, idiomas y actualidad. Llevo el vestido negro y el velo granate. Esos serán mis últimos diez minutos como presentadora en ese set.

«Buenos días, bienvenidos a las noticias de las nueve. Soy Khadija Amin…».

No cuento ninguna noticia de última hora, todas son de ese día o de la noche anterior. Hablo del mensaje del presidente, Ashraf Ghani, en el que pide calma, y del avance de los talibanes.

MADRID, 2025

Entre todos estos recuerdos amargos, de repente, emerge uno bueno: la sensación que tenía frente a las cámaras. Pensaba en todas las personas que, en sus casas, estaban viéndome dar las noticias en directo y me enorgullecía de estar allí. Me había costado mucho esfuerzo conseguirlo, había tenido todo en contra desde mi nacimiento. Tantos obstáculos, tanto daño y el alto precio pagado se veían, por un momento, compensados.

Otro de mis sueños era informar de que se había acabado la guerra en Afganistán. Sufro por el desequilibrio infinito de mi país, donde parece que nunca puede haber paz, armonía, estabilidad y progreso. ¿Podré algún día dar esa noticia?

KABUL, 15 DE AGOSTO DE 2021

Termino el boletín y subo a la reunión del equipo de redacción. Empezó a las nueve, pero yo siempre me incorporo al acabar el directo. En este turno de informativos trabajamos entre veinte y treinta personas. De repente, el jefe de redacción me encarga que vaya a cubrir un tema.

—Debes informar de la situación de los bancos. Los clientes no pueden retirar dinero: se están formando largas colas y aglomeraciones en las sucursales.

—De acuerdo, pero me preocupa no llegar a tiempo para dar el boletín de las doce...

—No te preocupes, tu compañera Lina puede sustituirte.

Me quedo tranquila. En un coche con conductor del canal, voy con un operador de cámara (ese puesto no lo ocupan mujeres) a las zonas de los bancos, Share Naw y Wazir Akbar Khan, muy próximas a las embajadas y a los ministerios. Desde el coche, abruma ver el tráfico de Kabul, así como el creciente desorden en las calles. Hay grupos de personas descontentas formando filas en las aceras frente a los bancos. Me suena el teléfono. Son unos compañeros que me dicen que no les están permitiendo acceder al Ministerio de Defensa. Como tengo contactos, me piden que intervenga. Viéndolo ahora, con perspectiva, está claro que en ese momento nuestros máximos dirigentes ya saben lo que ocurre y por eso no dejan entrar a los periodistas. Yo hago lo que puedo, pero tengo que hacer mi propio trabajo.

El cámara y yo bajamos del coche. A medida que nos acercamos a uno de los bancos, percibimos el caos en la calle. Hay mucho ruido, la gente está intentando recuperar su dinero y no lo consigue... Hago dos entrevistas, a una señora y a un señor por separado; ambos se muestran muy preocupados, porque no saben lo que está sucediendo y se temen lo peor. El cámara graba recursos de todo. Es el comienzo del fin. Cogemos un taxi de regreso, y a las doce se desencadena todo. Mi móvil se colapsa con el aluvión de mensajes y llamadas que recibo para contarme lo que está pasando: los talibanes se han hecho con el control de Kabul. Mi compañero y yo lo comentamos preocupados, también con el taxista. Nos extraña que no nos llamen del canal para decirnos algo.

Al final, no será hasta las cinco de la tarde que los medios confirmen que nuestro presidente, Ashraf Ghani, ha abandonado el país, despejando todas las incertidumbres. Luego nos enteramos de que en ese momento se están abriendo las puertas de la prisión de Pul-e-Charkhi y todos los presos, condenados por distintos delitos, están siendo liberados. Eso desata el pánico en Kabul.

El conductor nos deja en el complejo del canal y pasamos los controles más rápido que nunca: no hay nadie para atenderlos. Entramos en la redacción y el cámara se va a su puesto, pero antes me da la tarjeta con el material del reportaje que hemos grabado. Me desconcierta que la redacción esté casi a oscuras. Tan solo quedan tres personas y están recogiendo sus cosas para irse.

Como tengo los brutos de lo que me han encargado, me dispongo a seguir trabajando para terminar la pieza. Supongo que estoy en shock y tan solo intento seguir actuando con normalidad cuando todo a mi alrededor se desmorona. Mi jefe de redacción no da crédito, quiere que me vaya.

—Por favor, vete a casa.

—No.

Algo que forma parte de mi encanto es la obstinación.

Cuando nos llega la información de que los talibanes han liberado a todos los presos de las cárceles, entre ellos, los detenidos por las tropas extranjeras y los vinculados al terrorismo, ya no puedo seguir negando lo evidente. Me doy cuenta de que no hay equipo para sacar adelante el trabajo y, poco a poco, me voy resignando con estupor. Ese reportaje no es lo único inconcluso de ese día: me había llevado tomate, pimientos, cebolla, cilantro, limón y sal para hacer una rica ensalada que iba a compartir con mis compañeros. Esos sabrosos alimentos se quedaron en la cocina del canal. Huérfanos.

Dejo los zapatos de tacón alto en mi taquilla y me pongo las zapatillas New Balance. Esto tampoco lo sé, pero mis pertenencias también se van a quedar ahí: los tacones y un bolso que me trajo un fan de un viaje a Corea. El jefe de redacción insiste de nuevo, contrariado.

—Debes irte a casa.

—No, yo quiero montar mi reportaje.

Bajan a la redacción dos jefes más, Yosuf y Rafi (nombres ficticios); son los superiores del jefe de redacción. Al ver que yo no atiendo a razones, me piden que los acompañe.

—Dado que no haces caso, ven a hablar con el vicepresidente del canal, Mudaqeg.

Y así lo hago.

—Khadija, te tienes que ir a casa. ¡Estás completamente loca! ¡Nos pones a todos en riesgo! ¡Por favor, vete ya!

No me creo que esto esté pasando, sigo en shock, pero obedezco, con la vena de mi frente más hinchada que nunca. Abandono el edificio. Ese será mi último día trabajando como periodista en Kabul.

Al pasar por los controles, veo que algunos militares han vuelto a ocuparlos. Tienen miedo.

—Eres afortunada por poder irte. Nosotros seguimos instrucciones y debemos permanecer en nuestros puestos. Tememos que los talibanes nos maten.

Mi trayecto entre los controles está regado de lágrimas. No dejan de salir, no las puedo parar. Soy consciente, ya sí, de que tal vez esta sea la última vez que camino por este lugar. Aunque quizá pueda regresar mañana... Todavía me cuesta creer lo que está pasando, pero no puedo negar la realidad que me rodea. ¿Dejarán trabajar a las mujeres los talibanes? La única respuesta son mis lágrimas. Ahora me asombra mi ingenuidad de entonces.

Salgo del canal y cojo un taxi compartido para ir a casa. Temo por mi vida. Soy un rostro muy conocido y podría ser de las primeras asesinadas. Tanto yo como mi familia. Todos nosotros. Llevo mucho tiempo dando cada día noticias contrarias a los talibanes en el canal estatal afgano y, ahora, ese grupo de terroristas ha llegado de nuevo al poder. Una vez más, como en 1996, se han hecho con el control del país. Y eso pone a las mujeres y a las niñas a una situación de pesadilla, sin derechos, en un régimen de *apartheid* de género. ¿Cómo es posible que esto se esté repitiendo?

Un escalofrío me recorre el cuerpo. Tiemblo. En el taxi hay un hombre que se identifica como militar, pero no lleva uniforme. Se ofrece a protegerme hasta que llegue a casa, pues es consciente del riesgo que corro. Un trayecto que debería durar diez minutos se convierte en uno de tres horas. Tres horas entre el tráfico, el caos y la barbarie. Mi móvil echa humo. Leo, escribo y respondo en mis grupos de WhatsApp de forma compulsiva. A pesar de estar en el taxi y de que estamos avanzando, tengo miedo. Ahora están en el Gobierno unos asesinos y quizá yo sea su enemiga número uno.

Por la ventanilla veo a gente en la calle huyendo, deambulando errática, escapando en todas direcciones, sin ton ni son. Veo a mujeres llorando, gritando. Todo el mundo está preocupado por lo que va a pasar, pero sobre todo por las mujeres y niñas de su familia. Veo a jóvenes que van vestidas como yo, con algo oscuro hasta los pies. Todas sabíamos que podía pasar esto, pero no nos lo terminamos de creer.

Pasamos tres horas al borde del colapso y cuando llegamos al entorno de mi casa, el militar de paisano baja del taxi para acompañarme hasta la puerta. Llamo con los nudillos y me abre mi padre. Las mujeres no tenemos llaves de casa, como ya os dije. Cuando entro, el militar regresa al taxi para seguir su jornada. ¿Qué habrá sido de él…?

Al entrar, le digo a mi padre que estoy bien. No lo noto muy afectado por lo que está pasando. Mi madre se pone a cocinar para todos: mi padre, mi tío Faiz, hermano de mi padre, y yo. Hace arroz. Comemos todos juntos, pero las mujeres no podemos dejar de llorar. Ella recuerda muy bien aquel pasado de total opresión femenina en el anterior periodo talibán.

—Esto es horroroso.

—Podemos perder todos los derechos y nuestra libertad. Lo sé porque lo viví.

Tenemos una televisión muy grande en la pared. Ponemos Tolo, un canal privado y moderno, el de máxima audiencia. El jefe de las negociaciones de paz, el doctor Abdullah Abdullah, dice que el presidente del Gobierno ha huido, pero pide tranquilidad y paciencia. Los mensajes que intenta dar no pueden ser más opuestos al sentir de la población… ni a la verdad. Mi móvil es un volcán en erupción: los grupos de periodistas, de amigas, el chat de las primas de la familia… En todos, la gente lamenta que puedan perderse los logros y conquistas de las mujeres. En las salas de reuniones online de Clubhouse ocurre lo mismo.

Clubhouse es una app. Creo que en España no se usa mucho. Tiene un formato a medio camino entre la radio y el chat de voz. La gente se une a conversaciones en tiempo real, ya sea participando o formando parte de la audiencia, aunque ninguna de las dos opciones son excluyentes, ya que los miembros de la audiencia pueden levantar la mano y tomar la palabra si los moderadores lo permiten. Los contenidos en Clubhouse se organizan en salas y clubes. Al crear una sala, puedes programarla estableciendo una fecha y hora; así, las personas interesadas reciben recomendaciones del sistema y pueden unirse. Los clubes funcionan de manera parecida a los grupos de Facebook: congregan a usuarios con intereses afines; dentro de cada uno se pueden abrir varias salas. Con la falta de libertad de prensa que hay en mi país, había que buscar vías para comentar y transmitir información entre la población. Esta fue la que encontramos.

Aunque no lo creáis, casi como una forma de protegerme, por la tarde aún sigo en contacto con mi jefe de redacción.

—Estoy preocupada por las noticias de nuestro canal. ¿Quién va a dar el boletín de las ocho? Es el espacio más importante del día. Tengo que llegar e informar de lo que está pasando.

—Khadija, quédate en casa.

Nunca conseguiré dar ese boletín y ese deseo, esa obsesión, se quedará para siempre dentro de mí. Con cierta ofuscación, me pongo un pijama rojo y sigo hablando por teléfono con mis compañeros y otros periodistas. ¿Qué va a ocurrir mañana? ¿Podremos volver a nuestros trabajos? ¿Podremos hacerlo las mujeres?

Son las diez y en Kabul es noche cerrada. Empiezan a escucharse disparos al aire y mi preocupación crece. Estoy en el salón con el resto de mi familia y me siento algo protegida, pero necesito estar conectada con otros periodistas y amigos a través del móvil. Todos me dicen que intente estar tranquila, pero esa insistencia, aunque tenga buena fe, comienza a molestarme.

Subo a la terraza y me paso una hora contemplando desde arriba lo que está ocurriendo. La noche de Kabul se ilumina con los disparos, que continuarán durante varias jornadas. Con esos tiros, los talibanes disuaden a la gente de que no se acerque al aeropuerto. Las calles están vacías de coches, el ambiente es cualquier cosa menos normal. Quienes disparan son las tropas extranjeras, que han tomado el control del aeropuerto para poder sacar del país a sus colaboradores, al personal de las embajadas y a los militares que aún quedan. Yo estoy en la terraza en pijama, llevo una hora escuchando esos disparos y sin parar de llorar. Son como fuegos artificiales improvisados que celebran el desastre.

Regreso al salón con mi familia y el directo de la televisión confirma la tragedia: en mi plató, en la mesa y en la silla que ocupé hace pocas horas, un portavoz de los talibanes con barba y turbante lanza el siguiente mensaje a la población:

—Los talibanes nos hemos hecho con el control de la ciudad. Todo irá bien.

Es un mensaje que se repite en bucle, como un mantra. Es un *loop* que me provoca náuseas. La foto del portavoz talibán ocupando mi sitio se publica en *The New York Times* y da la vuelta al mundo. Ese señor con ese turbante y ese gesto no queda nada bien en mi mesa. Ninguna mujer ha vuelto a presentar las noticias en ese set. Soy la última presentadora mujer que ha tenido mi canal.[2]

Mi madre llora y se lamenta. Lo hemos perdido todo. Llega mi hermano, el que está casado, con su hijo. Se supone que estar todos juntos debe ayudar a que nos sintamos mejor, pero yo no noto nada. Tras el comunicado en directo, los talibanes se dirigen al palacio presidencial y graban un vídeo para confirmar que el Gobierno, ahora, son ellos. Mi miedo se dispara.

Me contacta un canal de Pakistán, VOA Urdu, y comienzo a dar entrevistas y a grabar vídeos comentando lo que sucede y los temores que albergamos las mujeres por nuestro futuro. El terror que siento me indica que es más que necesario hacer lo que estoy haciendo: dar voz a las mujeres y niñas afganas ante la comunidad internacional. Desde entonces, no he dejado de hacerlo. No puedo parar.

No soy capaz de cenar. Pienso que los talibanes van a entrar en cualquier momento en casa para matarme. Y a toda mi familia después. Los van a castigar a todos por mí. Su mensaje se repite sin cesar en la televisión. Es como un virus. Acaba de explotar una pandemia. Llamo al padre de mis hijos.

—¿Cómo están los niños?

—Todos están bien. Te prometo que iré con ellos a tu casa mañana.

Nunca cumplirá su promesa.

Me acuesto en mi cama y sigo oyendo los disparos. De vez en cuando, cabeceo, pero me despiertan pesadillas extrañas. En ese momento sigo sin saber que no volveré a abrazar a mis hijos. Y todavía no sé cuándo podré hacerlo.

Por la mañana, doy una entrevista online. Luego otra más. Todas a cara descubierta. Sé que es fácil que los talibanes vengan a matarme por esto, pero estoy segura de que tú habrías hecho lo mismo en mi lugar.

KABUL, 16 DE AGOSTO DE 2021

En el aeropuerto de Kabul, cientos de personas invaden las pistas y tratan de trepar como pueden a los aviones para abandonar el país. Una *performance* desesperada de la población que no sabe qué hacer para escapar de los talibanes. Es el reflejo del drama que nos supera tras la conquista talibán. Hay miles de civiles esperando subir a un avión, pero los únicos vuelos operativos son los de las misiones diplomáticas, que están evacuando únicamente a sus ciudadanos y colaboradores. Cuando un avión militar estadounidense empieza a recorrer la pista para despegar, algunas personas intentan aferrarse a él y al menos una de ellas cae al vacío cuando la nave alza el vuelo. Luego se sabrá que es un futbolista afgano de diecinueve años. Sus restos fueron encontrados en el tren de aterrizaje cuando esta llegó a Qatar. Esas terribles imágenes también han dado la vuelta al mundo.[3]

Yo me despierto a las seis de la mañana, sin necesidad de que suene la alarma. Un día normal es difícil sacarme de la cama, pero hoy estoy tan superada que no concibo descansar. Durante unos placenteros segundos, mi mente no se ubica y habla para sus adentros: «¿tengo que ir a clase?», «¿me toca hoy universidad?». Cuando encuentra la respuesta, resulta demoledora: «Khadija, quédate en casa». El peso de la situación me cae encima con toda su inclemencia.

A mediodía, los talibanes emiten una rueda de prensa por televisión. Uno de los periodistas pregunta por la situación de las mujeres.

—¿Van a poder trabajar las mujeres?

—No tenemos problema con eso, todo va a ser normal, la sociedad debe estar tranquila.

Los talibanes intentan mostrar su mejor cara y, por un momento, casi les creemos. Pero es como cuando el lobo se disfraza de la abuela en el cuento de *Caperucita Roja*, ¿acaso sus fauces no son evidentes? ¿Puede una alimaña cambiar su naturaleza? Tras la rueda de prensa, Clubhouse es un hervidero de comentarios. Nadie sabe qué pensar. Mis compañeras periodistas y yo comenzamos a sopesar la idea de acercarnos al canal de televisión para ver si podemos recuperar nuestros trabajos, pues los talibanes no han dicho que no podamos trabajar.

Pero, en casa, la situación es diferente, y no deja de ir de mal en peor. Mi hermano se atreve a salir a comprar y yo hago un encargo.

—¿Puedes traerme pan moreno, para mi dieta?

—¿Para qué vas a adelgazar? Ya no te hace falta, tu vida se acabó, ya da igual cómo estés, no vas a volver a la televisión nunca más.

Intento tragar saliva. Me cuesta.

La caída de Kabul tuvo una cosa buena, sí. Volví a hablarme con mi madre. Llevábamos desde principios de agosto sin dirigirnos la palabra porque yo me rebelo cada vez más en defensa de mi propia libertad. El día que todo se torció con mis padres, al salir del trabajo yo había ido a conocer en persona a una amiga virtual: Tirina, una tiktoker muy guapa y famosa en mi país. Las dos nos caíamos muy bien y teníamos ganas de conocernos. Lo organizamos. Normalmente, después del trabajo iba directa a mi casa, llegaba en el coche de la televisión sobre las siete u ocho. Ese día, estuvimos cenando en su casa y se nos hizo algo tarde (seguro que la hora le parece de risa a cualquier chica que no sea de mi cultura). Llegué a mi casa, acompañada por Tirina, a las once.

Le había pedido a Tirina que viniese conmigo para que mis padres comprobaran que no estaba con ningún chico, pero no fue suficiente. Delante de ella, fingieron que no había ningún problema, pero, en cuanto se fue, comenzó el drama. Se enfadaron mucho conmigo, como si estuviera haciendo algo malo o fuera una prostituta. Yo también me enfadé con mi madre. Decidí no volver a hablarle: no me comprendía ni me daba amor ni apoyo incondicional como cualquier otra madre. Ella estaba muy molesta porque salía con mis amigas de vez en cuando. Nunca le perdonaré lo que me recriminó un día:

—Khadija, ¿por qué te divorciaste? Tenías que haber aguantado a tu marido.

Entonces llegaron los talibanes al poder y el dolor nos acercó.

En abril de 2022, los talibanes prohibieron TikTok en Afganistán y le perdí la pista a Tirina.

A pesar de todo lo que está sucediendo a mi alrededor, sigo preocupada por mi trabajo. Hablo por teléfono con mi jefe de redacción.

—Mis compañeros hombres están trabajando, ¿por qué nosotras no?

—Los talibanes todavía no han dado permiso para que lo hagáis.

Esta situación agudiza mi impaciencia. En mi mente, termina de fraguarse la idea de acercarme al canal de televisión y contacto con tres compañeras periodistas para hacerlo. Son Shabnam, Sediqa y Muzhgan. Mañana iremos a hablar con el jefe de los talibanes en mi televisión. Es una locura, ya lo sé, pero tenemos que intentarlo. Algunos medios internacionales se enteran de mis planes y, al día siguiente, no cesarán de contactarme para que les cuente cómo ha ido la conversación… y si estoy viva. *The New York Times* muestra un interés especial.

Pero esa noche dormir es imposible. ¿Cómo voy a enfrentarme a un jefe talibán? ¿Qué le voy a decir?

KABUL, 18 DE AGOSTO DE 2021

Otra vez me despierto a las seis de la mañana sin alarma. Soy como un alma en pena. Tengo la sensación de no haber pegado ojo en toda la noche y, a la vez, no puedo despertar del todo de esta pesadilla tan real. De nuevo, mi mente intenta distraerse con antiguas rutinas protectoras que, en realidad, ya no volverán: «¿qué chaqueta me pongo hoy?», «¿de qué color los tacones y el velo?». Me gustaba complementarlos.

Mi vanidad de chica sofisticada afgana me llevaba a recorrer las calles de Kabul en tacones, pero tampoco era ajena a los condicionantes de realidad, que, a veces, interferían de la manera más cruel y me exigía ser pragmática. Por eso siempre llevaba encima un par de zapatillas, para poder correr si la ocasión lo exigía. Como, por ejemplo, aquella vez en la Universidad de Kabul, cuando unos terroristas mataron a un grupo de personas y tuvimos que salir huyendo. Fue a principios de noviembre de 2020. Yo me encontraba cubriendo la presentación de un libro. Los terroristas entraron y empezaron a disparar indiscriminadamente. Mis jefes me dijeron que me quedase en la universidad y conecté en directo desde allí. Podía ocurrirme cualquier cosa, pero mi deber era informar.[4]

Ese día murieron al menos veintidós personas, incluidos tres de los terroristas. El ataque armado en un lugar que se encontraba lleno de miles de alumnos se prolongó durante cinco horas. Las fuerzas especiales se desplegaron en la zona para controlar la situación y yo, cómo no, tuve un desencuentro con un militar.

—¿Qué haces aquí? Esto es muy peligroso…

—Tú haces tu trabajo y yo, el mío.

Me dejó en paz.

Ese tipo de acciones armadas llevaban repitiéndose desde septiembre de 2020, cuando se iniciaron en Doha las conversaciones de paz entre representantes de los talibanes y el Gobierno afgano que buscaban poner fin a casi dos décadas de guerra en Afganistán. Para el Gobierno, uno de los principales objetivos al inicio del diálogo era la declaración de un alto el fuego permanente, pero, a pesar del acuerdo, los talibanes continuaron combatiendo a la Administración de Kabul, a la que, por otro lado, habían colocado allí los invasores estadounidenses. Cuatro años después, las negociaciones con los talibanes nos han llevado a la debacle.

El día de aquel ataque terrorista, mi jefe de redacción me dijo que, como periodista afgana, debía llevar siempre un calzado cómodo para poder huir.

Hoy no he dormido, tampoco he desayunado, pero me da igual. He quedado con mis compañeras en el parque Wazir Akbar Khan a las nueve. Me visto con cierta ceremonia. Me pongo un vestido azul marino largo y un velo verde grande con bordados. Como accesorio, una mascarilla. No es por el COVID, sino porque estamos pasando a la clandestinidad. Quiero evitar que me identifiquen. Voy bastante tapada y así me siento algo protegida. Me pongo las zapatillas y salgo de casa. Las calles de Kabul están vacías, no hay coches, no hay gente, ya no se oyen disparos. Cojo un taxi para llegar puntual. Diviso a mis compañeras desde el vehículo y bajo.

—¡Buenos días! ¿Cómo podemos enfrentarnos a estos señores?

No tenemos ni idea, entraremos e improvisaremos. Intentamos pasar los controles y los talibanes nos ponen pegas.

—Khadija, vete a tu casa.

Los talibanes dan bastante grima, con su rostro salvaje y poco aseados. Nos hablan sin mirarnos, ya que para ellos es pecado mirar a las mujeres.

—Dejadme ver a vuestro jefe.

—Khadija, si sigues insistiendo, te mato.

—Por favor, solo serán cinco minutos.

Conseguimos entrar en el canal. Al llegar a la redacción, nos quedamos impactadas. Solo hay hombres trabajando. El ambiente es serio, falta la mitad de la plantilla y es todo bastante antinatural. Algunos de mis compañeros se acercan y se ríen.

—Hola.

—No te reconocemos así vestida, no pareces tú. ¡Cómo cambia el miedo a la gente!

Panda de cabrones.

Un talibán se acerca y parece reconocerme.

—¿Eres Khadija Amin, la presentadora?

Prefiero no responder. Llegamos a la puerta del despacho del jefe de la televisión nombrado por los talibanes y los militares que la custodian solo quieren dejarme entrar a mí. La cosa se complica por momentos.

—¿Por qué no podemos entrar todas?

—Khadija, si insistes, te disparo o te saco de aquí.

Entro en el despacho aguantando la respiración. ¿Por qué no me habré quedado en casa?

El jefe talibán me recibe con una sonrisa pequeña y forzada, sin atreverse a mirarme. Como he dicho, es pecado para ellos.

Un neurólogo francés del siglo XIX, Guillaume Benjamin Amand Duchenne, decía que las expresiones faciales reflejan el alma de las personas. Siempre que se sepan leer correctamente, permiten conocer nuestro estado mental. Duchenne diferenciaba entre una sonrisa falsa (retraer los labios y levantar las comisuras) y la verdadera (que añade la contracción de los músculos de los ojos). También entendía que no siempre los mensajes que transmite la expresión facial se corresponden con los estados de ánimo, por lo que es preciso indagar más allá de lo aparente para conocer la verdad. Duchenne tendría mucho que leer en la sonrisa impostada del jefe talibán de mi televisión. Es un gesto malévolo y contenido. Yo también uso mi sonrisa falsa, como escudo, y para lidiar con la negociación.

Noto que mi corazón late rápido. Le miro. Tiene la cara curtida y un aspecto salvaje, pero por lo menos está aseado: barba, turbante de color blanco y negro con rayas *(lungui),* traje tradicional blanco *(perahan),* y chaleco negro *(waskat mardana).* Son veinte minutos de conversación que me parecen eternos y que no recuerdo del todo. Siento una presión enorme en el pecho. Taquicardia. ¿Lo estará notando? No sé si voy a salir de aquí viva o muerta, pero creo que no tengo nada que perder. Hablamos en pastún.

—Déjame presentar las noticias, así la gente se fiará de vosotros y pensará que no sois los de antes.

Entre risas y bromas me da largas y yo le sigo el juego.

—Mira cómo me he vestido, voy bien tapada, puedo adaptarme.

Los dos bromeamos y somos cuidadosos. Se ríe y sigue sin mirarme. La gente que no mira a los ojos no es de fiar. Eso todo el mundo lo sabe. Es extraño, pero creo que le caigo bien. Puede que hasta admire mi coraje, pero eso no me vale de nada.

—Las mujeres queremos trabajar.

—Ten paciencia y, por tu bien, vete a tu casa. Por el momento, no puede ser.

Contenta por seguir con vida aunque frustrada por no haber recuperado mi empleo, me paso por el Departamento de Recursos Humanos del canal y pido mi documentación laboral. ¿Para qué? Todavía no lo sé. Me encuentro con mis compañeras y les pongo al tanto de todo. La ansiedad nos invade. Nos vamos a la cocina. Allí encontramos la comida de los talibanes: arroz con alubias en platos viejos de aluminio. Es surrealista venir a usar su extraña vajilla y sus toscos ingredientes. No nos cortamos y comemos sin pensárnoslo dos veces (les robamos), con una mezcla de hambre y ansiedad. Al salir, un antiguo compañero de trabajo me pide hacerse una foto conmigo, pero no soy capaz de poner buena cara para la instantánea.

Esa será la última vez que pise mi canal de televisión.

Después, decenas de medios de Pakistán e internacionales se ponen en contacto conmigo. A todos les cuento lo mismo: que hablé con el jefe talibán, que las mujeres vamos a perder todos nuestros derechos y que la comunidad internacional no nos puede abandonar. Me paso horas dando entrevistas, sin dormir. Tolo, BBC, VOA Urdu, CNN, Fox News. ¿Les interesa de verdad lo que cuento? Todavía siguen sin escucharme.

KABUL, 19 DE AGOSTO DE 2021

Todo el mundo desea escapar.

Desde hace varios días, hay en mi casa unas veinte personas, familiares nuestros, que quieren abandonar Afganistán. Yo misma he recibido varios mensajes de diversas organizaciones de periodistas para que me marche, pero no quiero hacerlo dejando aquí a mis hermanos. Desde ayer, esperamos una llamada de mi primo Samir (nombre ficticio), es militar y trabajaba con los estadounidenses en Kandahar (la ciudad cayó el 13 de agosto), pero esa llamada no llega. Mis familiares esperan su ayuda para poder huir del país…, pero Samir no llama. Ayer, mis hermanos se acercaron al aeropuerto, y hoy también tienen pensado hacerlo. Iremos todos, porque todos deseamos huir de este horror. Todos menos mis padres.

En el pasado, la relación que mantenía con mis hermanos era buena. Antes de mi matrimonio y antes de divorciarme. Pero después de separarme, todo cambió. Ahora me siento apartada de la familia, juzgada y poco apoyada por el mero hecho de estar divorciada. Si un día estoy triste o las cosas no me van bien, su única respuesta es una pregunta insistente: «¿Por qué te divorciaste, Khadija?».

MADRID, AGOSTO DE 2025

Mi marido me pegaba. Y era muy cruel. En España he aprendido un término que creo que lo define: misógino. Yo era objeto de todo tipo de violencia por su parte. Tengo el cuerpo lleno de marcas que no se van. Y las peores son las que no se ven. Todo el mundo me decía que las mujeres tienen que aguantar. Mis hermanos se casaron por amor y, antes, tuvieron una relación. Yo no. En Afganistán los chicos pueden decidir, pero nosotras no. Esa es la tradición. Hay un doble rasero para todo: por ejemplo, los hombres pueden fumar por la calle, pero si lo hacen las mujeres, son unas putas. ¿Por qué? Imposible saberlo. ¿Tradición también?

En Afganistán, hay mujeres que se tienen que dedicar a la prostitución de verdad, mujeres que viven escondidas, que han sido torturadas, que son viudas, divorciadas o que no tienen medios para subsistir. Pero también hay jóvenes y niñas a las que obliga alguna red de trata. Los hombres se aprovechan de ellas y son especialmente crueles. Lo sé porque una amiga mía tenía que hacerlo. Sakina (nombre ficticio) era muy guapa, bailaba en fiestas para hombres de mucho dinero y se acostaba con ellos. Sakina me explicó lo repugnante de su situación y que suponía un enorme sacrificio para su mente y para su cuerpo. Si no se drogaba, no podía aguantar a aquellos hombres. Tomaba una droga popular en mi país que se llama Tablet K, una pastilla sintética barata y altamente adictiva que se ha extendido en Afganistán como recurso para escapar de la realidad. Necesitaba disociarse para sobrellevar la enorme repulsión que sentía, la situación de total abuso.

Podría extenderme infinitamente señalando la doble moral que une el fundamentalismo religioso y la prostitución, pero desbordaría este libro.

KABUL, 19 DE AGOSTO DE 2021

Pasamos todo el día sumidos en una enorme tensión. Por la tarde, de repente, suena el teléfono de mi hermano Rahim y nos sobresaltamos. Es mi primo Samir, dice que irá a buscarnos a la puerta del aeropuerto. Estalla un alboroto generalizado. Mis hermanos, sus mujeres, mis primos, yo misma…, todos nos preparamos para escapar. Pero ¿qué me llevo? Nada. Me voy con lo puesto, mis papeles y poco más. Cuando les digo a mis padres que me voy, su despedida no es especialmente cálida. No hay una mirada, una mano, ni un abrazo. Nada.

No dejo de pensar en que debo partir dejando a mis hijos aquí. Todos estos días he llamado a su padre y me ha prometido que los iba a traer. Pero nunca lo hizo. ¿Cómo me voy a ir sin ellos? ¿Qué tipo de madre soy? ¿Qué tipo de persona? Me siento una basura. Llamo una vez más a Shafiq. Nada. Tal vez esté esperando mi muerte a manos de los talibanes. ¿Se habrá ido del país con los niños? ¿Habrá huido a las montañas? Mi cabeza está a punto de explotar.

Vamos hasta el aeropuerto caminando. En la puerta principal, reina el caos. Hay una masa de gente desesperada. Familias enteras pidiendo ayuda y sin saber qué hacer. Sus caras me inspiran compasión y supongo que a ellos la mía también, soy una más. Hay mucha gente y los soldados disparan al aire para dispersarla. Me despisto un momento y la situación cambia completamente. El grupo se rompe. Mis hermanos desaparecen junto con un primo mío y su mujer. Yo me quedo con otro primo y su mujer esperando, sin saber qué pasa. Estamos aturdidos, estupefactos y desolados.

Permanecemos los tres allí sentados toda la noche, a la intemperie, sobre el frío cemento, confiando en que alguien vendrá a por nosotros. Llamamos insistentemente a mis hermanos, pero no cogen el teléfono. Vemos pasar a mucha gente desconocida. Transcurren las horas y nadie vuelve a por nosotros. Llega la madrugada. ¿Es que acaso se han ido sin mí?

Aunque no llega ninguna respuesta, la realidad se impone. No me he podido despedir.

Ese es el último día que veré a mis hermanos.

KABUL, 20 DE AGOSTO DE 2021

Estoy con mi primo y su mujer esperando sentada en la puerta del aeropuerto. Llevamos aquí desde ayer. Son las siete de la mañana, nadie ha venido a por mí y no tengo noticia de mis hermanos, así que decido volver a mi casa. Cuando entro por la puerta, les digo a mis padres que mis hermanos se han ido sin mí. A nadie le extraña. Mi primo protesta.

—Todos estos días no has parado de dar entrevistas sin cubrir tu rostro. Los talibanes van a matar a toda la familia por tu culpa.

Las cosas se ponen cada vez más complicadas. Estoy recibiendo amenazas de los talibanes por teléfono. Me advierten de que si no dejo de hablar con los medios internacionales, acabarán conmigo. Tal vez a mi primo no le falte razón. No le cuento a mi familia esas amenazas de muerte para no preocuparles más.

Ese día estoy muy cansada, pero atiendo en mi casa a las cámaras de un medio francés. Además, vienen de Tolo, el canal de televisión privado de Afganistán, para hacerme una entrevista. Cuando llega la noche, estoy tan superada por la situación que casi no recuerdo que mis hermanos se han marchado sin mí para no volver. Yo también podría haberlo hecho, pero nunca los abandonaría.

Mi exmarido tampoco da señales de vida ni me trae a mis hijos. Duele hasta respirar.

KABUL - MADRID, 21 DE AGOSTO DE 2021

Hace tanto calor en Kabul que, por la noche, subimos todos a la terraza y dormimos tumbados en el suelo. El cielo de Afganistán es precioso. Incluso en esas circunstancias, por un instante me abruma su belleza. El firmamento estrellado me hace un guiño con una estrella fugaz. Estamos allí todos juntos y me parece bonito. Aunque lo de dormir es solo un decir. Además, hay mosquitos, aunque solo me pican a mí. Ya no tengo claro si estoy dormida o despierta. Me siento mal todo el tiempo: tristeza, pesadumbre, un estado de alerta constante. Una incertidumbre lacerante. En casa, con nosotros, están también mis dos primas: Khatema y Freba.

—Tienes que ayudarnos a salir del país. Eres un visado.

—¿Tú crees?

No tengo buena relación con ellas, pues opinan que las mujeres que trabajan en televisión, como yo, no somos recomendables. Una de ellas trabaja en el Ministerio de Educación y la otra no trabaja. Ahora están intentando aprovecharse de mí, yo me hago la loca.

El padre de mis hijos sigue sin venir. Nunca lo hará. Parece que su única misión en la vida es torturarme. Me odia por haberle denunciado y por haberme divorciado. Los afganos no aceptan que una mujer acuda a una comisaría a poner una denuncia contra su marido. Yo lo hice y aún hoy sigo pagando las consecuencias.

Mi madre cocina para todos: arroz con pechuga de pollo. Estoy desanimada, hundida, pero saco fuerzas de flaqueza porque viene a verme Jorge Said. Es un colaborador chileno del periódico *El País* que estuvo en mi canal de televisión el 12 de agosto. Estaba rodando un documental. Me entrevistó y le enseñé las instalaciones. No podíamos imaginar que poco después todo iba a cambiar tanto. Jorge Said quiere que le hable de la situación actual, por lo que le he invitado a almorzar. A mi familia no le gusta comer con extraños, así que Said, su equipo y yo comemos en una zona aparte de la casa.

Charlamos y Jorge Said, con sus preguntas, me hace reflexionar sobre mis motivos para escoger el ejercicio del periodismo en un lugar como Afganistán, el peor país del mundo para ser mujer y, probablemente, también para ser periodista. Poco a poco, voy haciéndome consciente de que, al final, los talibanes me matarán, pues no tengo ninguna intención de quedarme callada. Cuando elegí ser informante, sabía que esto podía ocurrir.

En Afganistán, llevan veinte años asesinando a periodistas. No hay libertad de prensa. Cada día, al salir de casa, pienso que tal vez no vuelva, puede que me explote una bomba, o una mina. Antes de los talibanes, asesinaron a algunas personas que yo conocía: la activista Freshta Kohistani o el jefe de la comisión para garantizar unas elecciones democráticas, Baqi Rashid. Derramé muchas lágrimas por ellos. Cuando voy por la calle y se me acerca una motocicleta, pienso que vienen a matarme. Tengo unas pesadillas horribles en las que estoy tirada en el suelo sobre un charco de sangre y mi madre grita y llora. Me he imaginado mi desaparición de mil formas posibles. Ahora esas conjeturas toman cuerpo.

Jorge Said se marcha a las tres de la tarde. Me dice: «Te voy a ayudar». Pero ¿cómo? Mi casa es un hervidero. Mis primos deciden volver al aeropuerto, pero yo le digo a mi madre que quiero descansar, tengo que reponerme. Recibo un wasap de una periodista española, Patricia Gosálvez, de *El País*, pero, en ese momento, no le hago mucho caso. Imagino que será para concertar una entrevista. Sin embargo, ese mensaje cambiará mi destino. Es mi salvación. El pasaje directo hacia mi libertad, aunque yo todavía no lo sé.

Estoy dormida y en mi teléfono entra una llamada de un número extraño (español, aunque en ese momento no sé de qué país se trata). Alguien me habla en inglés:

—¿Eres Khadija Amin?

—Sí.

—¿Estás cerca del aeropuerto?

—Sí.

—Tenemos tu nombre en una lista del Ministerio de Defensa de España. Es una lista de evacuación.

En shock pero decidida y sin pensarlo, le digo a mi madre que me voy. Ella asiente, fría y sin aspavientos. Mi padre se despide también, sin hablar. Farida me da algo de ropa y la documentación de mis hermanos, por si están todavía en el aeropuerto. No se le ocurre darme nada para mí. Llevo puesto un vestido negro bordado y un velo amarillo. Abro mi armario y cojo la bandera de mi país, no sé por qué motivo. Antes de salir, me coloco una mascarilla y el velo. Ahora sí tengo pavor de que me reconozcan los talibanes.

Ese es el último día que pisaré mi casa familiar. El día en que dejaré atrás toda mi vida en Kabul. Ante mí, el abismo. Una película.

Jorge Said me llama por teléfono y me dice que me va a ayudar en mi periplo hacia el aeropuerto. Puede pasar cualquier cosa. Por WhatsApp, estoy en contacto con Patricia Gosálvez, de *El País*, le comparto mi ubicación en todo momento.

—Tienes que encontrarte con una activista, Massouda Kohistani. También está en la lista y la queremos ayudar.

Llamo a Massouda y voy a su encuentro a un hotel grande que es muy conocido en Kabul, el Setarah, que significa «estrellas». Esperamos fuera. En otro hotel cercano, el Ariana, está Jorge Said. Iniciamos una huida trepidante y salvaje. Debemos llegar a una zona del aeropuerto en la que hay una puerta de entrada especial, la AB Gate; para eso, hay que rodearlo. Van a ser horas y horas de camino debido al terror y la oscuridad.

Esa noche nos cruzamos con muchos grupos de personas y el sentimiento de pavor que nos provocamos es recíproco. Todo parece amenazante. Los talibanes no solo controlan las vías de acceso al aeródromo, también patrullan las calles y han instalado controles aleatorios. La gente tiene miedo de ser interceptada con sus familias, no es seguro acudir a los puntos de encuentro. Las comunicaciones telefónicas son muy malas, fallan. Hay patrullas de talibanes que paran a la gente, le pegan. Se ceban especialmente con las mujeres. Por ahora nos estamos librando, pero si me paran a mí, ya me puedo despedir de este mundo. Mis pensamientos aceleran mis pasos. Y entonces unos talibanes nos cierran el paso. Creo que es el final.

Insultos. Empujones. Bofetadas. Patadas. Puñetazos. Humillaciones. Un muñeco de trapo en sus manos. La víctima de la paliza es Massouda. Cuando se cansan de torturarla, nos dejan en paz (¿en paz?) y permiten que sigamos nuestro camino. Como puedo, atiendo a Massouda, pero tampoco tenemos tiempo que perder. ¿Qué habría pasado si fuera yo la apaleada? ¿Y si me hubieran reconocido? ¿Cuánto tardarían en matarme? Massouda está muy malherida, a duras penas puede caminar. Sus golpes y heridas me duelen como si los sintiera en mi propio cuerpo.

Tras cuatro horas deambulando, llegamos al… caos. En torno al aeropuerto, masas de gente en estado de pánico, gritos, desesperación. Esto parece el infierno. Miles de personas se agolpan en las puertas de acceso, controladas por soldados, desesperadas por dejar el país. Para salir, solo hay una ley: la del más fuerte.

Los soldados estadounidenses han dejado la labor más ingrata a los miembros del Ejército afgano que, tras su derrota frente a los talibanes, se han refugiado en el aeropuerto. Ellos se encargan de dispersar a la gente a palos cuando la situación se hace insostenible. Los talibanes, sin embargo, usan fusiles con balas de verdad. No hay listas, ni ningún medio de control numérico, ni nadie que organice nada, solo la suerte de llegar en un momento en el que se produzca una brecha para poder avanzar; o ganarte el sitio a base de robárselo a otros.

En esta marea de desesperación, no logro entender los flujos de personas. No sé qué es lo que intentan. Nosotras tenemos un plan, pero no veo claro cómo vamos a conseguir entrar. Sigo enviándole mi ubicación a Patricia Gosálvez y fotos mías y de Massouda para que el Ejército español pueda reconocernos. Hay hordas y tenemos que pasar entre ellas. Muchos son hombres. Veo una fuente, un arroyo de agua sucia, no sé cómo atravesarlo. También hay un muro alto y una alambrada de espino. Ninguna opción es fácil. Al final, cruzamos el arroyo como podemos. Esto es lo de menos. Al acercarnos al siguiente grupo de gente que debemos dejar atrás, Ahmid, el traductor de Jorge Said, nos coge de las manos.

—Sois como mis hermanas, voy a protegeros para que podáis pasar y para que nadie os toque ni os haga nada.

Nos cubre con su manto de protección sobrehumana y nos acoge a ambas bajo sus fuertes brazos. Nos empuja y nos alza con sumo cuidado. Casi nos hace levitar. Conseguimos pasar. En los peores momentos, la solidaridad brilla. Siempre se lo agradeceré. Más tarde, intenté ayudarle a venir a España, pero fue imposible. Ahmid espera aún su oportunidad en Pakistán.

Seguimos andando por un camino tortuoso. El ambiente es cada vez más dramático. Vemos a mujeres llorando con sus bebés, aterradas, sin salida. Pese a que los talibanes han prometido una amnistía para quienes hayan colaborado con las instituciones occidentales, la realidad no tiene nada que ver. Los talibanes están buscando puerta por puerta, calle por calle, a aquellas personas que, de un modo u otro, han trabajado para las fuerzas de Estados Unidos y de la OTAN. Su objetivo es castigarlas y han amenazado con matar o arrestar a sus familiares si no las localizan. Algunos afganos, desesperados, entregan a sus hijos a los soldados estadounidenses con la esperanza de salvarlos. Otros aguardan impacientes en el aeropuerto, esperando su oportunidad.

Yo albergo algo de confianza, pero también me siento mal. Estoy abandonando mi país, mi vida, todo lo que he conocido hasta ahora. Tras varios intentos, parece que ahora sí voy a poder irme. Esto me calma y me aterra al mismo tiempo. Estoy en la lista. Los militares españoles parecen tenerlo todo perfectamente organizado. Pero casi toda la gente que conozco no figura en esa lista. Yo me salvo, ellos no. El sentimiento de culpabilidad es fuerte. Me hiere.

Al fin nos encontramos con el Ejército de España. Los militares españoles nos habían dicho que debíamos llevar algo rojo y amarillo. En ese momento, yo no sé que esos son los colores de la bandera de España. Solo tengo un velo amarillo, pero les vale. Sobre las diez de la noche, me enfocan la cara con una linterna, comprueban que soy yo con mi foto y ven que llevo un velo del color acordado. También se aseguran de que Massouda está conmigo y de que es quien dice ser. Seguimos caminando. Hay un nuevo obstáculo: un puente hecho con una gran losa. Los militares nos ayudan y lo cruzamos. La expectativa y las ganas nos hacen ir tan ligeras que casi volamos hacia el otro lado. De la nada, aparece un chico y me suplica:

—Por favor, ayúdame, hermana. ¡¡Yo también quiero huir!!

—No puedo, lo siento…

Tu desesperación es la mía. Tu dolor es el mío. Pero no puedo ayudarte. No puedo cambiarme por ti. La pena por no haber podido ayudarte me perseguirá hasta la tumba.

Ya estamos dentro del recinto del aeropuerto, pero en un espacio abierto. Aunque los militares nos dicen que nos encontramos en una zona segura, yo no termino de asimilarlo. Los humanos no tenemos un interruptor que nos cambie instantáneamente el estado emocional.

Nos llevan a otro lugar, donde nos cachean unas mujeres militares. Hay que descartar la posibilidad de que seamos una amenaza terrorista. Nos trasladan hacia los edificios del aeropuerto en una tanqueta. Al llegar, nos piden los pasaportes y comprueban de nuevo que nuestros nombres están en la lista. Nos dan a cada una pulsera con nuestra identificación, como las del hospital. La analogía no me parece fortuita: ambas tenemos muchas heridas, de todo tipo, que curar.

Vamos a pasar aquí la noche, en un espacio enorme en el que hay más de cien personas que esperan con incertidumbre su destino. Algunas, las que llegaron primero, han hecho refugios para dormir con cajas de cartón. Nosotras no tenemos nada. Hace frío y me dan un jersey. Para comer, raciones de las que llevan los militares. No recuerdo qué comida es, pero no tengo hambre. Hablo con un chico que se acerca, muy nervioso, muy solo. Lo calmo y le doy la ropa de mis hermanos.

Antes de dormir, mi cerebro es una tormenta de arena. En ese momento, en ese lugar, me nace un sentimiento de pérdida que no me abandonará nunca. Si me voy es porque mi propio país no es seguro para mí, pero yo no quiero abandonar esta tierra. Lo que deseo es ser parlamentaria. Ministra. Presidenta. El dolor me embarga. Amo Afganistán y ya estoy echándolo de menos antes de haberme ido. Para mí, Afganistán es el paraíso. Recuerdo su olor, el viento cálido, el cielo azul brillante y los árboles frondosos de un color verde esmeralda. Hasta el omnipresente polvo me gusta. Es parte del paisaje que me vio crecer. Está en mis entrañas.

Patricia Gosálvez, incansable, se mantiene todo el rato en contacto conmigo. Me pregunta si hay alguna periodista más que necesite salir del país. Llamo a mi amiga Shabnam, pero ya se encuentra en Inglaterra. Desde la distancia, nos confesamos estar tremendamente asustadas. Pero por lo menos nosotras tenemos una oportunidad. La última persona con la que me comunico esa noche es mi prima Wida. La quiero mucho, nos criamos juntas, era mi compañera en la universidad. Lo pasábamos muy bien.

—Me voy, ya nunca más podremos volver a vernos.

—Te quiero mucho.

Lloramos. Destrozadas. Sin saber siquiera cómo sentirnos.

No puedo despedirme de nadie más. Sigo sin saber nada de mis tres hijos y mañana me voy. Estoy a punto de dejar todo mi mundo para marcharme a España, un país que no soy capaz ni de situar en el mapa. No sé español. Lo único que conozco relacionado con él es el Real Madrid y la música de Enrique Iglesias.

Me acuesto en el suelo para intentar descansar. El cemento es muy duro, pero me apacigua. Duermo hasta las siete de la mañana. Esa es la última noche que dormiré en mi país. Nunca podré volver.

A las ocho de la mañana embarcamos en un avión militar, un Airbus A400M Atlas del Ejército del Aire. Nos piden el pasaporte y nos entregan un papel como visado. Volaremos durante varias horas, de Kabul a Dubái y de allí a Madrid. Tristeza en el espacio aéreo. Somos unas doscientas personas. Miro por la ventanilla. Me siento hueca, los pensamientos se me escapan. Cuando sobrevolamos Afganistán, no me puedo concentrar en retener la última imagen de mi país. Me quedo enganchada en las nubes.

Hacemos una escala. Más horas de espera en el aeropuerto de Dubái hasta que embarcamos en un avión de Air Europa. Es la tercera vez que vuelo en mi vida. Me gusta volar, pero estoy desubicada, desencajada, soy un cuerpo sin alma. Pasamos, en total, once horas en el aire y acabo como una zombi. Aterrizamos a medianoche en Torrejón de Ardoz, Madrid.

Meses después, el Gobierno español informará de que en su operación de evacuación de Afganistán ha sacado del país a 2.206 personas (el 47 por ciento, mujeres). De todos esos evacuados, el mayor porcentaje son afganos que, durante las dos últimas décadas, han trabajado para las Fuerzas Armadas o para agencias de cooperación españolas. Junto a ellos evacuaron también a sus familias (1.671 personas), a antiguos empleados de la OTAN (50), de la UE (36), de la ONU (1). o de instituciones portuguesas (19), además de a seis españoles que se encontraban en el país. A ellos hay que sumar a los sesenta militares españoles desplegados durante la operación en el aeropuerto de Kabul, a diecisiete policías que daban protección a la embajada y al personal diplomático, así como a colaboradores de otros países de la UE.[5]

Y a Massouda y a mí.

Tras la caída de Kabul, en agosto de 2021, en Afganistán se produjo un desplazamiento masivo de la población debido al avance talibán. Según la Agencia de la ONU para los Refugiados (ACNUR), desde mayo de 2021 hasta agosto del mismo año, al menos doscientas cincuenta mil personas fueron desplazadas internamente. El 80 por ciento eran mujeres y niños. Desde entonces, por causa del conflicto, de la violencia y de la pobreza, más de 8,2 millones de afganos han buscado refugio en alguno de los países vecinos. Se estima que el 85 por ciento de ellos residen en Pakistán e Irán, países que albergan a más de 1,3 millones y setecientos cincuenta mil refugiados afganos registrados, respectivamente. A día de hoy, permanecen desplazadas dentro de Afganistán más de 3,2 millones de personas. La situación de las mujeres y de las niñas, que representan más del 70 por ciento de todos los desplazados internos en el país (siempre según datos de ACNUR),[6] es especialmente devastadora.

Pero Massouda y yo hemos conseguido salir de Afganistán. Eso me alivia y me duele a la vez. Aunque durante el viaje las sensaciones y los recuerdos están envueltos en una nebulosa, sé que hemos escapado. Al llegar a España, cuando el avión aterriza, todos se levantan a por su equipaje. Un hombre con traje y corbata entra en el avión y nos pide que esperemos.

—¿Quién es Khadija Amin?

—Yo.

—Acompáñeme, por favor. No se preocupe, la ministra está abajo esperándola.

Temblando, cojo mis cosas (básicamente, la documentación y la bandera) y lo sigo. Suponía que me recibiría alguna funcionaria. Bajo del avión y no noto ninguna sensación especial. Creo que sigo en shock. Estoy en España, pero realmente no tengo ni idea de dónde estoy. Me acerco a un grupo de personas que parecen periodistas. Llego al encuentro de la ministra de Defensa, Margarita Robles, y ella me mira y me abraza. Yo no sé quién es.

—Ya estás a salvo, ya estás aquí. Lo que necesites, pídemelo.

La prensa inmortaliza el momento. Curiosamente, me veo del otro lado, me doy cuenta de que ahora la noticia soy yo.

Me he sentido reconfortada por ese abrazo y esas palabras de una señora que no conozco y que parece que manda.[7] Y, de pronto, recuerdo los momentos en los que bromeaba con mis antiguas compañeras periodistas afganas. Yo les decía que llegaría a ser ministra y ellas insistían en que no sucedería jamás; yo, entre risas, les contestaba que cuando fuera ministra, no les iba a conceder ni una entrevista.

A Massouda y a mí nos hacen la prueba del COVID y nos alojan en un albergue para dormir.

Al día siguiente, una periodista me envía una foto de un periódico en la que aparece Margarita Robles, la ministra de Defensa. Entonces entiendo quién es. Una ministra, mujer y, encima, de Defensa. Viva España.

Ahora tengo una nueva vida, muchas primeras veces por delante, pero sigo sin haber conseguido volver a abrazar a mis hijos.

La maestra y el ingeniero

Como en casi todo el planeta, durante toda la historia de la humanidad, las mujeres en mi país no lo hemos tenido nunca fácil. Menuda novedad, ¿no? A pesar de ello, a partir de los años sesenta y setenta del siglo XX, en Afganistán, los derechos de las mujeres fueron evolucionando poco a poco y afianzándose. Pero, en 1979, cuando la invasión de las fuerzas extranjeras nos llevó a la guerra, sufrimos un retroceso. Las fuerzas muyahidines, que lucharon contra la ocupación, consideraron que la emancipación de la mujer era uno de los principios de una política exterior que se había impuesto al país. Pensaban que entrañaba algo así como la «occidentalización» de todas las afganas. Y eso era algo que no iban a tolerar.

Tras la retirada de las fuerzas extranjeras, en 1989, estalló una guerra civil entre los muyahidines. Y las mujeres la vivimos en nuestras carnes como si formáramos parte de un ejército. Durante el conflicto, entre 1992 y 1996, fuimos víctimas de ejecuciones, tortura, violencia sexual, desapariciones, matrimonios forzados, trata de personas y secuestros, además de tener prohibido el acceso a la educación. Por si todo lo anterior fuera poco, aparecieron los talibanes, que se hicieron con el control de gran parte de Afganistán en 1996.[1] Luego, la debacle.

En este contexto crecieron y se conocieron mis padres. Mi madre, Farida, proviene de una familia de clase media, conservadora, muy retrógrada y tradicional. Tiene cinco hermanos y tres hermanas. Cuando era pequeña, vivían en una misma casa unas treinta personas. La vivienda estaba en el barrio de Wasel Abad, lejos del centro de la ciudad. Era una casa de dos plantas construida al modo tradicional, con adobe y ladrillos de barro, varias estancias y poca luz. Su estructura, muy sencilla, era tremendamente práctica y reflejaba una sabiduría transmitida desde hace generaciones para adaptarse al clima extremo del país. Las paredes eran gruesas para proteger contra el frío invernal y los techos, planos para refrescar en los tórridos veranos afganos. Toda la casa estaba organizada alrededor de un patio central, espacio vital y núcleo de la vida familiar.

Las habitaciones eran modestas pero acogedoras. Los muebles, escasos y funcionales, con cojines y mantas dispuestos en el suelo. En la segunda planta, se encontraba la *mehaman kana*, la habitación de invitados. Cerca de la casa había un pozo, muy importante en el día a día de la familia.

Mi familia materna poseía campos de trigo y cebada y, sin llegar a ser mis abuelos grandes terratenientes, tenían trabajadores que se ocupaban de sacar adelante sus tierras. Mi abuelo, Mohamad Rafiq, era maestro de escuela. Mi abuela, Khanum Gul, era ama de casa y no tenía estudios. En la familia tenían por costumbre no dejar a las niñas formarse más allá de aprender a leer y a escribir. Sin embargo, gracias al apoyo incondicional de su padre, mi madre llegó a estudiar hasta décimo grado.

Por lo que me han contado, cuando mi madre era una niña, la sociedad afgana vivía en plenitud y con libertad. Sin embargo, al cumplir dieciséis años y casarse, obligada, con mi padre, su propia familia la forzó a abandonar los estudios. Su hermano intervino y no dejó que siguiera. Esto no tiene nada que ver con los talibanes ni con el islam: es machismo en su estado más puro. En cada familia, los hombres, con esa fuerza y ese poder que les otorgan el patriarcado afgano, imponen obligaciones a las mujeres sin inmutarse. No hay posibilidad de réplica.

Por su parte, la familia de mi padre, Naiem, es de clase media-alta y de espíritu abierto y progresista. Son once hermanos, nueve chicos y dos chicas. No sé nada sobre la casa donde vivían, pero debía de ser confortable, pues me consta que no les iba nada mal. Mi padre pudo escoger la carrera que quería estudiar y optó por una ingeniería. Luego se decantó por un trabajo en el sector de la energía eléctrica. Sus hermanas estudiaron y trabajaron sin ningún obstáculo. Pero, para todos ellos, la libertad de elección no englobaba el amor. Fueron mis tías paternas, Mina y Nasrin, las que eligieron a mis padres como personas idóneas para contraer matrimonio, y ellos obedecieron y se casaron sin conocerse. En mi país, todo el mundo cree que el sentimiento amoroso viene después, con la cercanía y la convivencia, al formar una familia. Y aunque esto muchas veces no sucede, tampoco importa demasiado.

Según me han contado, antes del matrimonio, mi padre llegó, en cierto modo, a enamorarse de mi madre. Pero ella, definitivamente, no. Para ella no hubo una historia de amor, ni deseo, ni ilusión. Cuando le tocó casarse, mi madre era una niña y no pudo hacer otra cosa más que aceptarlo. Me pregunto si se sentiría igual que me sentí yo ante mi matrimonio forzoso. Por pudor, nunca he hablado con ella del tema. Quizá algún día me atreva a hacerlo.

Antes de la boda de mis padres, mi abuela materna, Khanum Gul, estaba muy preocupada por la posible reacción impulsiva de mi madre ante el matrimonio, al verse obligada a dejar los estudios, así que habló con mi tía paterna, Nadera.

—Estoy muy angustiada por Farida. Como se va a casar, sus hermanos no la dejan seguir estudiando. Para ella es muy importante, es algo por lo que ya intentó suicidarse varias veces en el pasado. La veo muy triste y alicaída. ¿Tú crees que podría seguir formándose una vez casada? ¿Le dejará su marido estudiar?

—Yo creo que sí.

Tampoco he hablado con mi madre de sus intentos de suicidio, por respeto… Ni de los míos… ¿Sentiría algo parecido a mí?

Mi madre siempre me ha contado que mi padre la trató muy bien tras la boda. Cuidaba mucho de ella porque era básicamente una niña, tenía dieciséis años. Incluso cuando tuvo a sus hijos, como era muy joven y no estaba preparada, mi padre se corresponsabilizó de los cuidados, de la crianza y de los quehaceres de la casa. Él siempre la protegió. Cada día la alentó a superarse y a hacer lo que quería en la vida. Deseó y desea hacerla feliz. Yo nunca he tenido a nadie que me amase así. Son afortunados.

KABUL, 1992

Cuando mi madre estaba embarazada de mí, habló con mi padre.

—Quiero continuar con mis estudios.

—Me parece muy bien. Te apoyo. Prepara el examen, yo te ayudaré.

—¡Gracias!

—Si pasas los exámenes y terminas los cursos, luego podrías trabajar. Lo que tú quieras.

Mi padre siempre ha profesado hacia mi madre un amor incondicional. En muchas ocasiones, se hizo cargo de las labores domésticas para que pudiera estudiar. Así, ella preparó un examen especial de final de año para las chicas mayores de edad que no habían podido hacerlo antes. Aprobó y terminó sus estudios. Se especializó como maestra y empezó a trabajar después de nacer yo. Aunque sufrió las restricciones impuestas por los muyahidines a las mujeres, pudo trabajar tres años antes de la primera llegada de los talibanes.

En Afganistán, después de casarse, lo normal es empezar a tener hijos pronto. Mi madre dio a luz a su primogénito, mi hermano mayor, Karim, a los diecisiete años en el hospital Malalai en Kabul. En el documento de registro del nacimiento, donde figuran los datos del pequeño y de sus progenitores, no consta el nombre de mi madre, solo el de mi padre. Ya conocéis esa norma infame. La segunda hija de mi madre, mi hermana Yalda (Yalda en' casa, pero Karima en el pasaporte), nació en la clínica Khair Khana en Kabul. Yo nací en casa. En el registro de ninguno de los alumbramientos aparecen los datos de mi madre. Así es la odiosa ley afgana.

KABUL, 2006

Catorce años después, mi madre, Farida, se propuso estudiar una carrera, y así lo hizo. Eso fue hace diecinueve años. Aunque ya tenía seis hijos y estaba embarazada del séptimo, por las mañanas iba al colegio donde trabajaba como profesora y, por las tardes, estudiaba en la universidad para avanzar en su titulación. Cuando nació mi hermano más pequeño, pudo terminar sus estudios universitarios. Es filóloga y profesora de lengua darí, persa.

Admiro esa determinación de Farida, algo que también reconozco en mí. Pero, inmersa en el contexto de la sociedad afgana, no habría podido hacerlo sin el apoyo de mi padre, que siempre la vio como a una igual.

KABUL, 12 DE ABRIL DE 1993

El 12 de abril de 1993 es el día de mi nacimiento, el día de mi transición entre el mundo protegido del útero de mi madre y mi vida de lucha. A veces me pregunto cuánto sabría antes de nacer de lo que me esperaba. Imagino que soy una bebé y que estoy en el vientre de mi madre. Floto. Todo es fácil. Tengo alimento, calor, cobijo y protección. Dentro de este lugar oscuro, suave, palpitante y líquido soy libre. Todavía no lo sé, pero ya soy la típica aries: impaciente, apasionada, idealista, impulsiva, enérgica y creativa, pero también caprichosa, obstinada, con malos humos y fuertes convicciones.

Soy una personita afgana que hoy se ha quedado sin espacio en el útero materno. No puedo casi estirarme, mis piernecitas y mis bracitos ya no caben. ¿Qué pasará cuando siga creciendo? Me chupo los dedos, bebo líquido, bostezo, tengo hipo, me río sola, juego con el cordón umbilical, duermo y, en cierto modo, sueño. Pateo fuerte la barriga de mi madre desde dentro. También acaricio las paredes del útero que me protege y me acuna. Llevo nueve meses escuchando a mi madre, ella me acompaña. Y yo a ella. Es mi mundo entero… ¿Cómo será ella? ¿Qué le ocurre? ¿Está enferma? Desde el interior de su barriga, oigo que le dice algo a mi tía paterna.

—Tengo dolor, debemos ir al hospital…

—Hay que prepararse. Parece que ha llegado el momento.

¿Qué momento?

Mi madre vive en casa de la familia de su marido, mi padre. En Afganistán, esa es la costumbre: cuando las parejas contraen matrimonio, la mujer se va a casa de su familia política a vivir. Hermanos, cuñados, padres, todos juntos en una gran familia extensa. Oigo de nuevo a mi madre hablar con mi tía.

—Me duele cada vez más, ¿puedes acompañarme al hospital? Siento que mi hija va a nacer.

—Vámonos.

¡Esa hija soy yo! ¿Es hoy cuando nazco? No sé si estoy preparada, pero confío en que mi madre sí lo está. Me empiezo a impacientar, ahora sí tengo ganas de salir, no sé si puedo esperar a llegar al hospital. Yo no controlo esto. Siento que algo pasa a mi alrededor, que hay menos líquido que me abraza. Escucho a mi madre entrar en una habitación y abrir un armario mientras dice algo sobre recoger una mochila con las cosas preparadas para ir al hospital. Siento que mi cuerpo se desplaza hacia abajo y cómo la gravedad me empuja. Estoy como encajada. De repente, mi cabeza y mis hombros están aprisionados en un sitio muy muy estrecho. Esto no es para nada agradable. Oigo a mi madre respirar cada vez más fuerte. Empieza a gritar de dolor. Cada vez que ella respira y empuja, con cierto ritmo, yo me muevo un poco más hacia abajo, avanzo.

Noto algo que me rodea y que se contrae. No tengo espacio para moverme. Mamá, te oigo gritar cada vez más fuerte y eso me asusta. Estoy aterrada, no quiero hacerte daño. Siento mucho que te duela, pero para mí esto es una lucha también. Cuando parece que no voy a ser capaz de salir, todo se precipita. Una fuerza tira de mí, me desplazo y deslizo hacia una luz cegadora. Lleno mis pulmones de aire por primera vez, me siento llena por dentro, y luego vacía, y lloro. Berreo sin parar. Solo me calmo cuando mi madre me pone encima de ella. No la veo, pero siento su voz, su aliento, su olor y el latido de su corazón. No necesito más. He nacido. Soy la tercera hija de mi madre. Podría haber sido la cuarta. Tuvo un hijo antes que yo, pero falleció, por lo que soy una bebé arcoíris. Así se nos llama a las criaturas que nacemos después de la pérdida de un bebé anterior, y se dice que nacemos llenas de luz y esperanza.

Mi hermana Yalda entra en la habitación y mi madre le dice que avise a mi tía Manizha para que venga, porque ya estoy aquí. No hay tiempo para ir al hospital. Mi tía acude rápidamente, acompañada por una mujer mayor, una vecina que siempre ayuda en los partos. La señora facilita dar a luz en casa y, gracias a ella, no tendré infecciones en el cordón umbilical y en lo que luego será mi ombligo. Además, siguiendo sus recomendaciones, mi madre se recupera bastante bien de mi parto. Aunque luego vendrían algunos más.

Los días posteriores a mi nacimiento, mi padre se deshace en cuidados hacia mi madre y le prepara las típicas comidas del posparto en Afganistán: *yakhni* (sopa de oveja), *liti* (sopa de harina de trigo, dulce, con jengibre y nueces), huevos fritos, té y muchos dátiles.

Mi nacimiento trae dos celebraciones importantes. La primera, cuando cumplo tres días, es un ritual en el que el imán me recita una oración al oído; se hace una reunión donde los hombres de la familia leen el Corán, por la mañana, muy temprano, durante un desayuno. Luego, a los cuarenta días, hay una fiesta en casa de mis padres, la llamamos *chela gurez*; se invita a algunos familiares para que conozcan a la nueva bebé, y estos compran regalos para mi madre y para mí. Esta celebración simboliza mi inclusión en la sociedad afgana y mi presentación en la comunidad.

Kabul, junio de 1993

Genero polémica ya de recién nacida, cómo no. Mi madre quiere ponerme de nombre María. En Afganistán es algo exótico, no hay muchas personas que se llamen así. Por su parte, mi abuelo, Mohamad Hasan, desea que me llame Khadija, por Khadija Bint Khuwaylid, la primera esposa del profeta Muhammad. Era una mujer de gran inteligencia, fortaleza y nobleza, conocida por su éxito como comerciante, su honestidad y su generosidad.

Farida, mi madre, es una mujer de ideas fijas y con una voluntad de hierro, pero, por respeto, no quiere enfrentarse al abuelo, así que actúa de la única manera que muchas veces pueden hacerlo las mujeres en mi país, con mano izquierda. La estrategia es renunciar aparentemente, pero sin tirar la toalla, encontrar una solución para salirse con la suya. Finalmente, me ponen oficialmente Khadija, así consta en mi documentación, pero en el entorno íntimo y familiar todo el mundo me llama María. De hecho, en mi familia hay mucha gente que no sabe que me llamo Khadija hasta que, muchos años después, salgo en los medios de comunicación. Siempre me han llamado María. Mi madre siempre gana, y yo lo aplaudo.

Un mes después de mi nacimiento, los muyahidines toman el control de Afganistán. Hay un cambio de régimen y, como siempre, las mujeres y las niñas somos las primeras en sufrirlo. Pronto comienzan las restricciones: nos obligan a llevar velo y pantalones debajo del vestido; las niñas siguen pudiendo ir a la escuela, pero las mujeres pierden su libertad.

KABUL, 1996

Soy una bebé de tres años y percibo un gran alboroto en la casa. Parece ser que los talibanes han tomado el país. Después de años de enfrentamientos con los muyahidines, al final, lo han conseguido. No estoy segura de lo que significa exactamente, pero parece que no es nada bueno. Todos comentan apenados que mi hermana Yalda tiene que dejar de estudiar y quedarse en el hogar sin hacer nada. ¿Cómo es posible?

Por ahora me mantengo ajena a la preocupante realidad. No soy lo que se dice una niña tranquila. Lloro, lloro mucho, no dejo de berrear. Soy muy insistente y exigente. Alta demanda. Siempre llamo la atención para que me cuiden. Y exijo más. Muevo los bracitos y las piernas sin parar. Hago pucheros. Quiero mimos, comida, calor, distracciones. Soy caprichosa y no me llega todo lo que mi familia me da. Intuyo que mi crianza es algo complicada. Durante mi infancia no dejo de protestar. Soy una gran crítica. Toda una experta. Para bien o para mal.

Cuando crezco, sigo siendo muy exigente. Esto hace que casi siempre me sienta frustrada, enfadada. Anhelo muchas cosas que no poseo, y no precisamente materiales. Quiero estudiar, pero a las niñas no nos está permitido. En su momento, mi padre fue el apoyo de mi madre para que ella pudiera formarse, pero yo lo siento como un hombre lejano, no creo que me pueda ayudar. No tengo en estos años, ni la tendré después, cercanía con mi progenitor, ni siento el vínculo que muchas hijas tienen con su padre. No es culpa de nadie, solo puedo adaptarme a la realidad. Es con mi madre con quien estoy conectada y en permanente compañía, ella es quien me cuida. Somos una y la quiero toda para mí.

Mi padre sigue tratando muy bien a mi madre, la respeta, no la ha tratado nunca con violencia. Bueno, una vez. En una ocasión, cuando mis hermanos jugaban conmigo y yo me caí al suelo y me hice daño. Mi padre perdió los nervios, se enfadó y le pegó a mi madre.

KABUL, 1999

Con seis años soy muy curiosa, me gusta mucho experimentar y aprender cosas nuevas. El mundo es algo maravilloso por descubrir.

Cuando los talibanes prohibieron a las mujeres trabajar, mi madre comenzó a coser. Horas y horas frente a la máquina para alimentar a sus cuatro hijos. El trabajo de mi padre no era suficiente. En este momento, vivimos todos juntos en una habitación; no es que sea muy cómodo, pero es lo que nos podemos permitir. Cada uno tiene un colchón en el suelo. Yo duermo normalmente cerca de mi madre. En esa época, nadie usa pijama en Afganistán, sino que dormimos con la ropa normal.

La norma dicta que lo único que está permitido estudiar a las niñas tiene que ver con la religión. Por eso, cada mañana, de sábado a jueves, cuando me despierto, voy a la mezquita con mis hermanos y mis primas. Esos días me levanto a las cinco de la mañana. Es mi madre quien se ocupa de despertarnos a mis hermanos y a mí. Mi padre a esas horas ya no está porque se ha ido todavía más temprano a la mezquita a rezar.

Todos los niños lloran al despertarse porque no quieren madrugar. Yo también lloro a veces. Es mucho esfuerzo, pero lo hacemos. No es fácil despertarse, estudiar, ir y volver. Pero, aunque a veces de mala gana, obedezco. Me levanto rápidamente y me voy sin desayunar y sin duchar. Me ducho dos veces a la semana y con eso ya está bien. En casa tenemos cuarto de baño, pero no es nada funcional. Todo lo contrario, es muy anticuado: para ducharse, hay que calentar cubos de agua y eso lo complica todo.

La mezquita está cerca de mi casa y voy caminando cada día hasta allí con mi prima Fátima, mi hermana Yalda y mis amigas. Es un camino de unos diez minutos por senderos de tierra; no hay carreteras cerca, pero sí árboles y, como nadie nos acompaña, los niños recorremos juntos el camino, despreocupados, alegres y sin miedos.

La mezquita nos impresiona porque es llamativa, ostentosa, brillante, lujosa…, como una promesa de lo que te espera si eres virtuoso. Tiene un patio y muros que delimitan el sitio de oración. Además, posee un jardín con árboles y muchas flores que a todos los niños nos gusta mucho coger (sin que nos vean). Al entrar en el edificio, avanzamos por un pasillo que conduce a una sala muy grande con varias columnas y lámparas de cristal que centellean. Finalmente, llegamos a la habitación asignada para nuestro estudio.

En la mezquita aprendemos a leer a través de la oración, con el Corán. Somos unos veinte niños y niñas de entre cinco y siete años. Nos sentamos sobre alfombras, en círculo y con los pies cruzados, cada uno con su Corán. Nuestro profesor es un mulá. Todos leemos, pero como el progreso del estudio no es lineal, no estamos en el mismo punto, sino que cada uno lee una parte según el nivel que tenga y lo que haya avanzado. El mulá se sienta cerca y va uno por uno comprobando cómo vamos en las tareas. Llega mi turno. Me pone algo nerviosa sentir el aliento del mulá, ya que impone mucho respeto. Él nos indica cómo debemos seguir con una actitud muy seria y rígida. La metodología es sencilla: se basa en la repetición infinita sumada a una motivación que nace del miedo a la violencia que el mulá pueda descargar sobre nosotros.

La lectura del Corán nos resulta difícil, ya que está en árabe, que no es nuestro idioma materno. Nosotros somos persas y hablamos darí. Si cometemos un error, no hay posibilidad de salvación: a la mínima oportunidad, el mulá nos pega. Yo me libro y el tiempo que paso en la mezquita no recibo golpes. Tras una hora allí leyendo, que se me hace eterna, volvemos a casa por el mismo camino.

Regreso de estudiar en la mezquita sobre las siete y media de la mañana y mi madre me hace el desayuno: té verde y un poco de pan. Antes, ella ha amasado este pan de trigo y mi hermana lo ha llevado al horno de la panadería comunitaria de mujeres. Yalda tiene que esperar en la fila y luego otra mujer se encarga de meter la masa en un horno circular en el suelo que se llama *tandor*. Este espacio, además de cumplir la honorable función de hornear un alimento básico, también sirve para que las mujeres puedan charlar entre ellas de forma relajada. No hay muchos lugares en los que las chicas afganas puedan disfrutar de estar con sus amigas, y la panadería comunitaria es uno de ellos. Un espacio seguro de encuentro para sentarse tranquilas y comunicarse. Pensar, reflexionar, reírse. Cotillear y desahogarse. No es poca cosa.

Devoro el desayuno con ganas. En Afganistán hay uno que me gusta especialmente: huevos fritos con tomate y mantequilla o con un dulce que se llama *halua*, hecho de trigo o sémola. Se suele hacer los viernes, que es, generalmente, el día libre. Así toda la familia puede desayunar junta y más tranquila. Que el desayuno sea más o menos abundante o sabroso depende del nivel económico de cada familia. Nosotros no tenemos mucho dinero y nos apañamos como podemos, pero todo lo que prepara mi madre está bien rico.

En términos de educación, ir a la mezquita no es suficiente para mí. Insisto tanto a mis padres en la idea de estudiar y en mi necesidad de aprender que, por no aguantarme, me apuntan a unas clases clandestinas en las que puedo formarme aunque no llegue a obtener un título oficial. Los talibanes tienen prohibido a las niñas estudiar todo lo que no sea el Corán, pero algunas familias han organizado una forma de resistencia. En mi calle, hay una escuela clandestina en casa de una chica que da clase, Farsana, una amiga de mi madre. Aunque entraña un riesgo mortal, acudir a la escuela clandestina parece, a la vez, fácil. Antes de la llegada de los talibanes, Farsana trabajaba en una ONG, pero tuvo que dejarlo cuando a las mujeres les prohibieron también esa actividad. Creo que estas clases clandestinas están apoyadas por algunas potencias occidentales, no sé si de Estados Unidos o algunos países europeos; para nosotros, todos son extranjeros. Aquí, y a estas edades, no sabemos bien qué significa ni qué diferencia hay entre Estados Unidos y Europa.

Los encargados de organizar y controlar las clases para niñas son un hombre y una mujer. Una habitación de la vivienda de Farsana es nuestra escuela. Aquí se concentra todo el universo de nuestro aprendizaje. El conocimiento que han intentado robarnos y que luchamos por adquirir está entre estas cuatro paredes. Todo se desarrolla de modo que, desde el exterior de la casa, no se pueda sospechar nada. Cualquier error o falta de discreción puede ser el final, literalmente.

Cuando estoy en casa antes de ir a las clases secretas, me siento animada y contenta. Como vivo con mis primas, voy con ellas caminando tranquilamente. Mi prima Fátima es mi mejor amiga. Tiene seis años, como yo, y es la persona con la que mejor me lo paso. Cada día, nos ponemos nuestros pañuelos blancos, cogemos nuestras bolsas para los cuadernos y nos encaminamos a la escuela clandestina de nuestra calle. Todavía no lo sé, pero ese es el inicio de una resistencia personal contra las injusticias que no tendrá fin.

El camino debe ser corto obligatoriamente; si no, nuestros padres no nos dejarían asistir. Nuestra escuela está a cinco minutos de mi casa, un ratito que se me pasa volando cantando canciones y riendo por los senderos de tierra, bajo los árboles. Corremos grave peligro si nos descubren, pero no tenemos ningún temor. Nos guían la aventura y la inconsciencia. Tenemos la suerte a nuestro lado, ya que los talibanes nunca nos paran ni llaman a la puerta de la casa-escuela. Eso supondría la tortura y la muerte para nosotras y nuestras familias. A pesar de todo, ir es casi como un juego.

Llegamos a la casa de Farsana, que es pequeña y bastante oscura, aunque con un patio grande y un jardín. Allí, unas veinte niñas y chicas de diferentes edades compartimos ilusiones. Son las nueve de la mañana. Leemos los libros que nos indica la maestra, intentando adquirir conocimientos entre el caos, estudiando, sintiendo que progresamos y soñando con un futuro en el que podamos ser lo que se nos antoje. El mayor problema es que, al tener alumnas con diferentes niveles y edades, es complicado avanzar al mismo ritmo. Estudiamos Lengua y Matemáticas, y lo hacemos lo mejor que podemos. Aunque todo puede acabar en cualquier momento, peor sería seguir en casa sin hacer nada.

Poco a poco, aprendo de verdad a leer y escribir, y soy muy feliz por poder hacerlo. Aunque los talibanes nos causan pavor, todas queremos tener conocimientos básicos. No hay nada ni nadie que pueda con el ansia de saber. Le estoy muy agradecida a Farsana, la única maestra, por los conocimientos y el cariño. Aunque ella disfruta mucho dando clase, hacerlo siempre supone un posible agónico desenlace.

Las clases nos hacen sentir muy bien porque tenemos un propósito cotidiano. Para mí, son un espacio vibrante y luminoso, aunque el aula es pequeña y sin ventanas. El conocimiento llena de energía este lugar. Mi hermano Karim estudia en la escuela normal, pero como yo no puedo, hacerlo aquí me encanta. Estoy a su nivel. Iguales. Aunque soy pequeña, también soy ambiciosa y muy competitiva. Tengo claro desde el principio que para ser alguien, debo estudiar. Quiero que me tengan en cuenta. Tengo muy presente el recuerdo de mi madre contando que sus hermanos no la dejaban formarse y explicando la liberación que supuso para ella poder hacerlo tras casarse.

En la escuela clandestina no hacemos gimnasia, ni damos música o creatividad. Estamos allí solo tres horas y aprovechamos el tiempo para dar contenido puro y duro. Esas tres horas incluyen un recreo en el que comemos algo que llevamos de casa, como pepinos con sal, pan, patatas fritas… ¿Lo mejor? Que todo lo compartimos con las amigas. Para animar a las familias a que dejen a las niñas estudiar en estas clases, también allí nos dan algo de comida envasada: arroz, aceite, garbanzos, harina…

Aunque yendo y viniendo de la escuela las niñas no tenemos ningún percance, por las calles siempre se corren riesgos. Recuerdo un día en el que íbamos al médico mi madre y yo y los talibanes nos detuvieron porque mi madre no podía ir «sola» por la calle (sin ningún *maharam* u hombre de la familia). Sin previo aviso, dos hombres empezaron a golpearle los tobillos con brutalidad. Recuerdo sus gritos más que sus heridas. Yo no sufrí violencia directa sobre mi cuerpo en esa ocasión, pero las heridas de mi madre me dolieron como si fueran mías. No paré de llorar. Volvimos a casa aterradas y caminando muy despacio. Ella se apoyaba en mí sin decir nada. Mamá, prometo que me voy a vengar.

Cuando salgo de la escuela, me voy a jugar. Mi energía nunca se acaba. Adoro divertirme con los niños, más que con las niñas, por eso siempre estoy con mis primos. También suelo hacer los deberes y dibujar con ellos. Tengo muchos amigos, amigas muy pocas, y no sé el motivo.

KABUL, 2000

A los siete años decido llevar burka por diversión. Ya lo sé, es de locos. Mi prima Fátima y mi amiga Pashtana lo usan como atuendo para jugar y yo también quiero uno. Como mi madre lo lleva, para mí es algo atractivo, casi como un complemento que me hace parecer mayor y sofisticada. Las niñas deseamos llevarlo como nuestras madres. Para nosotras no tiene más implicación que un cambio de roles, un disfraz. Por eso, termino pidiéndole a mi madre que me haga uno o que me lo compre. Rápidamente, de un burka viejo, Farida cose uno pequeño para mí. Cuando me lo pongo, la cara de mi madre es un poema, pero yo estoy rebosante de felicidad. Me miro en el espejo y me pavoneo. Me siento mayor y misteriosa. Solo lo llevo cuando estoy con las niñas, nos lo ponemos para jugar a las mamás. La muñeca es mi hija y el entretenimiento principal consiste en que nuestros muñecos se casan y forman una familia.

Los hermanos de mi padre vienen a vivir con nosotros, ya somos en total cuatro familias bajo el mismo techo. Bullicio sin parar. Diversión sin fin. En casa no hay mucho espacio, y los más pequeños jugamos en la calle o en el patio interior de la vivienda.

Con mis primos Faisal, Omer, Yaser, que tienen siete años, me lo paso verdaderamente bien. Solemos dibujar durante horas. Me gustan los personajes de dibujos animados, como Winnie The Pooh. Cojo mi cuaderno y mis lápices de colores y dejo volar mi imaginación. También hacemos manualidades doblando papeles para crear aviones o barcos, volamos la cometa o nos tiramos al suelo con las canicas, que son huesos de dátiles. Siento que puedo hacer lo mismo que ellos, y eso me reconforta.

Después de jugar, entro en casa y hago los deberes yo sola. En ese momento, los niños no tenemos habitación propia, el salón es donde se hacen las tareas. Tampoco disponemos de sillas y mesas, me siento en el suelo con los libros y cuadernos. No me resulta incómodo, estoy acostumbrada. Hago rápido todo lo que me han mandado en clase y así luego puedo dibujar más. Cuando tengo dudas, es mi madre quien me ayuda. Ella está muy contenta porque estudio, y yo más. Los niños no me dicen nunca ni una palabra sobre si les parece injusto el hecho de que a las niñas no nos dejen ir a su colegio. Quizá es en la infancia cuando comienza su indiferencia.

KARACHI, 2000

La situación económica de la familia se viene abajo con el cambio de régimen, aunque, en realidad, es un problema generalizado. Con los talibanes, el sistema productivo queda totalmente arruinado porque las mujeres, la mitad de la población, no pueden trabajar. Mi madre entre ellas. Mi padre tampoco trabaja ya para el Gobierno (antes era ingeniero del Estado), ahora tiene un pequeño negocio de manteles de plástico. Pero las ventas escasean. No hay salidas. Estamos en la ruina y mis padres deciden, a la desesperada, que nos traslademos a Pakistán por si hay más oportunidades para trabajar. Nos invita mi tía Mina, hermana de mi madre, que vive allí con su marido, Gulan, que es pastún.

Llegamos a Karachi, una ciudad donde residen muchos pastunes. La etnia pastún es muy cerrada y conservadora y no permite la libertad femenina. Son tan restrictivos que obligan a las mujeres a tapar su rostro hasta estando ante otra mujer. Como yo aún soy una niña, no me preocupa demasiado todo esto. Tengo otros fuegos que apagar.

Aquí hace mucho calor. Yo tengo el cabello negro muy largo y me hace sudar y sudar. Además, descubro que tengo en la cabeza unos bichitos muy pequeños que saltan. Me pica mucho. Tengo piojos. Por si esto fuera poco, se me empieza a caer el pelo, y eso me asusta. Hay que actuar. Mi madre decide cortármelo, también para no perder tiempo en cuidarlo. Como solución, Farida quiere afeitarme el cráneo. Es una medida radical, pero supongo que no hay otra opción. Mi madre llora mientras lo hace y yo lloro con ella. Mi pelo va cayendo al suelo mezclado con nuestras lágrimas. Me quedo completamente calva. A nuestro alrededor todo está sucio, vuelan decenas de insectos, huele mal. Esto es lo más parecido al infierno que he conocido en mi corta edad.

Pero esta desgracia trae a mi vida una nueva dimensión ventajosa, una capacidad de maniobra inesperada. Al no tener pelo, mi madre me propone vestirme con la ropa de mi hermano Karim y paso a ser un niño a todos los efectos. Cambio de identidad, lo que no está nada mal. De pronto, puedo disfrutar de la libertad. Mi madre y mi hermana tienen prohibido salir de casa sin llevar la cara tapada (no es suficiente con llevar un velo), los pastunes no lo permiten. Pero a mí, mi padre me lleva a todas partes con el rostro al aire gracias a mi recién adquirida identidad masculina. Soy libre. Salgo, entro y siento que Pakistán está a mis pies. Sin pretenderlo, me convierto en *bacha posh*.

El término *bacha posh* (que significa «vestida como un niño» en darí) se refiere a una práctica cultural afgana en la que las familias sin hijos varones visten a una de sus hijas como un chico. Esto les permite acceder a ciertos privilegios y libertades que, de otro modo, le estarían restringidos, como asistir a la escuela, trabajar o moverse libremente en público. Esta práctica es temporal y general-mente termina cuando la pequeña llega a la pubertad, momento en el que se espera que vuelva a asumir su rol tradicional de mujer.

Así que yo tengo mi propia época *bacha posh* y la disfruto mucho. Puedo estudiar en la escuela oficial. No me lo creo. Digo que me llamo Khadija, pero para todos soy un niño. Aunque en la escuela hay niños y niñas, mi hermana Yalda no puede ir porque la familia de mi tía no se lo permite. Ya os dije que son ultracon-servadores. Me da pena. Lo más duro es ver que ella no me acom-paña a la escuela. En el país en el que estamos podría hacerlo, pero no en la comunidad en la que vivimos. Me duele ver que ella no estudia. Pero ¿qué puedo hacer yo? Mi padre y mi madre quieren que todos nos formemos, ella incluida; es el marido de mi tía, Gulan, quien no le deja, así que Yalda se queda en casa todo el día. Anteriormente, solo pudo estudiar hasta tercer grado; luego llegaron los talibanes a Afganistán.

Con este panorama, solo vamos a la escuela mi hermano ma-yor, Karim, y yo. Cada día vamos caminando juntos como si fué-semos a un lugar excepcional. Las calles de Pakistán son como las de Afganistán, trazadas con caminos de tierra con árboles, pero estas huelen muy mal, ya que hay agua estancada en el suelo y muchos insectos. Intentamos no meter los pies en los charcos al caminar, se convierte para nosotros en un juego más. No tarda-mos en llegar a la escuela, un edificio sencillo de una planta con un patio.

Aquí las clases son en inglés y urdu. Recuerdo mi primer día como alumna (alumno), me lo pasé llorando sin parar. No enten-día el idioma, me sentía sola y desubicada. No sabía desenvolver-me, estaba perdida. Después, rápidamente me fui integrando y unos meses más tarde hasta fui elegida para cantar en la celebra-ción del Día de la Independencia de Pakistán.

Aprendo muy rápido el idioma, siento que progreso.

Pero eso no es todo. No paro. Por las mañanas, voy a clase y por la tarde, soy vendedor de tentempiés. Es una idea que les propongo a mis padres porque veo que otros niños lo hacen y me parece una forma sencilla de llevar dinero a casa. Es como una aventura. Así, a los ocho años, me visto como un chico, tengo la cabeza rapada y soy un pequeño trabajador ambulante que vende alimentos hechos a base de trigo y patatas cocidas. Mi madre prepara en casa esos tentempiés típicos y mi padre los vende por la calle, igual que yo. Suelo instalarme en el barrio Machar Colon. Para mi faena, me siento en el suelo, siempre en el mismo lugar para que la gente pueda venir a comprar si lo necesitan y me tengan rápidamente localizado. Con el semblante orgulloso por mi labor, llevo una olla a rebosar e intento venderlo todo. Mi especialidad es el *gandum yoshak*, una sopa de trigo hervido con algunas especias que vendo en boles a una o dos rupias pakistanís. Mis compradores suelen ser otros niños. A veces termino la olla, otras no. Depende. A veces, la acabo en una hora; a veces, en dos.

Así paso un año. Más que sentir la dureza del trabajo diario en la calle, me lo paso bien. Tenemos necesidad de que alguien trabaje. No gano mucho, pero para mí es importante colaborar con la familia.

KARACHI, 2001

Mientras vivimos en Karachi, nace otro de mis hermanos, el quinto hijo, Abobaker, y esto lo empeora todo, porque ahora hay que cuidar a un bebé. Mi madre es la que más lo sufre. Aparte de cuidarlo, tiene que estar todo el día cocinando los tentempiés que vendemos mi padre y yo, algo que, además, no soporta porque en Pakistán hace muchísimo calor. El clima es tan extremo que, sin ventiladores, ni por supuesto aire acondicionado en casa, algunos de los hermanos tenemos que abanicar a nuestro padre mientras duerme, pues sus problemas de salud podrían agravarse con las altas temperaturas.

Un día, mi madre llega al límite y se planta. Miseria, pobreza, sudor y desesperación. Para aliviar un poco la situación, mi padre decide llevarnos a Afganistán de vacaciones. Nos vamos y, al terminar las vacaciones, mi madre lo tiene claro: de ninguna manera va a regresar a Pakistán. Farida propone a mi padre que vuelva él solo y que venda todo lo que tenemos en casa. Y así lo hace. Mamá siempre se sale con la suya. Menos mal.

KABUL, 2001

Volvemos a instalarnos en Kabul y los cambios se respiran en el aire: los talibanes han caído y Estados Unidos ha invadido el país. Mi madre está muy animada y decidida a que empecemos a estudiar todas: mis primas, mi hermana, yo... Quiero empezar cuarto curso, pero no me aceptan, dicen que debo estudiar tercero, pues no tengo el suficiente nivel educativo. No se fían aunque les digo que estoy preparada. Ellos no lo saben, pero gracias a las clases clandestinas y a lo que estudié en Pakistán, me siento lista para el examen de acceso. Sé leer y escribir. Quiero entrar en cuarto grado. Y lo consigo.

Comenzamos a ir de manera oficial a la escuela. Y es como un sueño.

El día en que regreso al colegio tras el examen de acceso es el más feliz de mi infancia. Voy caminando muy contenta con mis primas y primos, con nuestro uniforme negro y blanco, ropa negra y velo blanco para todas las niñas. Llevamos una camisa larga, un pantalón y una mochila azul con el logotipo de UNICEF.

Tras épocas muy duras, poco a poco sentimos que todo empieza a cambiar a mejor. Somos niños y solo queremos tener una vida normal. Las niñas podemos estudiar y eso lo llena todo de alegría y esperanza. No tengo palabras para describir lo que se experimenta al pasar de aprender con miedo a poder hacerlo con orgullo, pasión y sin tener que esconderse. Las mujeres vuelven a ejercer como la mitad del sistema productivo del país. La sensación de libertad es casi algo tangible que flota en el aire. La humanidad progresa. Soy una niña enérgica que confía en el futuro.

Mi madre trabaja como maestra. Es el sostén de la casa, la responsable de sacar adelante a toda la familia. Somos cinco hermanos, y esas son muchas bocas que alimentar. Además, hay que vestirnos, comprar libros, pagar facturas y el alquiler de la casa. En 2001, mi padre quiso prejubilarse y empezó a cobrar una pensión. Desde entonces, es mi madre quien sigue trabajando para mantener a la familia.

MADRID, OCTUBRE DE 2024

Cuando empiezo a pensar sobre la personalidad de mis padres, a analizar su comportamiento con respecto a mí, no puedo evitar pensar: ¿estoy unida a ellos o no? Intento recordar detalles de la relación que hemos tenido, tanto con mi padre como con mi madre, y no lo consigo, no sé por qué. En alguna parte he leído que cuando no tienes ningún recuerdo sobre algo, por ejemplo, sobre tu infancia, es porque quizá existe un trauma. Yo no soy consciente de que la relación con mis padres haya sido o sea traumática, pero, en honor a la verdad, tampoco puedo contar nada sobre ese vínculo o sobre nuestro mundo particular. Sí que recuerdo que de pequeña mi madre me llevaba a muchos sitios y me compraba lo que necesitaba; ¿mi padre? Siempre estaba en un segundo plano.

En cierto modo, siento que estoy unida a ellos, pero también que me falta conexión emocional. Pura contradicción. ¿Será porque somos siete hermanos? Cuando yo era niña, mi madre trabajaba y siempre estaba fuera, era mi hermana quien nos cuidaba. Quizá de ahí venga esta desconexión afectiva, ya que no siento que me hayan servido nunca de sostén. Ellos, por el contrario, tienen una visión diferente, creen que me han apoyado siempre.

¿Quién tiene razón? ¿Será acaso que yo no les pedí nada? ¿Que quizá no les comuniqué bien lo que necesitaba? ¿No era su obligación como padres crear el vínculo correcto y ayudarme en todo?

En la actualidad, apenas hablo por teléfono con mi padre, solo una vez a la semana (y a veces me cuesta encontrar los temas de conversación). Con mi madre hablo todos los días durante una o dos horas. ¿Significa eso que tenemos una relación estrecha? Pues no sabría decir. Os cuento cómo es. Por ejemplo, si quiero ordenar mi armario, la llamo por teléfono y realizo la tarea mientras charlamos. Si me pongo a cocinar, lo mismo. Sin mi madre, no puedo hacerlo. Es como una costumbre. Para limpiar la casa o hacer cualquier labor doméstica, la llamo. Ella está al teléfono en videollamada y vamos charlando. Si no lo hago así, me aburro mucho y siento que me falta algo.

Pero si algo define nuestro vínculo, es la ambivalencia. A veces, me duele su indiferencia en muchos momentos vitales… Y, en ocasiones, sé que ella se vuelca conmigo más que con algunos de mis hermanos. Sin embargo, nunca le cuento cómo me siento de verdad, ni los problemas que tengo… Pero eso es normal, ¿no? No tengo una intimidad con ella que me permita abrirme totalmente. Con mi «madre» de España, Magis Iglesias, en cambio, sí lo hago.

Con mi padre, todavía es peor. Solo un «Hola, ¿cómo estás?» y luego un esfuerzo por llenar los silencios, quizá porque me da apuro enfrentarme a la verdad.

No es imposible que por mi parte haya rencor, porque he sufrido mucho y siento que ellos no me ayudaron o, al menos, que no lo hicieron de la forma que yo necesitaba. No puedo olvidar todo lo que pasó. Fueron años de mucha oscuridad y sufrimiento. Me pasa lo mismo con mi hermana Yalda. Para mí, ella nunca se ha mostrado lo suficientemente cercana como para considerarla una amiga, y menos una hermana. Nunca hemos tenido una relación fraternal. Yo era pequeña cuando ella se casó y después su marido no la dejaba salir conmigo por estar divorciada, así que no nos veíamos. Cuando lo hacíamos, era a escondidas. Yo me moría de angustia. Eso nos ha distanciado. No hay vínculo entre nosotras que valga ni en el presente ni en el futuro. Hoy no quiero hablar ni saber nada de ella. Yalda sigue feliz con su vida en Afganistán. No se cuestiona nada.

En mi mente se ha grabado la idea de que no puedo tener una relación estrecha con mi familia. Siempre recuerdo lo que me hicieron, y también lo que no hicieron, e incluso esas omisiones duelen, esa falta de ayuda. Me dejaron sola cuando más necesitaba su auxilio. Por otra parte, en su defensa debo decir que yo durante mucho tiempo no les conté todo lo que me pasaba, el horror en el que viví durante años. No tenía confianza y sí mucho miedo. En todas las ocasiones en las que, desesperada, tuve que llamar a alguien, era a mi tío Nesar a quien recurría, no a mi madre. O a mi tía Nadera, pero no a mi padre. Quería ocultar todo lo que me estaba ocurriendo para no preocuparles. ¿O tal vez lo hacía porque sabía que no iban a responder de la manera adecuada?

En cualquier caso, cuando por fin decidí poner las cartas bocarriba, tras mi duro divorcio, sí tuvieron la oportunidad de apoyarme, pero tampoco lo hicieron. Todo el proceso fue brutal y ni siquiera pude contar con su ayuda para tener cerca a mis hijos. Yo no los podía mantener y ellos no me facilitaron nada. Y cuando quise estudiar Periodismo y ejercer mi profesión, me consideraron directamente una prostituta. Tampoco lo veían bien. Respiro hondo. Los ojos se me llenan de lágrimas que son cristales que se clavan en mis órbitas. No llegan a caer, pero pesan, se incrustan y deforman mi mirada. Los recuerdos son como descargas eléctricas, y duelen.

Nadie de mi familia me ha dicho en ningún momento que sentía no haber estado ahí para mí. Al contrario, ellos creen que siempre me han apoyado mucho. Incluso en la actualidad, cuando alguna vez les cuento algo que he hecho, algo que he conseguido por mis propios méritos, ellos comentan que si lo he logrado es «porque siempre te hemos apoyado». Yo me pregunto: ¿cómo? ¿En qué se basan para decir eso? ¿Cómo pueden estar tan ciegos? ¿Y si tienen una idea preconcebida de lo que debe ser? ¿Y si no es más que una sarta de mentiras para acallar sus conciencias?

No sé cómo se van a tomar estas frases del libro reflexionadas y publicadas con total sinceridad, pero digo las cosas tal como las sentí y las siento. Nunca me he atrevido a decirle a mi madre ni a ningún miembro de mi familia lo que pienso, con toda su profundidad y complejidad. Solo alguna vez hablando con mi madre lo he dejado entrever.

—¿Cómo me habéis dejado sola? No tenía salidas, no tenía recursos. Os necesitaba.

—Es que no había dinero para poder ayudarte económicamente.

Eso no es lo más importante, mamá. Solo quería sentirme arropada, acompañada y sostenida. Cuando, tras mi divorcio, me fui a vivir con ellos, me «dejaban» hacer, pero no con libertad, sino que me presionaban mucho y me juzgaban. «No tienes que llegar tarde a casa». «¿Por qué sales con tus amigas?». «¿Por qué hablas por teléfono?». «¿Con quién?». «¿Por qué haces esto o lo otro?».

Ante mis ojos, mis padres obtienen cierta redención como pareja y como personas porque han construido una familia sólida basada en el respeto y en la consideración, además de en el amor. Como ya he contado, mi padre siempre apoyó a mi madre para que siguiera estudiando y trabajando, considerándola una igual a él. Podríamos decir que es uno de los maridos afganos «buenos», de los que no pegan a su mujer y la tratan bien. No todos lo hacen, y yo tuve el ejemplo muy cerca.

Cuando era niña, durante mucho tiempo vivimos con cuatro hermanos de mi padre y sus familias. Estábamos todos juntos en una casa, pero cada familia vivía con sus hijos en un cuarto. Allí, a través de la pared o delante de mí, pude ver, escuchar y sufrir cómo mis cuatro tíos pegaban a sus mujeres. Es muy perturbador.

Cuando luego viví mi propio infierno, recordaba aquella época. No es ser musulmán lo que te lleva a agredir a las mujeres, tiene que ver más con ser machista, violento, con no tener educación y con aprovecharse de unas costumbres patriarcales que consideran que las mujeres no tenemos los mismos derechos que los hombres, que somos su propiedad.

Me he pasado toda la vida viendo cómo mi padre hacía la comida, lavaba la ropa, cuidaba a sus hijos. No diré que «ayudaba» en casa, porque también era su responsabilidad. ¿Hacen eso los hombres occidentales? Supongo que no todos. Uno de mis tíos, que está ahora en Canadá con su mujer, se quejaba por teléfono hace poco:

—Es que ella no hace esa tarea…

—Pero, tío, ¿es que es su responsabilidad? No lo es, es de los dos. La tenéis que compartir, no puedes decir que ella no lo hace… Por favor.

—Tú estás ya muy occidentalizada.

—No, es la realidad.

Me aterraría volver a vivir con mis padres, porque con mi familia nunca tendré la libertad que he conquistado. Mis padres y mis hermanos siempre se van a sentir con derecho a inmiscuirse en las decisiones que yo tome sobre mi propia vida. Al principio, cuando se instalaron en La Haya, mi madre insistía en que me fuera a vivir con ellos a Holanda, pero, afortunadamente, ha dejado de hacerlo.

—¿Por qué no vienes a vivir con nosotros? Ven aquí, habla con tu abogado, tienes que venir.

—No. No quiero.

Pero no le puedo explicar mis razones claramente porque no se lo tomaría bien. No puedo profundizar en el modo en que, viviendo con ellos, pierdo mi libertad conquistada. Estando con mi familia me siento muy controlada. No soy capaz de decirles que no, así que terminarían imponiéndose sobre mí. Es un sentimiento que tengo interiorizado por haber nacido en Afganistán, allí arraigó. Si ellos están cerca, deciden sobre mí, o por lo menos lo intentan. Si decides algo y ellos no están de acuerdo, vas a tener problemas. Es mejor mantener la distancia. Iré a verlos de vez en cuando y ellos vendrán aquí. Pero vivir juntos, no.

Todavía me queda un gran trabajo interior por hacer, pero he evolucionado mucho, ¿no crees? De hecho, mi familia va a leer todo esto cuando se publique.

En la actualidad, mis padres tienen una vida tranquila en La Haya. Mi padre está jubilado y no trabaja. Aunque la ayuda del Gobierno holandés les da para vivir, mi madre está estudiando el idioma del país y trabaja en una guardería. A ella le sigue gustando formarse, como durante toda su vida. Mis hermanos estudian y trabajan. Mi hermano Abobaker trabaja como transportista. Mis otros hermanos, Najim y Samim, llevan una cafetería y estudian a la vez. El menor, Samim, tiene dieciocho años, hace Enfermería/Medicina y trabaja en el hospital. Al parecer, es uno de los mejores de su escuela gracias a que aprendió el idioma rápido.

Dos de mis hermanos tienen cada uno su piso, y mis padres y mi hermano menor viven en otro, en una zona muy tranquila que es casi como un pueblo, a unas dos horas de Ámsterdam. Todos están contentos con la vida que llevan allí, solo se quejan de que hace un poco de frío. Mis hermanos están muy pendientes de mis padres. Como tienen carnet de conducir y coche, les ayudan en lo que pueden, como ir a comprar cuando lo necesitan o acompañarlos a realizar gestiones.

El año pasado, mis padres vinieron a España y se quedaron aquí una semana. A mi padre le gustó mucho Madrid.

Y ahora tengo que contaros lo que posiblemente sea una gran contradicción. Si consigo tener a mis hijos conmigo por fin, quizá sí me plantee traer a mis padres, para que me ayuden en la crianza... aun con el sacrificio de libertad que eso pueda suponer. ¿Cómo lo hacen las españolas? O contratas a alguien, o dejas de trabajar, o te ayudan los abuelos. Me imagino que podría hacerlo así mientras mis hijos sean pequeños; pasar un mes aquí, dos en Alemania… Pero todo esto son castillos en el aire. Mis hermanos todavía necesitan a mis padres, no están acostumbrados a vivir solos.

Si logro que mis hijos vengan en Navidad, quiero que mis padres estén también. Puede que el 28 de diciembre tenga a mis niños cerca. Nada me haría más feliz. De hecho, es lo único que me importa.

O te casas o te mato

En el proceso de investigación y documentación para este libro, pude constatar, partiendo de la historia de Mary, que en Afganistán casarse es una maldición, la mayor parte de las veces, una absoluta película de terror para las niñas afganas. Antes y ahora. Aunque la ley dice que la edad mínima para contraer matrimonio es dieciséis años para las mujeres y dieciocho para los hombres, esto rara vez se aplica. Los datos me ponen los pelos de punta. En 2021, una de cada tres chicas (35 por ciento) se casó antes de los dieciocho años, y una de cada cinco (17 por ciento), antes de los quince. Solo entre diciembre de 2022 y febrero de 2023, la Organización Internacional para las Migraciones recibió casi seiscientos informes de matrimonios forzados, de los cuales cerca de cuatrocientos eran matrimonios infantiles.[1] Podéis volver a leerlo si sois capaces de soportarlo.

La situación es límite, todas esas niñas necesitan urgentemente protección. El impacto en ellas es atroz. Al casarse tan jóvenes, tienen riesgos de complicaciones en el embarazo y en el parto. Las pequeñas no pueden estudiar, sufren violencia doméstica y abuso sexual. Con la intención de dar buena imagen, en diciembre de 2021, los talibanes publicaron un edicto por el que, a partir de entonces, las niñas debían dar su consentimiento para casarse. También prohibía los matrimonios *baad* (casar a una mujer o niña para lograr la paz con otra familia), protegía los derechos de herencia de las viudas y señalaba que las esposas tienen derecho a ser mantenidas por sus maridos. A estas alturas, creo que no engañan a nadie.

Las continuas declaraciones públicas de altos cargos talibanes indican que consideran a las mujeres ciudadanas de segunda clase, propiedades de sus maridos, educadas para casarse, servir, tener hijos y criarlos para que sigan la misma ideología. Todo es un gran paripé. Los talibanes entran en las casas y se llevan a las niñas para casarlas sin encontrar oposición. Esa es la realidad. Muchos padres piensan que es preferible vender a una hija para el matrimonio que dejarla morir de hambre. Se venden bebés de veinte días y niñas de once o doce años son casadas para que las familias puedan subsistir. [2, 3]

KABUL, 2007

A los catorce años, soy una niña grande, alta y con cuerpo. Mi cabello negro azabache, largo y grueso llama la atención. Mi piel reluce como las perlas. Mis ojos negros, expectantes de vida, todavía no tienen grabado a fuego el horror. Soy una adolescente algo tímida a la que le cuesta hablar delante de la gente; pero también soy esa joven moderna, dinámica y risueña a la que le gusta ponerse unos vaqueros. Un pantalón y una camisa es mi conjunto preferido. Cuando voy a la escuela, me visto de negro y me pongo un pañuelo blanco, como es común hacer en la época colegial. Tengo una vida sencilla que me llena. Además del colegio, también asisto a clases de inglés con mis primos. Y en ocasiones voy a casa de mi tía, Mina, hermana de mi padre, a estudiar con su hija, Sara, y su hijo, Yaser. Todos los días juego en la calle con los niños, dibujo y soy feliz.

Por parte de mi padre y de su familia, mi vestimenta no suscita ningún problema…, pero todo cambia cuando está cerca la familia de mi madre, por ejemplo, si voy a casa de mis abuelos. Mi tío, Mohamed (nombre ficticio), hermano de mi madre, se enfada mucho si me ve en *jeans*. Cuando me mira, su rostro se torna rojo, se pone frenético y empieza a maldecir. No me deja usarlos. Acosa a mi madre por mi culpa («¿Por qué tu hija lleva pantalones vaqueros?)».

Muchas veces, si los llevo, me escondo para que no me diga nada. ¿Para qué buscarme líos? Mejor que no me vea, porque no hay quien lo aguante luego. Mi madre tiene que comprarse vestidos un poco largos y no lleva vaqueros cuando vamos a ver a mis abuelos, ya que mi tío osa meterse también con su vestimenta. ¿De verdad tenemos que aguantar que este señor opine sobre nuestro vestuario?

Un día, tras volver de casa de mis abuelos y tener que soportar, una vez más, las regañinas de mi tío, me noto extraña, como húmeda entre las piernas. Voy al baño a comprobar qué me pasa y descubro una gran mancha roja en mis vaqueros. Me quito la ropa y veo que no paro de sangrar. ¿Qué me está pasando? Estoy sufriendo como nunca antes. ¿Me estaré muriendo? Si mi madre o mi hermana lo supieran, ¿qué me dirían? Me echarán la culpa a mí, algo habrá hecho. Sudo. Tengo escalofríos. Me duele la parte baja de la espalda. Siento retortijones. Creo que estoy gravemente enferma y que voy a perecer pronto. Quizá ahora mismo.

Como todas las adolescentes, ya he experimentado ciertos cambios físicos: me ha salido vello púbico, me han crecido los pechos, se han marcado mis caderas…, pero nadie me ha explicado nada sobre ellos, ni tampoco sobre lo que me está ocurriendo ahora. Se me pasan mil cosas por la cabeza; una de ellas es un recuerdo. Una noche, en casa de mi tío Naser, mi prima, Marjan, un año mayor que yo, me contó algo vago sobre la regla; no entendí mucho y casi ni la creí. Me parecía una fantasía, la típica historia nocturna para asustarme.

No os podéis imaginar lo que es enfrentarse a ese sangrado completamente natural sin saber nada acerca de él, agonizando, creyéndote al borde de la muerte.[4]

MADRID, 2024

Reflexionando hoy sobre aquel momento en que me vino la regla solo puedo darme un consuelo medio coherente. Puesto que, en su propia adolescencia, a mi madre tampoco le explicaron nada sobre la llegada de la menstruación y debió de sufrir mucho por ello, entiendo que consideró que yo debía pasar por lo mismo o por algo parecido. Es cruel, ya lo sé. La cadena del dolor de la menstruación. Yo creo que ella tendría que haberme dicho: «Hija, esto te va a pasar, esto es lo que debes hacer y así te tienes que cuidar».

Pero mi madre nunca me advirtió sobre ese sangrado repentino. Tampoco mi hermana. Algún día les preguntaré por ello. En Afganistán, casi todo es motivo de vergüenza; el distanciamiento, entendido como forma de respeto, lo maquilla todo. Las cosas importantes no se pueden tratar frontalmente. Los padres no tienen cercanía con los hijos, por lo que hablar de la regla con tu madre es tabú. Yo no pude comentarlo con mi madre hasta que me casé. Es algo cultural. Las niñas no hablan de estas cosas. Creo que en la actualidad tampoco.

En mi cultura, llamamos *adat mahwar* (hábito mensual) a la regla, aunque también se le denomina *marizi* (enfermedad). Hay una costumbre cuando se tiene la regla, que es preparar y tomar un té, llamado *chawa,* de nueces y jengibre, acompañado de *gur* (un dulce).

KABUL, 2007

Una vez al mes, durante muchos días interminables, cuando me viene la regla (luego supe exactamente qué era), siento algo que no sé nombrar y que me da miedo. Pienso que me estoy muriendo, que me pasa algo malo, que mi madre y mi hermana me van a echar la culpa. Son muchos meses sin tener protectores higiénicos, solo algunos paños y telas de bebé de mi hermano recién nacido, Samim, que robo a escondidas. No tengo dinero para comprar compresas y, como todo lo vivo en secreto y con culpabilidad, no se lo puedo pedir a mi madre.

Como parte de todo este proceso, debo, además, lavar y tender los paños que uso, pero de forma que nadie en la familia los vea y se entere. El trastero de nuestra casa es muy muy oscuro y nadie suele entrar, por lo que es el lugar perfecto para esta colada secreta. No obstante, lo paso mal muchas veces para evitar que me cojan y me pidan explicaciones.

También tengo miedo de ducharme y que se descubra que me pasa algo malo, así que decido no lavarme y, claro, todo empeora. Lloro de asco hacia mí misma, de dolor, de incertidumbre. ¿Cuánto tiempo de vida me quedará? ¿Cómo serán mis últimos días? ¿Estoy podrida por dentro? La falta de higiene me provoca infecciones de orina y la situación se complica todavía más. No puedo compartir mi situación con nadie y siento que es el fin. Noto mi vientre hinchado y tengo grandes molestias al orinar. La hora de mi muerte se acerca. Se da la paradoja de que me mandan a los recados y compro compresas para mi hermana y mis vecinas…, pero no para mí. Soy una apestada, no me siento humana.

El tiempo va pasando. Ya hace ocho meses que tengo la regla (que agonizo) sin que nadie lo sepa; me muero de dolor por el día, no puedo preguntar a nadie qué me pasa, y por las noches me despierto empapada en sudor por las pesadillas y por las molestias de las infecciones.

Por si esto no fuera suficiente, la regla influye en la oración. Normalmente, rezamos unas cinco veces al día, pero cuando tenemos la menstruación, las mujeres dejamos de hacerlo durante una semana. Para salir del paso, como no puedo contar la verdad, si mi padre me pregunta por qué no rezo finjo que lo hago. Soy una buena actriz, pero sufro mucho. Me siento doblemente culpable por mentir. Intento comunicarme con Dios y pedirle compasión, que me perdone, pues no es mi culpa. Tengo que hacer que rezo porque si no, mi padre se enfada y es peor.

En Ramadán la regla también se tiene en cuenta. La semana que las mujeres menstrúan no lo siguen porque, por debilidad, deben comer algo. Pero yo estoy tan aterrorizada que no puedo comer y, nuevamente, finjo y hago el Ramadán. Hasta que un día, mi hermano Rahim se da cuenta y amenaza con decirle a mi padre que no lo hago de verdad.

Y sucede lo inevitable. Mi hermana Yalda encuentra en el trastero las telas que he dejado para secar, ata cabos y se percata de la situación. Tarda minutos en decírselo a mi madre. Le cuenta que yo lo he estado ocultando, pero que la regla me bajó hace mucho tiempo. Me siento culpable, estigmatizada, no sé dónde meterme y lloro. Mi madre se extraña.

—Pero, hija, ¿por qué no has dicho nada?

—No lo sé.

Me siento más señalada y degradada todavía. Mi madre tampoco se explaya, ni pone ninguna excusa por no haberme hablado de ello con anterioridad. Y yo solo puedo llorar aún más.

Ellas se reafirman. Ya lo sabemos.

MADRID, 2024

Todas las mujeres afganas de mi edad con las que alguna vez he hablado de la regla tienen historias parecidas a la mía. Todas se han sentido sucias, moribundas y solas. Ninguna había recibido información y consejos para su autocuidado. Algo que es natural se convierte en un episodio oscuro, en un auténtico calvario. La llegada de la menstruación es una tortura, un trauma, un riesgo para la salud. Una maldición casi.

Durante toda la vida, en Afganistán, las familias no cuidan en este aspecto a las niñas. Hay una total falta de información. Nadie cuenta nada. Se ve como algo sucio. Y ellas no preguntan por vergüenza y por miedo. Todo se oculta. Cuando las mujeres y las niñas tienen la regla se consideran impuras, pecaminosas, seres que no deben ni siquiera estar cerca de los hombres. Es un pensamiento muy machista que es urgente erradicar y que, de nuevo, no está en absoluto relacionado con la religión. El Corán no dice nada sobre ello. Es, otra vez, una cuestión de educación y cultura... o de falta de ambas.

Recuerdo ahora que con veintisiete años escribí un texto sobre el trauma que me produjo la llegada de la regla y lo publiqué en mi Facebook. Pronto, mi hermano mayor, Karim, me obligó a borrarlo. Supongo que las páginas de este capítulo no las podrá eliminar y tampoco mis artículos sobre el tema en prensa. Me dijo (lo de siempre) que era una vergüenza hablar de esas cosas. Pero las niñas se merecen tener información y cuidados, y no pasar por ese calvario. Y yo, hoy, escribo y publico lo que me da la gana.

Creo que ahora las familias afganas sí están explicando parcialmente a sus hijas lo que es la regla, pero no con detalle. Es algo que debería investigarse en profundidad, hacer una campaña para informar y dejar atrás costumbres que dañan, como siempre, a las mujeres.

KABUL, 2007

Mis catorce años son, definitivamente, convulsos. Por si el episodio de la regla no fuera suficiente, pronto me doy cuenta de que hay otros peligros mayores que me acechan. Soy una adolescente afgana que, por encima de todo, prefiere jugar y hacer los deberes con los chicos antes que juntarme con las chicas. Estudio en la escuela y voy a clases de inglés con mis primos Ajmal y Saber y mi hermano Karim. Resolver lo que mandan en clase se me da mejor que a ellos y siempre termino haciendo los deberes de todos. Pero «no se lo digas a nuestros padres».

En ese momento, mi hermana mayor, Yalda, está comprometida con mi cuñado... El horror comienza cuando, semanas después, me entero de que ¡vienen a pedir mi mano!

El chico interesado en casarse conmigo, Wais, es mucho mayor, tiene veinticinco años y yo soy simplemente una niña. Le gusto porque dice que «iré creciendo con él» (vomitivo). Además, como rezo mucho, le atraigo por virtuosa. Llevo hiyab y esta faceta mía les encanta. ¿Y ahora qué? A ese ritual de pedir la mano lo llamamos *khowast gari*. Las familias que reciben pretendientes para sus hijas se sienten orgullosas…, pero las niñas lloran y tienen miedo. Yo albergo ciertas esperanzas de librarme. Pero no va a poder ser. La familia de Wais viene varias veces a casa, pero como yo soy muy pequeña, no estoy pendiente y hasta el final no me entero de lo que están tramando, y de forma casi accidental. Una tarde, estoy, como tantas otras veces, en el camino pasando el rato con unos juguetes. Esta familia que viene desde tan lejos se acerca y me saluda.

—Hola, María. ¿Cómo estás? Vamos para tu casa.

—Mi madre está allí.

Para nada me imagino lo que ocurre.

Algo más tarde me los encuentro en casa y charlo con todos. Hasta que uno de mis hermanos me llama la atención.

—¿No tienes vergüenza de ponerte a hablar como si tal cosa?

—¿A qué te refieres?

—Ellos nos visitan por ti…

Tradicionalmente, cuando van a pedir la mano de una chica a la casa de su familia, ella no se debe sentar con los que realizan la visita, por decoro. Hasta que hay un compromiso en firme, la mujer no se puede poner a charlar con la familia con naturalidad.

Entonces me doy cuenta de lo que ocurre y el universo se me viene encima. Todo me da igual, solo puedo llorar. Tengo catorce años y esos señores quieren que me case; y encima parece una escena civilizada. Siento los latidos de mi corazón en las sienes y mi garganta grita en silencio: asco.

Vuelven una y otra vez.

No tengo consuelo. Las lágrimas son mi única certeza. ¿Qué va a pasar? ¿Me darán a esa familia? ¿Podré seguir estudiando? ¿Cómo va a ser mi vida? ¿Aquí se acaba todo?

Mi madre está de acuerdo con la boda y habla con su madre, mi abuela Khanum Gul, para ver cuáles son los próximos pasos.

—Creo que es el momento de que María se case...

—No. María es una niña y no está preparada para ese matrimonio. No sabe cocinar ni nada de la vida. Además, esa familia no le conviene porque la madre está divorciada, y eso es lo que le podría pasar a María. No es una buena idea, y no voy a permitir que María se vaya con ellos. Si no la puedes mantener económicamente, yo me la llevo a mi casa.

Mi abuela se muestra tan tajante que mis padres no ven ninguna posibilidad de convencerla y responden a los familiares de Wais que no aceptan la propuesta, porque soy menor de edad y no estoy preparada para el matrimonio. Mi abuela es mi salvadora, pero no lo ha hecho por amor. No tengo una relación de mucha intimidad con ella, ya que soy una más entre unos quince nietos. Pero, sea como sea, mi abuela me ayuda mucho negándose a ese casamiento. Ella de verdad cree que no estoy preparada para casarme y que no soy una mujer buena porque no sé cocinar, limpiar la casa ni hacer todas las labores domésticas. Para mi abuela, soy una niña inútil, un cero a la izquierda.

A pesar de todo, gracias a ella, puedo respirar. Pero el miedo se me anida dentro y ya no me abandonará jamás. Cada día, siento que la oscuridad me acecha, una noche cerrada de la que no tengo escapatoria. Es la ansiedad, que se ha instalado para siempre en mi pecho. Me siento mal, y aún será peor en cuestión de tiempo. Va a suceder. No me van a dejar estudiar, no voy a tener futuro, no podré escoger a mi compañero de vida.

No obstante, para evadirme, continúo con mis grandes fantasías y las comparto con mi prima Fátima.

—Quiero seguir estudiando toda mi vida, me gustaría ser ministra. O casarme con el hijo de un ministro.

—María, no me hagas reír. Eso no es posible... Nunca lo conseguirás.

KABUL, 2009

Tengo dieciséis años. Sigo con mi vida, tampoco puedo hacer nada más. Soy consciente de que cualquier día todo puede cambiar, pero también sé que no puedo oponerme a las costumbres de toda una sociedad.

Poco a poco, aprendo a cocinar, no para convertirme en la esposa ideal, sino porque me sigue gustando avanzar y no dejar de aprender cosas. Me encanta preparar diferentes platos y quienes los prueban dicen que se me da bien. En eso soy completamente autodidacta, nadie me enseña, aprendo sola viendo programas de televisión. No me pierdo ni una emisión de un espacio que se llama *Cocina*, donde un reputado chef afgano prepara recetas interesantes contando de forma muy amena los ingredientes que se necesitan y todo el proceso que hay que seguir. Me lo tomo tan en serio que escribo en un cuaderno cada detalle. Veo los programas sin pestañear, luego le pido a mi madre que me compre los ingredientes y empiezo a elaborar las diferentes recetas. Aprendo a hacer muchos y muy variados manjares, como berenjena *(borani)*, pollo, pasta *(ash)* y postres *(ferni)*. Son platos tradicionales, pero en el programa siempre les añaden algo original. En casa se los comen satisfechos si salen bien, pero algunas veces… ni los prueban.

Como veis, durante toda mi adolescencia y juventud sigo siendo muy insistente con mi deseo de formarme y aprender, aunque muchas veces mi familia no puede corresponder porque tenemos dificultades económicas. Por este motivo, nos mudamos a Wasel Abad, el barrio donde está la casa de mi abuela. Allí hay un aula en la que se imparten clases de inglés. Voy con chicos y chicas, y uso vaqueros. Como ya os he contado, mi tío, un hermano de mi madre, no ve nada bien ninguna de las dos cosas, y siempre tengo problemas. Usar *jeans* me da miedo precisamente porque él insiste en que no lo haga. Mi tío me impone porque es un hombre influyente en la comunidad e infunde mucho respeto a todos los que le conocen. Pasan las semanas y la familia acaba enfrentándose: por mis clases de inglés y por mi ropa. Mi tío increpa a mi madre con una dureza extrema.

—La gente habla mal de nosotros por culpa de María. No está bien que vaya a clase de inglés, no debes permitir que siga estudiando.

En ese conflicto abierto, mi padre no se pronuncia y mi madre acaba claudicando porque no puede hacer mucho más.

—Este barrio es muy cerrado, pero es donde vivimos ahora y hay que adaptarse.

Mi tío gana. Me obligan a respetar sus ideas sobre moralidad, debo dejar las clases de inglés y dejar de usar vaqueros.

No me queda más remedio que aceptarlo. Además, tengo otras preocupaciones que me pesan más. En todo este tiempo, no han dejado de llegar a mis oídos nuevas noticias «de amor». Mi primo está enamorado de mí y se quiere casar. Me lleva quince años. Yo no quiero estar con él, pero nadie me pregunta mi opinión, porque no cuenta. Está tan obsesionado conmigo que se marca mi inicial, una eme, en su mano. Hace una propuesta de matrimonio, pero, gracias a Dios, mi familia no la acepta. Le responden que yo soy muy pequeña, que no estoy preparada y que tengo que estudiar. Pero hay una parte de la familia que se enfada de nuevo con nosotros y, durante un tiempo, dejan de hablarnos.

En la época entre mis dieciséis y mis dieciocho años, casi todos los días viene alguna familia a casa a pedir mi mano. No es halagador, es abrumador, no creáis que me siento en absoluto la más guapa del reino. Soy un objeto, una mercancía, una cosa, ni siquiera soy dueña de mi destino, de mi cuerpo. Es algo normal en Afganistán, aunque yo no voy a acostumbrarme nunca. Proteger a las niñas en mi país no es algo que se estile. Lo que se piensa es que una pequeña, cuando ya es adolescente, se tiene que casar para tener su propia vida, como si eso fuera lo mejor para ella.

MADRID, 2024

Los avances que durante la historia de mi país se habían hecho en cuanto a los derechos de la mujer, han quedado anulados con los talibanes. Ellos entran en las casas de las zonas más remotas o agrestes, rurales, y se llevan a las pequeñas a la fuerza para casarlas; también si hay una mujer sola, o viuda, y saben que en la casa hay una niña. Son niñas de diez, doce, catorce años... A veces mandan a alguien para pedir la mano y a veces tiran la puerta abajo. Pueden mostrarse más o menos civilizados o violentos en las formas, lo que no cambia es el hecho del secuestro y el comienzo de una agresión literal y simbólica que se sostiene en el tiempo. Las madres que reciben la «visita» de los talibanes que vienen a por sus hijas no pueden rechazarlos. La alternativa es la muerte.

KABUL, 2011

Mi día a día se desliza entre la escuela, la casa, preparar la comida... Casi cada jornada viene una familia a pedir mi mano y es un agobio. ¿Por qué tendré tanto éxito? ¿Hay de verdad tantos chicos enamorados de mí? Acude gente que no me conoce de nada y yo, simplemente, alucino. Mi cotidianeidad no es muy interesante, parece que lo único que puedo esperar de mi destino es casarme.

Como tuve que dejar las clases de inglés, por moralidad, para seguir avanzando en mis estudios se me ocurre hacer los deberes de mi hermano Karim y de mi primo Ajmal. Una vez más, gana mi tenacidad. En términos de ocio, hago poca cosa, o nada, lo que es bastante desesperante. No puedo ir a dar una vuelta ni pasear con mis amigas. Solo se me permite ir a casa de mi abuela, con mi tío o con mi madre.

Las horas en casa se hacen eternas, el tiempo se dilata y carece de sentido. A veces sigo saliendo a jugar con los niños, aunque ya sean juegos algo infantiles para mí, como las canicas. Además, estar con ellos asiduamente hace que las chicas me juzguen y no me acepten. A nadie le parece bien que juegue con los chicos y a veces me insultan por ello, pero no dejo de hacerlo. Es mi única válvula de escape en ese infierno que es la espera antes de un posible casamiento.

Por eso hay que inventarse algo para animarse… En Afganistán, las chicas no pueden tener móvil hasta que están comprometidas, pero, en realidad, casi todas disponemos de uno sin que nuestras familias lo sepan. En el caso hipotético de que el móvil te facilite tener novio, no puedes llegar a más, ya que eso podría suponer la muerte a manos de la propia familia. En esos años, mis primas, Soman y Setara (nombres ficticios), y yo tenemos móvil en secreto. Todas queremos enamorarnos de verdad y creemos que el teléfono es una herramienta que nos permitirá conseguirlo. Pobres ilusas…

Así que, durante un tiempo, tengo un móvil secreto solo porque deseo fervientemente vivir un romance. El teléfono me lo regala un chico, Samir, porque quiere tener algo conmigo. Una tarde, lo trae escondido para que no se entere mi familia. Lo hace sin que yo se lo pida. Es un Samsung muy viejo, roto, pero arreglado con cinta. Nos comunicamos por mensajes y llamadas que paga él. Pero van pasando las semanas y no prende la chispa con Samir. El romance anhelado no llega y, por las noches, cuando sueño, me imagino que conozco a alguien y tenemos un flechazo. Eso me encantaría, aunque nadie podría saber que somos novios. Tendría que pedir mi mano por el procedimiento oficial y yo podría decir que estoy de acuerdo. En mi mente, el plan funciona a la perfección. Pero no es más que un sueño.

Hablo por el móvil secreto con otro amigo, Amir. Él está enamorado de mí, pero yo, para variar, no. Me dice palabras bonitas, pero no consigue conmoverme. «Estoy pasando por delante de tu casa justo ahora. Si te asomas, me podrás ver por la ventana. Mi sonrisa es por pensar en ti».

No siento nada, pero su verborrea me divierte. Para él, yo soy su amor, pero para mí, es solo mi amigo. Se quiere casar conmigo y yo le rompo el corazón.

Más que traerme amores, el móvil secreto me lleva a una situación comprometida por causa de un descuido. Un día, estando en casa de mi tía, me olvido el teléfono en mi habitación, encima de la cama… Y se desata la tragedia. Mi hermano Karim lo encuentra y se enfada mucho. Cuando me ve, me enseña bruscamente el terminal, me increpa y se lo queda.

—Es una vergüenza, un deshonor.

No me pega, pero a punto está de hacerlo. Me defiendo como puedo.

—El móvil no es mío.

Miento fatal.

Aparte del episodio del móvil, mi día a día es muy tranquilo. He comenzado a estudiar Empresariales en un instituto universitario y mi vida transcurre plácida. Estudio mucho y paso el resto del tiempo con mis amigos y amigas.

Hasta que llega el día en que todo cambia. Los familiares de Shafiq, el que luego será mi marido, vienen a pedir mi mano, pero yo no estoy en casa. Nos visitan Sabera y Freba (nombres ficticios), sus hermanas. Justo ese día, mi padre tiene que viajar a Pakistán a realizar unas gestiones y yo le he acompañado para ayudarle y servirle de traductora, ya que hablo urdu. Al regresar, mi madre y mi hermana me cuentan la propuesta.

—Estoy saturada y abrumada con esta situación. Dejadme en paz.

Siento calentura; sin duda, tengo fiebre. Me embarga una sensación horrorosa de que algo muy malo va a suceder. Una desgracia, un maleficio. No quiero casarme y se lo digo a mi hermana varias veces. Lo pregono a los cuatro vientos. Con mi madre no puedo hablar directamente, sería impensable… En Afganistán, las madres no preguntan a las hijas si se quieren casar con la persona que le han adjudicado o no; en lugar de eso, mandan como emisario a un tío, a una hermana… Al final, es mi hermano Ahmad (nombre ficticio) quien decide por mí, y dice que sí. Me quedo muerta en vida.

Para comunicar la respuesta afirmativa, según la tradición, se propone un listado de las cosas que tiene que comprar la familia del novio para la novia: un collar, seis pulseras y un anillo, todo de oro. Se decide también que la fiesta de compromiso sea en un hotel determinado, igual que la boda, se concretan los vestidos que se deben adquirir, etc. La familia del novio se lleva la lista a casa y decide si está de acuerdo o si quiere eliminar algo.

Mi familia quiere aceptar esta propuesta de matrimonio porque, para ellos, Shafiq es el marido adecuado. Sé que ante mi madre se presenta como el candidato ideal y que ella cree que me va a cuidar abnegadamente. Sus hermanas son médicas y sus hermanos también tienen carreras y son profesionales. Es lo que se dice una buena familia. En mi casa valoran el hecho de que Shafiq tenga un nivel alto de estudios, lo que a sus ojos le confiere un aura de hombre noble que sabe tratar a una mujer, como mi padre… Como si el conocimiento influyera en el alma de las personas haciéndolas buenas o malas.

Finalmente, mis padres aceptan el compromiso con el que luego será mi marido, Shafiq, y tiene lugar el acto que llamamos *sherni dadn* (y que significa «hemos dado su dulce»). Según la tradición, mi familia, por ser la de la novia, compra un paquete de dulces y se lo entrega a la familia del novio. Yo no puedo hacer nada por evitarlo, no me puedo negar, no me puedo quejar, solo puedo gritar en silencio. Y eso es algo que no he dejado de hacer. Me acuerdo de mi pobre prima Farima. A ella le pasó lo mismo que a mí unos años antes y tampoco se quería casar.

Paso meses comprometida sin ver nunca a mi futuro marido en persona, solo en foto. Bromeo con mis compañeros de clase sobre el hecho de que él podría pasar por mi lado en cualquier momento y yo no sabría cómo es. No lo distinguiría. Un día, Shafiq viene a buscarme a la universidad y por fin le conozco. No sé qué decirle ni cómo hablar o reaccionar. Se le ve bien vestido con su traje elegante, pero no me parece atractivo físicamente y tampoco me impresionan para bien su forma de hablar ni su actitud.

Como yo no tengo móvil, me compra uno. Noto que intenta tímidamente ser gentil, pero no le sale. Durante el tiempo que estamos comprometidos ya es obvio que no nos llevamos bien. No hay conexión, no hay química, no hay deseo, ni ganas. No nos queremos y nunca nos vamos a querer. A las familias les da igual y deciden casarnos. No hay amor, pero no importa. Hay todo un hogar y un futuro que organizar.

Comienzan los preparativos y un día que vamos a comprar sofás para nuestra casa, me rompo y me echo a llorar. En el coche, entre lágrimas, le digo a mi hermana Yalda que no me llevo bien con el chico con el que me han comprometido y que el matrimonio no va a funcionar jamás. No tenemos sentimientos de pareja. Mi hermana me mira y, más que consolarme, me responde con frialdad: «María, te tienes que casar». Luego, Yalda se lo dice a mi hermano, Ahmad (nombre ficticio), conmigo delante.

—María no se quiere casar con él.

—Si no te casas con él, te mato.

Mi hermano no se anda con rodeos. Para él sería una vergüenza si, una vez comprometida, no me caso. Y para las dos familias, un deshonor impensable. Yo me asusto y me callo para siempre. Nunca oso volver a decir nada más, ya que muchas mujeres son asesinadas en Afganistán por no querer casarse con quien le obligan. Por conservar la vida, aguanto la hecatombe que se me viene encima. Si a algo nos enseñan en Afganistán a las jóvenes, es a no decir nada.

MADRID, 2024

Afortunadamente para mis hermanos, sus compromisos y sus matrimonios fueron por amor. Ellos se casaron en el momento oportuno para hacerlo. En mi país, las chicas se casan antes porque a sus familias no les cuesta dinero y porque los chicos deben prepararse primero para el matrimonio y llegar a tener el nivel económico adecuado.

El casamiento incluye la entrega de una dote, el *Haqe Mahr*, una cantidad de dinero que el marido da a la mujer en la noche de bodas… Esa costumbre a veces no se cumple porque la mujer lo rechaza voluntariamente o porque los hombres no la entregan. Es un derecho que el islam le da a la mujer para que, en caso de divorcio, no se quede en la calle y sin nada. Suelen ser entre tres mil y dieciocho mil euros, la cantidad varía. A mí no me dieron dote, por eso, tras mi divorcio, no tenía cómo subsistir.

KABUL, 2011

Pasan los meses y para mí es muy difícil estar cerca de mi prometido. No tengo el más mínimo interés en hablar con él. Me causa repulsión. Es la nada, el vacío, el cero, la antimateria, un agujero negro masivo. Por supuesto, no estoy enamorada de él y lo paso mal. Él no me dirige la palabra y yo tampoco tengo ganas de decirle nada. Cuando viene a verme, el tiempo se dilata, es más denso y no rigen las leyes de la ciencia. El tedio impera, así como la frialdad. Todo es áspero. Pasamos ocho meses de esta manera, una auténtica agonía. Hasta que nos casamos y empieza algo todavía peor.

MADRID, OCTUBRE DE 2024

Cuando comparo mi tragedia vital con la historia sentimental de mis hermanos y de mis padres, y sabiendo que vengo de una familia moderna, la de mi padre, pienso: «¿Por qué me ha pasado esto a mí?». Me crie con unos padres que defienden los derechos de las mujeres, ¿por qué a mí mi marido no me ha dejado estudiar? ¿Por qué no he tenido el privilegio de casarme por amor? ¿Solo porque no conocí a nadie rápido? No pude enamorarme, no tuve opción.

Mi madre estaba convencida de que casarme con alguien «adecuado» era lo mejor para mí. Siento que nunca he conocido el amor de pareja. ¿Existe? El amor solo es sufrimiento. Si amas a alguien, pierdes mucho; lo primero, la libertad, por lo menos si sales con algunos afganos… Te controlan, te asfixian, te aniquilan. Yo quiero poder decidir sobre mi vida y también estar enamorada, no deseo sufrir más.

Ten un niño o aborta

Shafiq, el nombre de mi prometido, significa «amable». Dicen que la gente tiene las cualidades que describe su nombre, pero, en esta ocasión, esto parece más una broma de mal gusto del destino. Pasan meses, semanas, días, minutos y segundos que yo cuento horrorizada porque cada vez queda menos para casarnos. Tengo diecinueve años y no me siento preparada, por decirlo suavemente. Vivo esta época casi de una forma irreal. Antes de la boda, es costumbre que los novios escojan todo para el gran día: las invitaciones, los salones para la celebración (normalmente en hoteles, a veces con cabida para hasta mil personas), la decoración, el menú…, todo. Y las novias van a elegir su maravilloso vestido. Los novios hacen todas esas elecciones juntos o con las familias.

A mí me han privado de todo, no tengo esa oportunidad. No me llevan ni a escoger y comprar el vestido blanco de novia para el gran día. Hasta este detalle me niegan, no vaya a ser que tenga alguna satisfacción con este casamiento. Soy solo una niña que quiere elegir el pomposo traje blanco con el que va a ser sacrificada en el altar a un matrimonio forzado. Pero ni ese gusto quieren darme. Para ellos soy un objeto, un animal de la calle. Menos que eso. Todo en esta boda está acabado antes de empezar.

En Afganistán, los recién casados viven con la familia paterna, en su propia habitación de matrimonio dentro de la casa. Ese cuarto también hay que prepararlo antes de la boda. Pero como no hay ninguna ilusión, mi futuro marido tiene una cama muy vieja y no quiere comprar una nueva para los dos una vez casados. Es su hermano mayor quien le intenta convencer para renovar su dormitorio.

—La cama está bien tal y como está. Esto no es un hotel.

—Te casas solo una vez. Tienes que comprar todo nuevo para tu nueva vida con tu esposa. Hay que empezar las cosas bien.

Finalmente, Shafiq compra una cama. Menos mal. Pero… tampoco me lleva con él a la tienda para opinar sobre el mueble o el colchón. Detalles intrascendentes que son una muestra de su gran desprecio hacia mí… La crueldad ya se va fraguando. ¿Qué te he hecho para que me desprecies? ¿Por qué disfrutas haciéndome daño? ¿Cómo permito que me ningunees de esa manera?

No todos los afganos son así y, como he dicho ya varias veces, no es la religión la que lleva a algunos hombres a actuar de esa forma. Eso depende de la persona. Mis hermanos y mi hermana se casaron enamorados, juntos eligieron y compraron cada detalle de sus bodas y de su hogar para su futura vida en común.

La ceremonia de compromiso, conocida como *Shirini Khori*, se acerca. Es uno de los pasos más importantes en el camino hacia el matrimonio. Esta celebración no es solo un evento festivo, sino el símbolo de unos valores, unas creencias y unas estructuras familiares profundamente arraigadas. En contadas ocasiones, es la guinda que culmina una relación previa entre la pareja; en otras, como es mi caso, representa una decisión tomada puramente por las familias.

KABUL, JUNIO DE 2012

Mi ceremonia de compromiso se celebra en el hotel Arzoo-e Shahr, que cuenta con un gran salón en el que hombres y mujeres están separados, de acuerdo con las costumbres tradicionales. Se celebra cuatro meses antes de la boda y asisten unas trescientas personas. Se ha decorado un espacio con flores para los novios, un escenario al que los invitados pueden subir para tomarse fotos con nosotros.

Antes de acudir al evento, me preparo en un salón de belleza; el maquillaje de novias suele costar entre cuatrocientos y quinientos euros. El coche que me lleva del salón al hotel es blanco, adornado con flores, lo que se llama un *motar-e gulposh* o coche decorado.

Los actos comienzan a las diez de la mañana y terminan a las cuatro de la tarde. Esto parece un musical, un no parar. Al principio, llevo un traje tradicional de estilo indio rojo, con una falda larga, una blusa ajustada y un gran chal sobre los hombros. Así vestida me siento muy especial, es una pena que no esté enamorada ni ilusionada. El momento más esperado es mi entrada al salón, y la llevo a cabo como una verdadera estrella. Todos aguardan mientras suena *Ahesta Boro, Mahtaban* (*Camina despacio, luna brillante*), la canción tradicional que se escucha en todas las bodas y compromisos afganos. Entro lentamente, con gracia, mientras todos me observan. Camino de la mano del novio y llevando un ramo.

A las doce y media se sirve el almuerzo: *qabuli*, albóndigas, kebab, pollo, vegetales, refrescos, dulces, *mantu* y frutas frescas. En cada mesa se sientan doce personas. Los novios comemos en una habitación especial conocida como «la sala del rey», reservada solo para nosotros. No somos capaces ni de mirarnos. Somos dos actores principales que siguen un guion que han escrito otros. Pero no podemos fallar. Hay que seguir. Después de la comida, me pongo un vestido largo de color burdeos.

La familia del novio me trae los regalos previamente pactados: seis pulseras y varios anillos de oro, ropa y zapatos. Suena la música y no faltan las fotos y la grabación donde aparecen los invitados bailando y disfrutando. Sin embargo, yo no lo hago, pues se considera inapropiado que la novia muestre abiertamente su alegría… Aunque, por otro lado, tampoco la siento.

Mi familia política es muy conservadora. Hombres y mujeres no solo están separados en el salón, sino que ni siquiera se pueden saludar entre ellos. Me doy cuenta de que mis vestidos son de manga corta y de que eso genera críticas y miradas de soslayo, pero decido no cambiarme.

Es mi fiesta de compromiso y las horas pasan sin que yo sea en ningún momento la protagonista real de mi propia historia. Deseo morirme. No le quiero. No me quiere. Me incomoda tenerle cerca. A nuestro alrededor, los invitados se lo pasan bien. Y nos observan emocionados. Nosotros estamos cada uno en un lugar de la galaxia. Durante toda la fiesta no tenemos ningún gesto de cercanía o de cariño. ¿Es que nadie se da cuenta? Somos dos enemigos. Hay un momento en el que una niña pequeña se me acerca y me habla con aplomo y naturalidad.

—¿Por qué no le das tu mano al novio?

—No, no quiero.

No le amo y hasta el día de la boda pienso que me voy a separar de él antes de que nos casemos. Pero ¿cómo podría hacerlo sin que me mataran? No siento nada cuando Shafiq está cerca de mí. No le hablo. No me cae bien. Pasa el tiempo y lo intento…, pero todo es inútil. Él tampoco hace nada para que la situación entre los dos sea mejor o, al menos, menos tensa. Tampoco se quiere casar conmigo, pero aquí está. Impertérrito. Percibo que es violento y que se está conteniendo. Pero no importa. En Afganistán, cuando un chico es así, la familia cree que cambiará al casarse, por arte de magia.

Al finalizar la ceremonia, llega el momento del *city tour (shahrgasht)*, una tradición muy especial. Mi coche va delante, seguido por el resto de los vehículos, que me escoltan de regreso a casa. Algunos familiares cercanos del novio me acompañan hasta mi hogar, mientras que él se va al suyo.

Paso esa noche en mi propia casa. Es mi penúltima noche soltera.

No consigo dormir hasta el amanecer.

KABUL, 11 DE OCTUBRE DE 2012

Hoy es el día antes de mi casamiento y hay mucho que hacer. Las costumbres en relación con las bodas varían entre las distintas etnias de Afganistán. Nosotros pertenecemos al pueblo tayiko; pero aun dentro de la misma comunidad tayika, hay notables diferencias entre quienes viven en ciudades y quienes residen en zonas rurales. Incluso en el corazón de la ciudad, cada familia puede tener sus propias tradiciones. Mi boda es un reflejo de esa riqueza cultural.

La noche anterior a la boda se celebra una ceremonia tradicional llamada *Shab-e-Henna* («noche de henna»). Generalmente, se lleva a cabo en casa de la novia y tiene un simbolismo muy especial: marca la transición de la niña que creció en ese hogar hacia su nueva vida como esposa. Me visto con un atuendo tradicional afgano, lleno de colores vivos, bordados preciosos con mucho detalle y espejos diminutos que reflejan la luz como si llevara conmigo las estrellas. Mientras me arreglo, recuerdo todos los trajes maravillosos que desde adolescente mi madre me ha cosido para las bodas. Algunos eran como los que llevaban las actrices de las películas de Bollywood, lo que siempre me aseguraba ser la más guapa de la boda (después de la novia, claro). A pesar del desapego, sé que siempre fui tu hija favorita, mamá. Y ahora me voy a casar.

Todo transmite felicidad y espíritu de fiesta y, al vestirme, llego a sentirme parte de algo mágico y antiguo. No estoy alegre, pero mi apariencia casi me hace olvidar la realidad.

Esta noche, según la tradición, el novio debe abrir el puño cerrado de la novia. Ella coloca su mano sobre su cabeza y él intenta abrirla con suavidad y firmeza. Si lo consigue rápidamente, se dice que será él quien tenga el poder en la vida matrimonial; si no lo logra, es señal de que la novia tiene un carácter fuerte. En mi caso, Shafiq no consigue abrir mi mano. Mis uñas se hunden en la palma del esfuerzo, incluso se me hacen pequeñas heridas. Mi hermana Yalda esboza una sonrisa, pero se muestra también un poco preocupada y me increpa «¡Por favor, abre tu mano para que te pongan la henna!».

Entonces la abro y me colocan un anillo de oro. Después, siete chicas jóvenes aplican henna en mis manos, una tras otra, con mucha emoción. Todas bailan moviendo sus vestidos típicos y la música llena el aire de un espíritu festivo.

Una vez que el novio y su familia se retiran a su casa, como indica la costumbre, debe venir una mujer para aplicar henna en mis manos y mis pies. Es mi tía Rogol quien lo hace. Ella, con mucho cariño y experiencia, decora pies y manos con diseños tradicionales.

Esa noche me duermo como si no fuera a casarme al día siguiente, completamente disociada.

KABUL, 12 DE OCTUBRE DE 2012

Abro los ojos sobresaltada, como si despertara de un mal sueño. Es el día de mi boda y me siento como un animal de camino al matadero. Todavía tengo la espinita clavada de no haber podido escoger mi vestido de novia como todas las chicas afganas. Esta no es una fiesta como la de mi hermana o las de mis hermanos, llenas de ilusión, con muchas ganas de celebrar y de empezar sus nuevos proyectos de vida. Para mí no es un día feliz, sino lúgubre. Lloro. No quiero estar aquí. No puedo irme con él.

Debo prepararme para la ceremonia en el salón de belleza. Esta será mi despedida como hija de la casa paterna. El novio llega a recogerme junto con su hermana. Esta parte es la más difícil. En mi casa, todos lloran. Mi padre está de pie en el pasillo. Con lágrimas en los ojos, me da su bendición. Beso las manos de mis padres y salgo de casa con las lágrimas rodando por mis mejillas. Vestida con un pañuelo blanco, me subo a un Corolla, rumbo a la nueva etapa de mi vida.

Sobre las diez de la mañana, voy al salón de belleza Henna, uno de los más conocidos de la ciudad, acompañada de mi hermana y mi cuñada. Me maquillan de forma espectacular. Luego, a las cinco de la tarde, el novio viene a recogerme en un coche blanco decorado con flores. Cuando llega, nos hacemos unas fotos juntos, quiero vomitar. El primer vestido, que uso para las fotos y el vídeo, es el mismo traje tradicional afgano de la noche anterior. Es parte de la tradición.

Luego nos dirigimos al salón de bodas, llamado Aroos-e-Shahr (La novia de la ciudad). El hotel tiene techos altos, lámparas majestuosas y una decoración floral artificial que parece sacada de un cuento de hadas. Es un espacio inmenso, con capacidad para mil personas, aunque a nuestra boda asisten aproximadamente unos quinientos invitados entre hombres, mujeres y niños. Las secciones de hombres y las de las mujeres están separadas por una pared de madera como manda la tradición. La música la pone un DJ desde el lado masculino.

Al entrar en el escenario principal, las luces nos enfocan. En ese momento, empieza a sonar una canción tradicional pastún: *Pa Bismillah Qadam Ra Wakhla, Shayesta Noki*, que significa «Da tu primer paso en el nombre de Dios, oh, hermosa novia». A pesar de todo, es un momento de ensueño, como extraído de una película. Las mujeres bailan con vestidos brillantes, sus rostros relucen de felicidad. Yo llevo joyas afganas tradicionales y una jarra de barro decorada en la mano, símbolo de abundancia y feminidad.

Pasada una hora, voy a cambiarme de ropa a la habitación nupcial, reservada especialmente para los novios. Me pongo mi segundo modelo: un largo y elegante vestido verde con una cola de tres metros. El verde, en nuestra cultura, representa la buena suerte y la bendición, especialmente durante la ceremonia de *nikah* (matrimonio islámico). El novio lleva un traje negro con camisa verde a juego con mi vestido.

El *nikah* se realiza en un salón aparte, solo para hombres. Mientras tanto, la novia permanece en otra habitación con familiares y amigas cercanas. Dos hombres están presentes como testigos: mi tío Nesar y mi primo Ajmal. Entre ellos y yo hay una cortina sostenida por dos chicas para que no puedan ver mi rostro. Me preguntan tres veces quién será mi representante legal (mi *wakil*) en la ceremonia. Respondo que Hussein, mi tío mayor, el hermano de mi padre.

Los testigos comunican mi decisión a los hombres en el salón del *nikah*. Entonces comienzan a negociar el *mahr*, la dote islámica obligatoria que el esposo debe entregar a su esposa. En teoría, este es un derecho esencial de la mujer, pero muchas veces se queda solo en el papel. El representante de la novia sugiere una cantidad y, tras cierta discusión, acuerdan una suma que el novio pueda pagar. Yo, al final, no recibo nada.

Me siento como si estuviera fuera de mi cuerpo. En la boda, los dos estamos bastante tensos, somos como dos figurantes. Llevo todo el día, o bien sintiéndome indiferente, o bien llorando, y no por emoción, es por temor y asco; basculo entre esos dos estados. «Venga, María, es fácil. Solo tienes que estar aquí y casarte con un chico sin quererlo». «Él tampoco te quiere a ti. ¿Por qué no os escapáis cada uno por un lado?». Nunca seremos capaces de decirnos a la cara nada sobre esto. Las familias no permitirían cancelar la boda. Es una obligación y me siento tan forzada que hasta tengo náuseas. Los novios no queremos estar aquí. No nos miramos a los ojos.

Después de leerse la oración del *nikah*, se firma el contrato matrimonial. Pero mi firma no se recoge y tampoco se me entrega una copia del contrato. Cuando se oficializa el matrimonio, se reparten dulces entre los invitados. Luego, el novio viene a buscarme y juntos salimos al gran salón, donde suena la música de la celebración: *Nikah shud bakhair, lotf-e-Khoda shud bakhair* («El matrimonio se concretó bien, gracias a Dios»).

Y llega la hora de la comida. Se han preparado platos sabrosos: *qabuli palaw, mantu,* guisos, frutas, bebidas y dulces. Como es tradición, el novio y la novia deben darse un par de bocados mutuamente para las fotos. Lo hacemos a regañadientes, faltaría más.

Después de comer, me cambio de ropa una vez más. Esta vez me pongo un vestido blanco estilo princesa (que tampoco he escogido), con la manga corta y una falda enorme. El novio viste nuevamente su traje negro, pero esta vez con una camisa blanca.

Al volver al salón, comienza a sonar otra canción tradicional: «Despacio, luna llena, despacio camina…». Esta canción siempre se pone cuando los novios hacen su entrada final como pareja oficial. Las joyas que llevo en este momento son regalos de las familias: un colgante, diez anillos y seis pulseras, todo de oro. Miro a los que nos rodean y cada invitado va vestido a su modo, pero todos lucen radiantes.

A continuación, tenemos que cortar el pastel. Mi hermana viene bailando hasta el escenario con un cuchillo decorado. Según nuestra tradición, el novio debe pagar para obtener el cuchillo, como símbolo de que nada se consigue sin esfuerzo. Después, suena la canción «Amor mío, ven a bailar…». Y llega el momento del baile. Es típico que la pareja baile en su boda, incluso está de moda hacerlo tipo Bollywood…, pero nosotros no lo hacemos. Aunque hoy muchas novias ensayan bailes con sus esposos, yo no me atrevo. Siento vergüenza. Temo que la gente me juzgue como una chica «sin pudor».

El último acto es el más difícil para mí: la ceremonia del cinturón verde. Mi hermano, Karim, con los ojos llorosos, me ata una hermosa faja verde alrededor de la cintura. Simboliza la despedida. Significa que la hija se va de casa… y ya no volverá a vivir allí. No puedo contener más las lágrimas. Todas las mujeres lloran. El salón entero se llena de emoción.

Hacia el final de la fiesta lloro muchísimo de nuevo. Pero no soy la única. Miro alrededor y todo el mundo está llorando. Ellos por una cosa y yo por otra. Es muy duro abandonar a tu familia para ir a vivir con alguien a quien no conoces de nada. Con él y con los suyos. Tras casi ocho meses de compromiso, sé de sobra que no nos vamos a llevar bien. Voy directa al infierno. No puedo escapar. Y por oscuro que sea el escenario que me imagine, se va a quedar corto.

Acaba la boda y me tienen que llevar a su casa. ¿Y ahora qué?

¿Qué se supone que debe pasar esta noche? En Afganistán, las chicas y chicos no pueden tener relaciones sexuales antes del matrimonio. Nadie sabe nada de cómo comportarse en la intimidad. Mi hermana Yalda, mis primas Wida, Fariba y Samira, y mi tía Vahida me acompañan a la casa de mi marido, pero no pueden quedarse. Se despiden y se van. Nunca, en toda mi vida, me he sentido más sola que en este momento.

—Te deseamos una existencia feliz con tu marido. Nos tenemos que ir. Esta es ahora tu casa.

Igual que me ocurrió cuando me vino la regla, también desconozco cómo afrontar la noche de bodas y cómo tener mi primera relación sexual. No sé ni cómo sentirme. Nerviosa y disociada (como me suele pasar). Mi mente se escapa de mi cuerpo. Solo tengo la voluntad necesaria para no dejar de respirar y, a veces, me escucho haciéndolo entrecortadamente, con una gran presión en el pecho. ¿Qué tengo que hacer? ¿Qué es lo que me va a pasar? ¿Me dolerá? ¿Estaré a la altura? Estoy aterrada, porque lo que sí conozco son historias de mujeres que fueron asesinadas después de la noche de bodas por no tener signos de virtud, por traicionar el honor de su esposo y de las dos familias. Pero ¿cuáles son esos signos? ¿Cómo seré juzgada?

En ese momento no lo sé, pero algunas mujeres llegan a su primera relación sexual sin himen o membrana y son acusadas de haber tenido relaciones sexuales antes, aunque eso no sea cierto.

De hecho, algunas no sangran durante su primera relación, lo que puede ser muy peligroso para ellas.

Me duele anticipadamente. Es brutal.

Estoy paralizada un tiempo, pero poco a poco me desentumezco. Me cambio de ropa para acostarme, me pongo un pijama violeta, muy suave, conjuntado con una bata. Me desmaquillo, me suelto el pelo. Estoy sentada en la cama esperando a que venga mi marido a por mí, aquí. ¿O debo ir yo? Miro mis pies desnudos en la alfombra, la pedicura perfecta, y el tiempo parece que se dilata. ¿Por qué tarda tanto en entrar? ¿Qué hace fuera de la habitación? De repente, Shafiq llama dando unos cuantos golpes en la puerta. Me sobresalto y él entra sin esperar mi respuesta. Se acerca a mí, me abraza y me besa bruscamente, de una forma muy poco natural.

No siento nada. Solo que estoy forzada a besarle, no puedo negarme. No recuerdo bien cómo se desarrolló todo. No hay caricias. No hay más preliminares. Tengo un vacío mental, supongo que es un mecanismo que protege mi mente.

Sin previo aviso, sin muchos miramientos, mi marido se me tira encima.

Probamos, de forma mecánica y con nulo deseo, a mantener relaciones sexuales…, pero no sabemos cómo hacerlo. No conseguimos mantener relaciones sexuales ni por asomo.

Esos días, empiezo a integrarme en la casa familiar de mi marido, que ahora es la mía también. Me pongo a limpiar, cocinar y servir a todos los integrantes de la familia y a los invitados que llegan. Soy su criada, su esclava. Durante años, ese será mi rol más importante en esa familia. Más me vale ponerme las pilas para adaptarme a la nueva situación. La primera vez que cocina la novia, al día siguiente de la boda, hay un ritual: debe preparar algo dulce para la merienda. Yo hago *halwa*, con harina de sémola, pasas, nueces, azúcar, aceite y un poquito de agua. Lo reparto entre los miembros de mi familia política y, aunque me consta que nadie confiaba en que yo fuera a cocinar bien, después de probarlo con escepticismo, todos alaban mi plato. El aspecto doméstico no se me da mal, no como el sexo…

Después de una semana intentándolo como autómatas, lo logramos, aún no sé cómo. Ningún placer. Es una obligación. Por pura cabezonería casi, mi marido y yo conseguimos mantener relaciones sexuales completas. Pero es algo que también tengo en blanco en mi cabeza. Menos mal. Sangro un poco y me limpio con papel higiénico.

¿Sería él virgen como yo? Quién sabe…

En mi total ignorancia, me pregunto si la sangre que aparece tras las relaciones sexuales se produce por la regla o si es por el coito en sí. El día que tenemos la primera relación sexual, llamo por teléfono a mi cuñada Karima.

—Hemos podido hacerlo, pero no sé yo… ¿La sangre es de la regla o de la relación?

—Ni idea, yo no estoy casada con tu hermano todavía. Solo estoy prometida.

Me quedo como estaba.

En mi país, existe la tradición de darle a la novia una tela blanca en la noche de bodas para comprobar su virginidad, su virtud. Es la *destamal safed*, la servilleta blanca. Se trata de una tela blanca de unos veinte centímetros que la familia de la novia deja colocada en la cama, o en un armario cercano, en la habitación de los novios. Las mujeres deben llegar vírgenes al matrimonio y, para demostrarlo, tienen que limpiarse la vulva con esa tela después de tener relaciones sexuales. Deben demostrar que han sangrado manchando la tela blanca, esa es la prueba de su virtud. Las manchas rojas son motivo de orgullo.

Al día siguiente, por la mañana, debe presentarse la tela a la familia del novio y luego a la de la novia. Ese ritual tiene una importancia capital. No hacerlo, o no obtener el resultado adecuado, puede ser indicativo de que la mujer ha tenido relaciones antes del matrimonio, lo que sería una completa deshonra. Sin embargo, no hay base científica alguna que respalde esa creencia, que es una amenaza muy peligrosa para las mujeres. El cuerpo de cada una es distinto y el himen, la membrana que tienen las mujeres vírgenes, puede romperse y sangrar o no en esa primera relación.

A mí, como siempre, no me han explicado nada sobre esto y, por tanto, todo va de mal en peor. No me han contado lo de la tela ni para qué sirve. Nadie me ha dado indicaciones de cómo va esto del sexo y nadie me pregunta por la famosa tela (tampoco me la proporcionan antes). Ni mi familia ni la suya.

Así, la cuestión del sangrado será utilizada como un arma arrojadiza en mi contra durante toda nuestra vida conyugal. Mi marido me echará en cara que no soy virgen y su rabia me taladrará el cerebro. Es duro escucharlo y que intente mentirme y degradarme cuando él mismo vio que había sangre tras la primera penetración. Pero no soy la única mujer a la que le pasa esto. Las mujeres afganas sufren mucho por esa (estúpida) tradición, muchas jóvenes incluso son asesinadas. Mis lágrimas son las suyas. Mi sangre, también. Los hombres tienen relaciones antes del matrimonio y nadie les va a pedir cuentas sobre su virginidad. Pero a las chicas que no sangran pueden llegar a matarlas. O quizá sus maridos las insulten durante toda la vida, como me pasa a mí. A causa de esto, me nace un gran rencor hacia mi madre y mi hermana por no haberme explicado lo de la dichosa tela blanca.

Pero tengo tanto que hacer que pronto se me olvida el disgusto.

KABUL, NOVIEMBRE DE 2012

En mi vida de casada, trabajar en el hogar es lo que ocupa mi día a día. No tengo que encargarme solo de mi marido, sino también de toda su familia… y de cualquiera que pase por casa. Mi suegra me obliga a levantarme a las seis de la mañana para que prepare todo lo necesario para acoger a la gente que, con frecuencia, viene de visita. No dejan de llegar familiares y amigos que se quedan todo el día. En muchas ocasiones, debo preparar el desayuno para quince o veinte personas, un plato diferente para cada uno, lo que requiere bastante tiempo.

Además, debo aspirar toda la casa, las dos plantas, con cuatro habitaciones grandes en cada piso. Recoger y ordenar. Fregar vasos y platos tras el desayuno. Preparar la comida. Recoger de nuevo. El trabajo nunca se acaba. Mi cuñada Salima es la que sale a comprar. Yo lo tengo prohibido. Por la tarde, tengo también mucha faena y nada de descanso. Cocinar dos o tres platos para la cena, hacer té para los invitados… A veces comparto los quehaceres con mi cuñada Nafisa, la mujer del hermano de mi marido. Esta es mi existencia, no tengo otra. Intento ser buena esposa y buena mujer para toda la familia. Acepto de buen grado todo lo que me imponen. Esas son las condiciones para que el matrimonio dure.

Al principio de mi matrimonio aún no pienso que mi marido pueda ser tan sumamente machista. En una ocasión, se me ocurre comprarme un vaquero y una camiseta (¿en qué estaría pensando?). A mí me gusta mucho el *denim*. Shafiq, al verme, no se reprime.

—¿Qué haces con eso? Es una vergüenza para una mujer casada.

—Perdón.

Me siento tan señalada y estigmatizada que nunca más me atrevo a ponerme algo así porque sería desafiarle. No lucho, me va cambiando la mentalidad paulatinamente. Estoy inmersa en un sufrimiento que no puedo compartir con nadie. Sé que hay gente que está peor que yo, pero no es consuelo. Mi cuñada Nafisa, que también vive en la casa en la misma situación, sufre todavía más violencia. Cuando comentamos nuestras desgracias, sabemos que no podemos cambiar nada.

Poco tiempo después de la boda, mi marido se acerca a mí con un *niqab* y me lo tiende: «Tienes que llevarlo, como mujer casada que eres». Un *niqab* negro, largo hasta el suelo. La tela es ligera, pero la siento como si fuera de plomo. No lo he llevado nunca antes, es algo nuevo para mí. En mi familia es algo inimaginable. Las hermanas de mi marido tampoco lo llevan, pero a mí me obliga y yo no me lo cuestiono. Con el *niqab* no puedo ver bien, tampoco respirar cómodamente. Estoy muy tapada. Hace calor y con este atuendo aún sudo más. A veces me cuesta tomar aire. Qué agobio. Es sofocante. Me asfixia. La sensación es horrible. Te obligan a cubrirte y, parar sentirte aceptada, te resignas. Renuncias incluso a ser quien eres, a tu expresión, a tu personalidad. No puedes decir libremente «No quiero».

A veces también me pongo el burka, pero solo cuando vamos a otra provincia por invitación de sus familiares. La diferencia entre el *niqab* y el burka es que el primero cubre toda la cara, pero deja al descubierto los ojos; el burka ni eso. El burka cubre todo el cuerpo y, a la altura de los ojos, la tela es de rejilla. Son prendas que borran tu identidad, pero eso a nadie le importa. Si te niegas a llevarlos, se te acusa de ser una mujer mala que no respeta a su marido. Por eso lo acepto, me siento presionada. No tengo posibilidad de quejarme. ¿De qué serviría? Nadie me va a apoyar. Hasta dentro de casa tengo que estar tapada con un velo y ropas largas. Antes de casarme, solía llevar pantalones y todo tipo de ropa, pero, después de la boda, todo cambió. Pero la cosa no acaba aquí, mi marido tiene muchos más «consejos» de vestuario que darme. Solo me deja llevar prendas holgadas y que no marquen. Me cambia totalmente el estilo y yo, por no buscar más problemas, prefiero hacer lo que él me diga.

Tengo diecinueve años y es mi marido quien decide cómo tengo que vestirme. No quiero sentirme juzgada ni que hablen mal de mí. Pero si no puedo ni decidir sobre mi atuendo, ¿puedo albergar alguna pretensión sobre mis estudios o mi trabajo? ¿Sobre mi destino o mi futuro? Estoy quebrada mentalmente. Me siento una prisionera. Secuestrada. Lobotomizada.

Al final, pasaré seis años llevando *niqab* y burka, y sus telas acabarán siendo como una segunda piel.

En Afganistán, muchas veces es duro para las mujeres adaptarse a la vida de casada. Según el marido que te toque, tendrás derechos o no, puedes ser una esclava o una igual. En general, se dice que «la mujer buena es la que no habla, la que no se queja». Una que no comparte con nadie sus problemas ni pide ayuda. La que no da la nota. Esa es la santa y a ella intento parecerme. Quiero ser una mujer decente y, aunque lo estoy pasando muy mal, no cuento nada sobre mi situación ni mi estado emocional. Mi salud mental empieza a deteriorarse, pero ¿acaso le importa a alguien?

Pasan los meses y, aunque suene imposible, empiezo a sentir que estoy enamorada. Quizá no sea más que una ensoñación para salir de mi infierno diario. Síndrome de Estocolmo. Lo que sea. Ya que estoy casada, voy a intentar que mi marido me quiera. En Afganistán se cree que tras el matrimonio surge el amor. Y así me sucede a mí. Aunque mi vida es un desastre, deseo que Shafiq me ame y quiero tener hijos. Para eso nos casamos. El patriarcado afgano está perfectamente organizado. Mi marido no tiene nada bueno, pero es mi marido. Es el primer chico con el que he estado. Me preocupo por él, le cuido, aunque Shafiq nunca tenga un gesto de amor conmigo. Jamás. El sexo sigue siendo cuando y como él quiere. Yo pongo la cabeza en otra cosa. Él va a lo suyo y yo solo quiero complacerle. En ese momento, pienso que es normal que un hombre no tenga en cuenta mis necesidades, porque la mujer no siente placer, pero el marido sí.

Yo tengo otras metas en el sexo que no tienen que ver con el disfrute. Intento hablar con él sobre tener un bebé.

—Ya han pasado unos meses desde nuestra boda, ¿te gustaría que nos pusiéramos en serio a buscar un hijo?

—…

Hace como que no me escucha y se va.

Si él no quiere, yo no puedo tener un bebé sola. En nuestras relaciones sexuales, no usamos protección y yo tampoco uso métodos anticonceptivos, pues en mi país no están bien vistos. Solo siento su desgana y como ignora mi deseo… Pasa el tiempo y me doy cuenta de que mi marido no tiene ningún interés real en ser padre. No quiere tener hijos. A pesar de todo, me quedo embarazada. En cuanto me entero, se lo digo, ilusionada, a Shafiq.

—Tengo que darte una noticia… Estoy embarazada.

—Pues ya sabes lo que hemos hablado. No quiero tener hijas. Ten un niño o aborta.

Cuando parece que mi marido no puede ser más odioso, siempre consigue superarse. Ha nacido para hacerme la vida imposible. Es mi enemigo. ¿Cómo puedo decidir yo sobre el sexo del bebé? Además, el aborto no es una opción. En Afganistán, interrumpir el embarazo está severamente restringido y solo se permite en casos extremos donde la vida de la madre está en peligro. Las mujeres tenemos grandes dificultades para acceder a servicios de salud reproductiva seguros y legales.

Como si abortar fuera posible…

KABUL, 2013

En mis entrañas, anida un gran miedo. Me duele horriblemente el bajo vientre. Mi útero se encoge y, gradualmente, se queda sin vida. De pronto, la sangre riega mis muslos. Creo que estoy teniendo un aborto espontáneo. No culpo a este bebé de no querer venir a un mundo con un padre así. Probablemente, era una niña. Llevo ocho semanas de embarazo. Sangro cada vez más y siento un dolor sordo que se apodera de mis entrañas. Mi cuñada me lleva al hospital. Tengo mucho miedo, me ponen medicamentos en vena. Sé que estoy perdiendo al bebé y lloro… Es muy duro, después de un año de infierno, lidiar con esta pérdida.

Esta criatura se está alejando, y con ella se va mi esperanza. Pierdo sangre y pierdo vida. Mi luz se va con ella. Paso dos días con fiebres y hemorragia. Ahora el dolor es muy fuerte. En mi caso, más que el de los partos…, aunque en este momento aún no puedo saberlo. Pierdo tanta sangre que deriva en anemia. Estoy muy débil. Me siento morir. Pero en el hospital consiguen que me reponga.

Regreso a casa y allí todo es como si nada hubiera pasado. Mi marido me mira y en sus ojos solo hay vacío. Como si no compartiéramos la misma pérdida. ¿Es que no tienes sentimientos ni por tu propio hijo no nacido? ¿Sabes lo que es el duelo?

Este es el trágico desenlace de un embarazo en el que nunca me he sentido cuidada, acompañada, protegida y querida. Todo lo contrario. En mi nueva vida de casada, nunca recibo apoyo ni puedo compartir mis pensamientos. Me siento vacía y sola. ¿Por qué no me cuidas? ¿Por qué me insultas? ¿Qué te he hecho yo?

Pasan los meses y, aunque mantenemos relaciones sexuales con regularidad, no vuelvo a quedarme embarazada. Mi marido usa este hecho en mi contra en nuestras discusiones de cada día. Otro elemento más de tortura. Por su boca solo sale ponzoña.

—Tú tienes algún problema ahí dentro y por eso no te quedas embarazada. Nos has engañado a todos. No vales para nada. Eres un desecho.

—¿Por qué me desprecias así?

Yo no poseo ninguna información sobre lo que determina que una mujer pueda quedarse embarazada o no y me siento culpable por todo lo que me dice. Pero no tardaré en saber que el problema no soy yo.

El tiempo transcurre, la violencia se agudiza. Mi marido me insulta, me pega, me degrada. Me trata con indiferencia. No sé qué es peor. Estoy secuestrada en la casa de sus padres, tengo prohibido salir ni siquiera para ir a visitar a mi familia. Shafiq me aísla completamente del resto del mundo. Alguna vez, esporádicamente, tras muchos llantos por mi parte y tras darle rienda suelta a su sadismo, consigo que me deje ir de visita a mi casa. Pero solo en contadas ocasiones.

133

Mi marido es muy agresivo, colérico, iracundo e impredecible. Aunque no me agrede todos los días, sí me humilla a la menor oportunidad. Aun así, yo le sigo amando. Cuando llevo la iniciativa e intento tener relaciones sexuales, me rechaza y me empuja para apartarme de su lado. Muchas veces lo hace con tal fuerza que me golpeo contra la pared. Creo que él prefiere tener relaciones consigo mismo. No sé si está con otras, también podría ser. Una vez, casualmente, veo el mensaje de una chica en su móvil. No le pregunto, pero él se entera de que yo sé que habla con esa mujer y, fuera de sí, rompe su móvil. Sospechoso...

—¡Tu cabeza está llena de pájaros, eres una mentirosa! No tengo nada con nadie. Te pueden los celos. ¡Estás loca!

¿Por qué no me quieres? ¿Por qué tanto odio? ¿Por qué me haces daño? Merezco una explicación y solo obtengo insultos y palos.

KABUL, 2014

Hablando por teléfono con mi prima Arezzo, que está en Inglaterra, me entero por casualidad de que las mujeres sí podemos sentir placer sexual. Hasta ahora, he dado por hecho que eso era algo privativo de los hombres. Al parecer, existe una cosa que se llama orgasmo. Arezzo me lo comenta sin tapujos y en ese mismo instante prende mi curiosidad.

—¿Tú has llegado al orgasmo?

—No. No sé muy bien qué es. Estoy investigando si eso les pasa a las mujeres o no.

—Sí, sí que les pasa. Nos pasa.

Empiezo a leer sobre el orgasmo en internet. Me documento. Paralelamente, las pocas ocasiones en las que tengo un momento de soledad exploro mi propio cuerpo. Y un día llego al orgasmo. Con la práctica, descubro que, efectivamente, la mujer puede tenerlos sola. De eso tampoco era consciente. Cuando estamos en la cama, mi marido llega al orgasmo en dos minutos. Creo que es una disfunción sexual que se llama eyaculación precoz, aunque todavía no lo sé. Intento explicarle que es algo que se puede tratar, pero él termina en un pestañeo y se da la vuelta. No quiere hablarlo. Está acostumbrado a hacerlo él mismo y las relaciones conmigo son como un cometa, fugaces. Siempre en la postura del misionero. Nada de sexo oral ni de caricias recíprocas. Eso es impensable. Y, por supuesto, el sexo anal está prohibido por nuestra religión.

Tampoco es que tengamos relaciones sexuales con mucha frecuencia. Si acaso, una vez cada dos o tres meses. Yo me considero más fogosa que él, pero cuando me acerco, Shafiq me rechaza. Él nunca eyacula dentro. Por eso no me quedo embarazada. La importancia de ese pequeño detalle es algo que desconozco en este momento. No tengo ni idea de que el semen unido al óvulo es lo que produce la gestación. Shafiq me toma el pelo, me engaña.

No sé cómo, pero, finalmente, vuelvo a quedarme embarazada. Con miedo a sufrir un nuevo aborto y pavor por que sea una niña, paso nueve meses temblando y terriblemente sola. Mi marido nunca está a mi lado como se esperaría de una pareja. Se desentiende completamente de su responsabilidad. Pero, como ya dije, hay una palabra que define a Shafiq a la perfección: misógino. Odia a las mujeres. Así que no deja de machacarme con su obsesión.

—Tenemos que tener niños, no quiero hijas.

Yo trago saliva. ¿Acaso puedo yo decidir el género?

Me siento mal, tengo miedo. ¿Qué va a pasar si mi bebé es una niña? En Afganistán, muchas mujeres han sido asesinadas por haber dado a luz a niñas. No creo que Shafiq sea capaz de matarme, pero sí de pegarme una gran paliza que me haga perder al bebé y devolverme luego a casa de mis padres.

Pasan las semanas y gracias a una ecografía que me hace su hermana descubro que va a ser un niño. Shafiq y yo llevamos tres meses sin hablarnos y me acerco para contárselo.

—Es un niño.

—Está bien.

No hay un beso, un gesto, un abrazo, nada.

En esta escalada continua de distanciamiento y con el embarazo prosperando, un día, mi marido me hace una propuesta que es más bien una orden.

—Quiero que durmamos en habitaciones separadas. Si se despierta el bebé, va a llorar y me molestará, y no me apetece tener que soportarlo. Tú eres la persona que tiene que cuidarlo, la que debe despertarse, darle el pecho y calmarle, así que prefiero que durmamos en cuartos diferentes.

—Tienes que estar en nuestra habitación. Conmigo. Somos un matrimonio, una familia.

Ya ni siquiera intenta fingir que somos marido y mujer. Parece que su hijo le molesta, y eso que todavía no ha nacido. Desde el principio ha estado intentando separarse de mí, pero como en Afganistán el divorcio es deshonroso, algo que hace que la sociedad te señale, él nunca escogerá esa posibilidad. Prefiere hacerme la vida imposible, porque eso, además, le proporciona un placer sádico. Para él, no soy más que una hipotética fábrica de bebés y un saco contra el que descargar su violencia. Sin embargo, por esta vez, parece que yo me salgo con la mía, y no se traslada a otra habitación.

Llega el invierno y empieza a hacer frío en nuestro cuarto. Él no quiere comprar leña para la estufa porque es extremadamente rácano y aprovecha la ocasión para proponerme de nuevo que me vaya a dormir a otra parte, con alguien que no es él.

—Puedes dormir con mi madre, ese cuarto es más caliente. Así el bebé no pasará frío. Tienes que ir a dormir con ella.

—No quiero.

La discusión no se hace esperar y, desde el principio, sé quién va a ganar. Cuando me insulta y me agrede, yo ya no estoy ahí, aunque mi cuerpo sí esté presente. Lo que siento por este maltratador es obcecación. Obsesión. Solo quiero que me ame, porque yo lo amo a él a pesar de todo. Es una clara relación sado-masoquista, de amo y sumisa, de la que consigo salir con vida de milagro.

KABUL, OCTUBRE DE 2014

Hace dos años, antes de nuestra boda, mi marido me dijo que, después de casarnos, podría seguir estudiando. Es el momento de recordárselo.

—Me gustaría seguir formándome, quiero ir a la universidad a estudiar Medicina.

—No puedes. Tienes que estar en casa como cualquier mujer decente.

Mis cuñadas son médicas y profesoras, pero a mí no se me permite tener una carrera. ¿Por qué este trato desigual? Ver esta diferencia me afecta mucho. Lo único que consigo es que me dé permiso para estudiar para matrona, y en casa. Algo es algo. Así, su hermana Salima me da clases en el salón y yo voy aprendiendo la teoría del oficio. Lo hago incansablemente hasta que nace mi hijo mayor, Omar.

Cuando el bebé tiene siete días, yo debo ir al instituto para realizar el examen final para poder ejercer como matrona. Voy a la prueba con muchas dudas e inseguridades…, pero la hago. Soy la primera en terminar el examen y, cuando salgo, los pechos me duelen, me arden, porque están llenos de leche. Mi marido y mi hermana están fuera esperando con mi hijo, que llora reclamando a gritos su alimento. Unos días más tarde, salen las calificaciones: ya soy matrona titulada. Saco unas notas muy altas y siento orgullo, ya que me he esforzado mucho. Lo siguiente es buscar un trabajo, pero antes debo obtener el permiso de mi marido.

—Ahora que tengo mi título de matrona, deseo buscar un empleo.

—Olvídalo por completo. Nunca trabajarás como matrona. Yo no lo permitiré. Tu lugar está en casa, y más ahora que tienes un hijo. Que tengas un empleo por las noches en un sitio donde también va a haber hombres no me gusta. Ni se te ocurra…

Le obedezco, pero ¿por qué sus hermanas sí pueden trabajar? Después de pasar dos años estudiando, esto me genera una gran frustración, pero no insisto. Intento ser una buena esposa y no arruinar mi relación. Tengo miedo de que se enfade, no quiero tener problemas.

KABUL, 2018

La violencia de género y en el ámbito familiar afecta de forma desproporcionada a mujeres y niñas afganas. En 2017, la Organización Central de Estadísticas de Kabul estimó que casi el 51 por ciento de las mujeres de entre quince y cuarenta y nueve años habían sufrido violencia física o sexual por parte de su pareja al menos una vez en su vida.[1]

En mi caso, llevo seis años escuchando insultos, recibiendo golpes, aguantando desprecios y sufriendo indiferencia… Seis años. Sobrevivo gracias a una coraza de insensibilidad que he desarrollado y a la disociación. Si no, sería imposible.

Pero la situación me destroza. Soy una mujer triste, oscura. Sin alma. No tengo amigas, no tengo vida social. Tampoco empleo, más allá de ser una esclava doméstica. No salgo de casa. No veo a mis padres. Ni siquiera puedo ir sentada al lado de mi marido en su coche. Si los niños se ponen enfermos, su padre me echa la culpa porque dice que no los cuido bien. Todo lo hago mal. Hasta respirar.

Ha pasado el tiempo. Nada más y nada menos que cuatro años. Yo he tenido otros dos hijos. La casa familiar de Shafiq se empieza a hacer pequeña para acogernos a todos y se habla de cambiar de vivienda. En estos momentos, vivo en una habitación con mis tres pequeños y mi cuñada, Nafisa, la mujer de su hermano. Es mi suegra quien toma las decisiones de la familia.

Nadie me ayuda con los tres niños. Ni siquiera cuando estoy cocinando o haciendo cualquier otra faena de la casa mi marido deja que su madre se ocupe de los nietos. No permite que nadie me ayude para que siempre lleve yo toda la carga.

Tengo tres bebés a los que no puedo dejar sin supervisión, uno de dos años y dos mellizos de siete meses. Para que mis hijos no estén desatendidos y poder hacer a la vez las cosas de casa, lo que se me ocurre es comprar un carrito y llevarlos conmigo adonde sea que esté haciendo las tareas: si cocino, a la cocina; si limpio el salón, al salón. Mis hijos están siempre conmigo. Incluso cuando voy al baño a hacer mis necesidades tengo que llevarlos. No se me ocurre otra manera de hacerlo.

Finalmente, nos vamos a una casa más espaciosa propiedad de la familia de mi marido. Y, cómo no, mi marido tiene nuevas ideas que compartir.

—No lleves mi ropa a tu habitación. No voy a vivir contigo.

—¿Por qué me haces esto?

—Tú dormirás en tu habitación con los mellizos, nuestro hijo mayor, con su abuela y yo en otra habitación.

Pero esto no se queda así. Las vejaciones son infinitas. Un día, Shafiq me dice que puedo considerar que ya estoy divorciada. Según nuestra religión, si un marido te dice tres veces que estáis divorciados, ya lo estáis. No podéis volver a tener relaciones sexuales; tampoco una vida en común. Él no se lo piensa mucho y pronuncia la palabra tres veces.

—Ya no somos nada. Tú tienes que vivir en tu habitación, como madre de los niños, y yo en la mía.

Pero, tras muchas discusiones, y por mi cabezonería, acaba durmiendo en mi habitación. Cuando quiero, se me da bien dar la matraca. Pero no es más que una ilusión, además de una nueva oportunidad para machacarme. Esa noche, en la cama, me acerco para besarle y él se aparta.

—No soy más tu marido. Ya lo hemos hablado. Estamos divorciados y no podemos tener relaciones sexuales.

—¿Por qué no me das el divorcio de verdad? Si no soy tu mujer, ¿qué estoy haciendo aquí?

—Tú tienes que estar aquí para cuidar a los niños, pero para nada más.

Estoy en la cama y lloro hasta el amanecer. Mientras la congoja me devora por dentro, me doy cuenta de lo paradójico de la situación. Estamos supuestamente divorciados, pero no tengo libertad. Debo permanecer en esta casa, renunciar a mi vida solo para atender a los pequeños. Nunca se tomará en serio mi propuesta de un divorcio legal. No entra en su cabeza. Tampoco se espera que yo me divorcie, pues sabe que entonces seré repudiada por la sociedad. ¿Qué opción me queda? ¿Sufrir aquí eternamente? ¿Matarme?

Con frecuencia, mi marido se jacta de su falta de sentimientos hacia mí.

—El amor de pareja es una invención de las películas, solo se da en el cine y en la televisión. En la vida real, el amor no existe.

Otra noche, me siento muy sola y le pido a mi marido que venga a mi habitación. Acude.

—Eres una puta y no quiero tener relaciones contigo. Lo único que te mereces es sufrir.

Viene a mi lado, pero solo para propinarme una brutal paliza. Me insulta y me llama prostituta de todas las formas que se le ocurren. Luego vienen los puñetazos y las patadas, pero ya no siento nada. Mi mente está lejos, en otro lugar. Todavía tengo fotos de los golpes y las heridas que me deja por todo el cuerpo. De los arañazos del alma no hay instantáneas. Además de la violencia física, es un maestro de la tortura psicológica. Cuando los enfrentamientos son fuertes, se pasa tres o cuatro meses sin hablarme, estirando hasta el absurdo la ley del hielo.

En este punto de nuestras vidas, aunque vivimos bajo el mismo techo, no nos hablamos, no tenemos relaciones sexuales, no compartimos ninguna actividad, ni tan siquiera como padres. La distancia entre los dos es muy grande. Pero yo, aun con todo, siempre intento acercarlo a mi terreno. Quiero poner fin a las tensiones a pesar de su continuo maltrato. Le amo muchísimo aunque sea mi verdugo. He leído que es algo que les pasa a muchas mujeres maltratadas. No te crees merecedora de algo mejor y tampoco tienes medios para salir de la situación. Casi justificas su conducta porque tu autoestima es baja. Lo tienes merecido y no puedes aspirar a más.

En esta situación tan delicada, leo un libro que lo cambia todo, es el detonante para que yo me atreva a salir de esta vida. Me lo deja una amiga de mi madre, Mursal, y se titula *You Are Not Alone* (*No estás sola*), de Noorjahan Akbar y Maryam Lali, de la asociación Free Women Writers.[2] Se trata de una recopilación de historias de muchas mujeres que han sufrido violencia machista. Me siento identificada con ellas y eso me da fuerza. Es una obra que me reconforta y que me grita que es posible salir de esto. Sin saberlo, es en este instante cuando me vinculo con el feminismo. Mujeres inspirando a mujeres.

Una noche, todo se precipita. La habitación de mi marido está ocupada por su hermano, que ha llegado de Hungría, y él viene sobre la una a pasar la noche a mi cuarto. Mis hijos están durmiendo. Me acerco a Shafiq y le abrazo. No se lo toma bien y me aparta. Comienza una discusión que yo intento parar diciéndole que le quiero. Él me pega una paliza que casi me mata, con mis hijos presentes y despiertos en la habitación. Uno de los mellizos no deja de gritar, debo darle el pecho, pero no puedo porque mi marido me está golpeando de forma frenética en la cara, en los ojos, en la cabeza... Las paredes dan vueltas, todo se mueve, la vista se me nubla y lo veo todo rojo. Luego todo negro. No puedo abrir los ojos, no veo nada. El dolor fuerte también se convierte en vacío. Me mareo y a lo lejos escucho los insultos de mi marido como un mantra. Es de madrugada y Shafiq llama por teléfono a mi madre.

—Tu hija está loca, no nos deja vivir.

Luego mi madre me llama. Casi no puedo hablar, solo gemir y sollozar.

—¿Qué pasa, hija? ¿Qué te está ocurriendo?

—Nada, mamá.

Mi madre, finalmente, habla de nuevo con mi marido.

—Si mi hija ha cometido algún error, mátala e iremos a por su cuerpo. Si no, no es justo que me llames a estas horas. No nos dejáis dormir.

A pesar de lo que dice, creo que mi madre se queda preocupada por mí, porque una hora después, mi familia aparece en casa, vienen a buscarme. Casi no puedo andar por lo destrozadas que tengo las piernas, pero temo por mi vida, así que decido irme con mis padres llevándome a los mellizos. Mi hijo mayor se queda. Es tarde. Mis cuñadas y mi cuñado se despiertan al oír alboroto.

—¿Qué ocurre?

—Tu hermano me ha dado una paliza.

—¿Por qué no escuché nada si te ha pegado tanto? Es muy extraño.

—Quería gritar, pero hice lo posible por no hacer ruido para no molestar.

Sin perder más tiempo, y temiendo que aparezca mi marido, me voy con los mellizos y mi familia a mi casa. Al día siguiente, acudo a la policía y denuncio a Shafiq por violencia, poniendo así fin a nuestra convivencia.

Son entonces las familias, la suya y la mía, las que toman el control. En Afganistán, si hay algún conflicto, los hombres mayores de las familias se sientan y charlan para resolver el problema, ya sea de pareja o de otra índole. Es la *Jerga qawmi* (asamblea familiar), una costumbre que pesa más que las propias leyes escritas. La asamblea tiene lugar en casa de su hermana Malalai. La pregunta que allí se plantea es: «¿Por qué tenéis tantas discusiones?».

Para tratar el conflicto y buscar una solución, se desarrolla una especie de juicio informal. Hay un hombre mayor que va de parte de mi marido y otro que va de mi parte. En total somos unas quince personas, yo soy la única mujer. Están sus familiares y los míos (mi padre, mis tíos...). Ellos hablan y nosotros, los implicados, no. Todos le cuentan lo que saben a un hombre sabio, que es el suegro de su hermana. De mí, su entorno dice cosas buenas, como que les respeto y les trato bien. Están contentos conmigo. Su hermano, su tío, su cuñado comentan que están muy tranquilos con mi conducta, porque soy hacendosa, cuido a mi suegra... Pero dicen no saber lo que ocurre dentro de la pareja, lo que está pasando entre nosotros.

Yo tendría que haber alegado que no teníamos relaciones de pareja, ya que el islam dice que te puedes divorciar por eso, pero tengo vergüenza. La asamblea dura unas dos horas en las que, mientras se debate, tomamos té. Y se llega a una conclusión. En resumen, entre todos le dicen a mi marido que no me puede pegar y a mí que tengo que obedecerle. Lo escriben para que conste y sea ley. Si alguno de los dos no cumple, recibirá un castigo. Una buena mujer es la que calla. Mi familia no dice ni mu, pues solo quieren evitar el divorcio, la vergüenza. No importa mi sufrimiento. «No pasa nada. Él no te va a pegar más». Ese día, mi marido promete que no me va a volver a hacer daño y retomamos nuestra vida juntos.

Problema resuelto por arte de magia. Todos contentos.

En la asamblea también se decide que tengo que retirar la denuncia porque es una vergüenza. Yo me muestro conforme porque confío en que, a partir de ahora, todo va a ir bien. Cuando voy a la policía, lo hago como si tuviera algo que esconder. Las mujeres que denunciamos somos unas putas y los policías siempre intentan propasarse.

Regreso a la asamblea con ganas de empezar de cero. Llegados a este punto, decido volver a intentarlo y no separarme de mi marido para darles más estabilidad a los niños y garantizar su futuro. Antes de irse, mis padres y mis tíos me preguntan algo.

—¿Vas a venir con nosotros?

—No, voy a ir con mi marido.

Entonces mi familia se despide y se va; sus hermanos también. Estamos en casa de su hermana, Malalai, pero a él no le veo. Hablo con su sobrina Marwa.

—¿Dónde está tu tío Shafiq? Quiero que nos vayamos.

—Mi tío se ha ido con Omar, se fueron a casa. ¿No los has visto?

Ya empezamos… Le llamo por teléfono buscando una explicación coherente.

—¿Por qué me has dejado aquí?

—No te voy a llevar a mi casa.

—Hace unas horas, ante mi familia, ante mis tíos y los tuyos, dijiste que no me ibas a hacer daño… Y ahora te vas y me vuelves a dejar…

—Es que no quiero traerte a nuestra casa porque mi familia ya no te acepta. Mi hermana y mi madre no te quieren.

—Tienes que venir aquí a buscarme. Si no, me iré a casa de mi padre y no volveré. ¿Por qué mentiste? Yo no tengo problemas con tu madre o tu hermana. Tu madre siempre me ha tratado bien.

Me siento completamente manipulada y engañada. Todo ha sido un gran circo con el único objetivo de que yo retirara la denuncia. Y ahora que lo he hecho, no les interesa nada más de mí. No puedo parar de llorar. Casi no puedo respirar.

Al final, mi marido viene a por mí. Cuando llegamos a su casa, efectivamente, su madre y su hermana están enfadadas conmigo y no me hablan. Él sigue con su plan: alejarse de mí.

—No quiero vivir sola, quiero estar contigo. Quiero que vivamos juntos; para algo eres mi marido.

—Eso jamás sucederá.

Shafiq se impone. Alquila un piso y me lleva allí para deshacerse de mí. El piso no tiene nada más que una alfombra vieja.

Como no tengo otra opción, me quedo allí con los mellizos y él permanece con nuestro hijo mayor en casa de su madre. Pero el lugar no tiene las condiciones mínimas y no puedo permitir que mis hijos vivan así. Con mucho esfuerzo, poco a poco, voy comprando muebles de segunda mano para poder vivir de forma digna. Su familia y él mismo tienen mucho dinero, pero no quieren comprar nada para mí y para la casa donde viven los niños. En este piso me siento sola y aislada. Hace mucho que no veo a mis padres. Mi marido y yo tampoco nos vemos, solo hablamos por teléfono. Esto es un destierro.

—Deseo ir a ver a mis padres, les echo de menos.

—No puedes ir.

Me tiene completamente dominada y aislada. Poco tiempo después, descubro que Shafiq está recopilando pruebas para dar a entender a los demás que la que provoca las peleas soy yo y que él es inocente. Después de años de palizas, ¿se puede ser más maquiavélico? Un día me insulta mucho y, cuando voy a defenderme, me graba con su teléfono sin que yo me entere. Vamos a su casa y sigo discutiendo, pero él se muestra manso, no dice nada, sigue grabando para poder echarme a mí la culpa de los conflictos ante nuestras familias. Me percato porque un día Shafiq le da al botón de Play sin querer y escucho mi voz. Alucino.

Esta agonía se alarga meses y siento que toco fondo.

MADRID, NOVIEMBRE DE 2024

Estoy hambrienta de sentimientos, pero, por otra parte, tengo miedo del amor. Sé que hay personas a las que les gusto, pero huyo de ellas. Hablo de esto por teléfono con mi madre. Hombres en Holanda, en Alemania, en Afganistán… Hombres, hombres, hombres.

—¿Por qué no te casas, María?

—Mamá, de momento, no quiero.

Mi familia me sigue buscando pretendientes, pero ahora ya no me pueden obligar a hacer nada. No les hago caso.

—Me ha llamado tu tío Baryalai para preguntarme: «¿Por qué tu hija no quiere casarse con Mustafa?».

Para ellos, tener marido es como un techo, un refugio; conseguir que contraiga matrimonio es una cuestión moral. Si no lo hago, es porque soy un poco puta, piensan. Creen que llevo una mala vida. Pero yo sé lo que quiero: ser dueña de mi propia existencia, aunque eso es algo que no parece que ellos valoren en absoluto. Mi casa, mi trabajo, mis redes, mis contactos, mis planes para el futuro. Para la familia todo eso no significa nada si no tengo un marido.

Cuando llegué a España, en 2021, soñaba con poder escribir algún día para algún medio español. Ahora lo hago en varios: *El País, 20 Minutos…* Eso ha generado cierto «fenómeno fan». Al salir tanto en los medios, en las redes, me escriben muchos hombres; tengo muchos pretendientes online, por así decirlo. Me escriben, pero yo no contesto. Me hablan de amor e intento ni abrir los mensajes. Debido a mi proyección pública, debo tener cuidado. Incluso soy precavida a la hora de publicar fotos mías sin velo en mi Facebook. He recorrido un largo camino, pero aún me queda mucho por andar. Tengo miedo de que la gente musulmana afgana me insulte en Facebook por no llevar velo y de que, en el futuro, no quieran aceptarme como su representante.

Y luego está el amor. Ese sentimiento que he desterrado totalmente de mi vida. Cuando el tema surge en terapia, no quiero ni tratarlo. Hablo mucho con mi psicóloga sobre cómo reacciono ante las cosas, pues soy muy negativa y a veces pienso que todo el mundo está en mi contra. Me lo tomo todo como algo personal, como una gran ofensa, y las cosas no son siempre así. Sentí tanto horror durante tanto tiempo que ahora mi mente repite los patrones conocidos. Estrés postraumático creo que lo llaman.

Trabajo mucho cada día, en mi empleo en TBS y dando conferencias. No lo hago únicamente para mí; lo hago, sobre todo, por las mujeres afganas. Por las que siguen allí y por las que estamos fuera. Gestiono esa ayuda con una asociación que acabo de crear, Esperanza de Libertad. Repaso todo lo que he vivido estos tres últimos años y me da vértigo, pero algo está claro: he conseguido todo lo que imaginé que podía lograr tras mi divorcio y mucho más. Grandes sueños imposibles han sido alcanzados… Y rebasados. No hay límites.

Pero, a pesar de estos logros, a veces, por mi estado mental, me resulta difícil hasta respirar. Me siento como una niña tonta. Pequeños gestos de los demás me destrozan cada día. He hecho ciertos progresos, pero necesito tiempo. Hace unos meses dejé la medicación otra vez y hay momentos que se hacen muy duros. Ansiedad, insomnio. En los peores trances lloro incansablemente y, al día siguiente, casi no puedo abrir los ojos.

Creo que lo que necesito es una nueva cita con mi psiquiatra. El matrimonio puede esperar.

MADRID-KABUL, 25 AGOSTO DE 2025

Me llegan tristes noticias desde Kabul. Mi sobrina Margalai, hija de mi hermana Yalda, va a ser casada a la fuerza con solo dieciocho años. Como manda la tradición, este mes se celebra su fiesta de compromiso.

Me inunda la rabia. Intento convencer a mi hermana por WhatsApp, pero termino bloqueándola porque no atiende a razones. Margalai es casi una niña, tiene toda la vida por delante, ¿por qué se la arrebatáis así antes de que la empiece? ¿Cómo puede ser que sus tías la feliciten y que eso sea motivo de alegría? ¿Es que no tenéis humanidad? ¿Es que no habéis aprendido nada?

Margalai no quiere casarse, ¿por qué no la escucháis?

En el grupo de WhatsApp de las tías arremeto contra todas, pero es un monólogo, ya que nadie me contesta. Al final, alguien dice: «No podemos hacer nada». Yo he intentado pararlo, pero tengo muy pocas armas desde aquí. La historia se repite y me duele como si fuera el destino de mi propia hija, o de algún otro yo en otro plano cuántico. La espiral del dolor se perpetúa. La maltrecha relación con mi hermana salta por los aires. «¿Cómo permites que ocurra? ¿Es que no has tenido suficiente con el horror de mi vida?».

La capacidad de sufrimiento de las afganas no tiene fin.

Maternidades afganas

De mis conversaciones con Mary, saco en claro que, en Afganistán, nacer y morir es fácil y difícil a la vez. Natalidad y mortalidad son dos caras de la misma moneda. El yin y el yang. Todo depende de las coordenadas geográficas en las que ocurren el alumbramiento o la defunción. Allí, las cosas se siguen haciendo a la antigua usanza; no existe la planificación familiar y las mujeres se casan para parir y poco más. Morir también es algo que puede acontecer más pronto que tarde. Falleces o te matan. Afganistán tiene una de las tasas de fecundidad más altas del mundo, con 4,6 hijos por mujer, según reveló un informe del Banco Mundial en 2022. Mary me ha relatado que toda la vida ha visto a las mujeres de su entorno teniendo seis, siete, ocho hijos... Abortos aparte... La tasa de mortalidad de las madres es también muy alta: más de seiscientas muertes por cada cien mil nacidos vivos. Ella me cuenta que tiene muchas conocidas que fueron a dar a luz y nunca regresaron. Los principales problemas son la falta de acceso a servicios de salud ginecológicos y obstétricos, la escasez de personal médico capacitado y las complicaciones durante el embarazo y el parto. Una situación que pinta de colores muy oscuros el cuadro aterrador de la maternidad afgana.[1]

Aunque en los últimos años se produjo una cierta evolución, no tardó en verse estancada y en empezar a empeorar de nuevo. Los partos atendidos por personal médico cualificado pasaron del

12 por ciento en 2000 a casi el 60 por ciento en 2018, y la planificación familiar creció del 10 por ciento en 2003 al 22 por ciento en 2010. Pero, como podéis suponer, cualquier mejora quedó truncada en 2021 con la llegada de los talibanes.[2] El maltrecho sistema de salud colapsó por la falta de financiación internacional y la escasez de equipos. Además, sobre esto, no constan datos, y los aportados por los talibanes no son fiables.

El patriarcado afgano instrumentaliza y cosifica a mujeres y niñas y las exprime al máximo. Para las mujeres afganas, lo normal es tener muchos embarazos seguidos, durante los cuales no suelen alimentarse ni cuidarse bien. Hay poco tiempo de recuperación entre uno y otro, y el concepto de posparto se desconoce por completo. A pesar de todo, ellas son la base poderosa del patriarcado, pues con su trabajo no pagado sostienen a toda la sociedad.

Las mujeres no siempre tienen acceso a métodos anticonceptivos y sí están sometidas a muchas presiones familiares para que engendren varios hijos. Cuantos más mejor. Los talibanes afirman que la contracepción es contraria a la *sharía* (prohíben todo lo que no esté expresamente redactado en positivo en el Corán) y no permiten la distribución de anticonceptivos como parte de la ayuda humanitaria. En la sociedad afgana, los hombres (maridos, padres, suegros) son los que toman las decisiones también sobre la reproducción. Las mujeres no pueden ni entrar solas en las farmacias y abortar es casi imposible. Ellas acatan las decisiones de los hombres: ponen su cuerpo, su espíritu y su vida entera al servicio de lo que sea que venga. En Afganistán, la vida materna no importa nada. Las mujeres son úteros con patas.

A la hora del parto, muchos hospitales de maternidad en Afganistán no tienen suficientes medicamentos, equipos quirúrgicos ni personal capacitado. En áreas rurales, las mujeres dan a luz en casa con la ayuda de parteras, que no siempre están bien formadas. No hay epidural ni ningún tipo de analgésico. La norma es el parto natural, sin alivio del dolor. El máximo sufrimiento físico y emocional. Cuando hay complicaciones durante el alumbramiento, las mujeres que las sufren muchas veces son estigmatizadas y abandonadas por sus familias. Encima, por las restricciones de los talibanes, muchas profesionales de la medicina han dejado de trabajar, y esto ha reducido aún más los servicios de salud materna.

Durante su visita a un hospital de maternidad en Kabul, expertos de la ONU observaron la ausencia de internos de primer año. Cruel recordatorio de las perspectivas sobre la atención sanitaria de las mujeres si se mantiene la prohibición de la educación de las niñas. Ellas solo pueden ser atendidas por otras mujeres, por lo que existe un riesgo real de que se produzcan muchas muertes evitables. Si no cambian las cosas, será un feminicidio a gran escala.[3]

KABUL, 14 DE OCTUBRE DE 2014

Mes a mes, mi embarazo de mi hijo Omar transcurre sin problemas. En los sucesivos controles médicos, es mi cuñada Malalai quien me hace las ecografías y la evolución es siempre buena. La fecha probable de parto se acerca y yo estoy preocupada porque mi suegra, la única que me cuida un poco en casa, va a irse a Arabia Saudí por un viaje religioso, el *haj*. Viajará a La Meca, donde permanecerá cuarenta días rezando antes de regresar. Pero, si ella no está, ¿quién va a ayudarme cuando llegue el momento?

Un día, noto que estoy sangrando un poco y voy corriendo al médico.

—Hoy no es el día, pero tu hijo nacerá en poco tiempo.

Pasan unos días y las molestias aumentan. Me voy al cuarto a descansar. Aunque quiero adornar mis manos con dibujos de henna, me quedo dormida. De repente, Shafiq entra y me despierta. Son las doce de la noche.

—¿Qué haces aquí? Eres una holgazana. Tienes que levantarte para ayudar a mi hermana Salima a vaciar y ordenar los armarios. Venga, arriba.

No tengo fuerzas para discutir o llevarle la contraria. Lloro.

Me levanto y voy a arreglar los armarios con su hermana. Siento que los dolores van a más, pero no dejo de hacer la tarea encomendada: coger prendas, clasificarlas en montones, estirarlas, doblarlas, llevarlas a otros armarios… No puedo más.

Al terminar con los armarios, regreso a la habitación y veo que Shafiq está en la cama durmiendo. La intensidad del dolor aumenta de golpe. Me levanto y paseo por la estancia buscando algo de alivio y de calma. En realidad, estoy más preocupada por no hacer ruido y despertarlo que por ponerme de parto. Es posible que, si le molesto, me pegue una paliza, y eso sería nefasto tanto para el bebé como para mí. Camino y así voy controlando el dolor, pero cada vez es más difícil. Mi ansiedad se dispara. Va a nacer mi hijo, su padre duerme, y yo no sé qué hacer. También es su hijo y a él parece importarle entre poco y nada.

Transcurren las horas. Paso la noche en vela, con todo este sufrimiento añadido, hasta las seis de la madrugada. Lloro reprimiéndome y sin hacer ruido, pero llega un momento en que no puedo más. Aunque tengo ganas de gritar, despierto temerosa y suavemente a mi marido.

—Por favor, levántate y avisa a tu hermana. Llevo toda la noche con mucho dolor.

Se levanta enfadado y maldiciendo. No me pega porque está medio dormido. Avisa a su hermana, médica, y ella me atiende. Comprueba cómo estoy de dilatada y calcula el tiempo que hay para ir al hospital. No es alarmante. Ya tengo la maleta preparada con las cosas; mi marido no ha comprado ni una. Durante meses, he ido adquiriendo lo que necesito para el bebé. Ha sido muy difícil, pero he buscado el modo de ahorrar de lo que me dan su hermana o su madre, de lo que sobra de la compra… Mi hermano Karim también me da dinero las pocas veces que lo veo. Tengo muchos sueños para mi hijo. Deseo que tenga una vida mejor que la mía. Quiero que sea feliz. Quiero comprarle una cama (algo que, como ya sabéis, no se estila en Afganistán); su padre, por supuesto, se opone. Mi única esperanza: Omar.

Ese mismo día, Malalai y Salima, mis cuñadas, una ginecóloga y otra matrona, me llevan al hospital Rabia Balkhi: parece que voy a dar a luz. Llegamos rápidamente y veo que es un hospital limpio y que funciona bien, pero hay muchas mujeres que esperan a ser atendidas… y pocas camas. Con sus contactos, mis cuñadas me consiguen un espacio para que me reconozcan y para que nazca mi hijo, menos mal. El parto es, para mí, una nueva disociación. Estoy acostumbrada a dejar mi mente volar para no sufrir por las palizas y parece que eso me viene bien para este trance. Yo no hago nada, no grito. No respiro fuerte. No hay anestesia, el dolor lo tienes que aguantar. Estoy sentada en la cama, lloro. La doctora quiere saber si me encuentro mal y la intensidad de las contracciones.

—¿Tienes dolor?

—Sí.

—Sin embargo no lo manifiestas de ninguna forma. Me resulta extraño.

Me llevan a la sala de partos. Es un lugar espacioso con varias camillas separadas por una cortina, donde las mujeres esperan para dar a luz. Me duele mucho, pero no grito. Nadie me coge la mano. Mis cuñadas me ayudan a respirar y gestionar la dilatación, que va *in crescendo*. Me ponen compresas calientes en la espalda. Empujo cuando me dicen. Estoy bañada en sudor. No dejo de empujar y, sobre las seis de la tarde, nace mi hijo mayor.

Omar Ahmad Rahimi, número de registro en el hospital 206278.

Shafiq no está en la sala durante el nacimiento. No es costumbre que los maridos afganos estén presentes durante el parto. Son mis cuñadas quienes comparten mi dolor, no mi marido. Solo faltaba. Al volver a casa, ese mismo día, la idea es que me cuiden mis cuñadas. Estoy en pleno posparto y no ceso de sangrar, pero como no tengo dinero, no puedo comprar compresas. Le pido a mi cuñada si me las puede proporcionar. En ningún momento del embarazo, del parto o del posparto mi marido se preocupa por algo que yo pueda necesitar, ya sea material o emocional. Ya no hablo de amor, hablo de humanidad. De compasión. De compresas. Nunca está conmigo, siempre estoy sola y tengo una necesidad brutal de recibir el apoyo de mi pareja. Cuanto más le necesito, menos disponible está él.

Pienso que al nacer este nuestro primer hijo, Omar, él va a cambiar, me va a tratar bien, me va a amar. Lo único que quiero es que me quiera. Me aferro a la milonga afgana de que el amor llega tras el matrimonio. Se cree que cuando nacen los hijos, el marido se vuelve más cercano a la mujer y el vínculo se desarrolla al construirse la familia… Shafiq no cambia. No me quiso nunca. Siempre me despreció. Y la situación no deja de ir a peor.

Después de haber sido madre, ya solo soy para él un útero, no una mujer.

—Tú eres una mujer, no mi mujer. Eres la madre de los niños, no mi mujer. No te veo. Eres invisible. Eres menos que nada.

KABUL, 29 DE OCTUBRE 2016

Desde el momento en que me quedo embarazada de nuevo, albergo la sensación de que vienen dos bebés y me pongo a leer todo lo que puedo sobre el tema. Luego lo confirmo con una ecografía. Bendita intuición… Me hace muy feliz tener dos hijos en una sola gestación; niño y niña es lo que más quiero. El padre sigue con su obsesión por el género.

—¿Si las dos son niñas qué vamos a hacer?

Mes a mes, el embarazo de los mellizos, Rezwan y Seawash, pasa casi sin darme cuenta, aunque mi volumen es importante. Cuando cumplo cuarenta semanas, creo que voy a explotar. Tengo encima mucho peso, por eso casi no puedo andar y me duele horrores la cadera. Dormir es imposible, solo lo consigo sentada y apenas unos minutos. Además, tengo un bebé de dos años al que cuidar y nadie me ayuda. Me resulta muy difícil vestirme, lavar la ropa o bajar y subir de la cama. Tengo náuseas y mi marido me presiona porque le molesto por las noches.

Se acerca el momento y Shafiq me lleva al hospital Rabia Balkhi para parir. Vienen también sus hermanas. Pasamos la noche allí; aunque estoy al límite, no grito, solo lloro. Son doce horas dilatando con mucho dolor. Los médicos me hacen pruebas, comprueban cuánto he dilatado con las manos y controlan mi barriga colosal. Yo cierro los ojos y repaso mentalmente el Corán y el *aytul kursi sharif*. Esto me ayuda a sobrellevar el momento.

Entonces, los médicos se plantean hacerme la cesárea, así que llaman a mi marido porque debe dar su permiso. Pero, cuando menos lo espero, uno de los mellizos, Rezwan, se desliza y sale. El otro no. Tengo mucho frío y empiezo a temblar. Al final, unos diez minutos más tarde, otra vez casi inesperadamente, nace el mellizo que faltaba de forma natural.

Rezwan Ahmad Rahimi y Ahmad Seawash Rahimi, números de registro en el hospital 5969 y 5968, respectivamente.

Tras el parto, me llevan a casa rápidamente, esa misma noche, no me dan tiempo ni a descansar. Cuando llego, no puedo subir las escaleras y nadie me ayuda. Se acerca mi madre, que está conmigo, y poco a poco consigo entrar en casa. No veo a mis bebés. Los tienen mis cuñadas. Lo único que les importa son los mellizos, yo doy igual.

En Afganistán, es costumbre que cuando las mujeres están de parto y dan a luz, el padre compre un regalo para la madre. Además, se sacrifica una oveja y todos los vecinos e integrantes de la comunidad comparten esa carne. A pesar de los golpes y de los insultos de todos estos años, quiero pensar bien de mi marido. Creo que tendrá un detalle conmigo y que el nacimiento se celebrará. Soy una ilusa, lo sé. Serán las hormonas…

Pasan tres días y, a mis espaldas, Shafiq compra una oveja. Sacrifica el animal para compartir la carne entre las familias y celebrar los nacimientos. Pero a mí nadie me avisa de la celebración.

Hasta que sus sobrinos, Elham y Shhram, suben a mi habitación y me lo cuentan.

—Se ha sacrificado una oveja y han repartido la carne entre la comunidad.

—No sé de lo que hablas. ¿Por qué habéis hecho eso?

—Es por el nacimiento, porque tus mellizos están aquí.

Shafiq nunca compró nada para mí. Jamás, en todos los años que estuvimos juntos. Aunque sea difícil de creer, la violencia física puede acabar olvidándose, quizá sea una forma de autoprotección, pero la falta de amor lacera el alma sin límite. No deja de doler nunca. Esa celebración es un desprecio más de mi marido en la montaña del ninguneo y la indiferencia en la que vivo desde mi casamiento. Todo es para hacerme sentir inferior. Quieren que crea que yo no importo nada, ni como persona ni como madre. Y casi lo consiguen.

Esclavitud o suicidio

De todas las historias que me ha contado Mary y de las que yo he leído, se puede extraer que las mujeres y las chicas jóvenes de Afganistán llevan sobre sus hombros el peso aplastante de un profundo sufrimiento emocional, una gigantesca desesperanza, la sensación de estar atrapadas en una situación insoportable. Como si estuvieran corriendo en la rueda de la jaula de un hámster. Así, a nadie le extraña que, como salida, busquen la propia muerte. Mary lo sabe muy bien. Me cuenta que, desde pequeña, las historias de familiares, amigas de la familia y vecinas que ponían fin a su existencia flotaban a su alrededor como parte del aire, como algo natural.

El suicidio era y es una opción en Afganistán. Para muchas, la única opción. En contra de lo que afirman los talibanes, que la salud mental de la población ha mejorado desde agosto de 2021, los informes de la ONU indican que la depresión y el suicidio son algo enormemente extendido, especialmente entre las adolescentes, a las que se ha impedido seguir estudiando. Mary vio a su hermana Yalda, de niña, pasar tantos días en casa sin hacer nada… Eso te destroza por dentro. Ahora se conforma con su vida restringida. ¿Será porque no se cree merecedora de algo mejor?

En marzo de 2023, se conoció una encuesta en la que más de mil personas dijeron conocer al menos a una mujer o niña que había sufrido ansiedad o depresión desde agosto de 2021. Pero había más. El alarmante dato de que el 7 por ciento de los encuestados conociera a una mujer o niña que había intentado suicidarse debería señalar el suicidio como un problema de salud pública. El 90 por ciento de las estudiantes, mujeres jóvenes y niñas, padecen problemas de salud mental en Afganistán.[1]

Es mucho sufrimiento.

KABUL, NOVIEMBRE DE 2012

Por mucho que después, durante años, intente engañarme, en realidad fue muy pronto, un mes después de la boda, cuando ya vi claro que las cosas nunca mejorarían entre Shafiq y yo. No hay salida a mi sufrimiento. Me siento culpable, avergonzada e inútil por no ser capaz de solucionar mis problemas, pero ¿cómo podría hacerlo? Estoy aislada, completamente sola, desconectada de los demás. Parece que nadie puede entender lo que me pasa por dentro. Soy como un robot que, aunque no cesa de sufrir, está obligado por los demás a seguir viviendo.

Un día que estoy especialmente baja de ánimo, consigo permiso de mi marido para ir a casa de mis padres a buscar fuerza y consuelo. Estar unas horas con ellos me lleva a una etapa de mi vida en la que fui feliz sin saberlo... Pero eso nunca volverá. Cuando llega la hora de irme, se me revuelve el estómago. Mi hermana Yalda me pide que me quede un poco más, me echa de menos, pero yo no puedo responder por mí, debo preguntarle a mi marido. No decido nada por mí misma.

—¿Puedo quedarme una noche más en casa de mis padres, por favor?

—Vale, puedes.

Esa noche duermo en mi casa familiar y sueño con que no me he casado.

Regreso con Shafiq al día siguiente. Cuando entro en casa de mi marido, veo que la puerta de nuestra habitación está cerrada y no puedo entrar; nunca he tenido la llave. Llamo con varios toques en la puerta y nadie responde. Puede ser que mi marido no quiera dejarme pasar. No contesta a mis llamadas ni a mis mensajes. No sé qué ocurre. Estoy preocupada. Pregunto a su madre y no sabe nada.

Al final, llego a la conclusión de que Shafiq está enfadado porque me he quedado en casa de mis padres una noche más. A pesar de que le pedí permiso, ya que nunca osaría provocarlo, lo que he hecho tiene represalias. Al final de la tarde, me responde.

—No puedes entrar, vuelve a casa de tus padres.

No quiero que mi matrimonio vaya mal, pero tampoco sé en qué me he equivocado. Me pongo muy triste. Mucho. No sé cómo gestionar la situación. Desconozco cómo ser una mujer casada afgana competente. La desesperación lo llena todo. No tengo ningún derecho, solo obligaciones. Pienso en la muerte. Creo que si dejo de vivir todo mejorará. Morirme es una solución rápida. Dejar de existir y de sentir. Quiero borrarme del mapa.

Pensar que el suicidio es la mejor opción me hace sentir cierto alivio. Para mí, en estos momentos, es, en realidad, la única opción. ¿Cómo lo hago? Tomar pastillas es lo más rápido. Voy adonde guardamos los medicamentos, y casi no consigo fijar la vista por la tensión nerviosa. Incluso me mareo. ¿Qué me tomo? Decido que, para matarme, será suficiente un bote entero. Ibuprofeno. Es lo que me ayuda con los dolores insoportables de la regla. Sin pensarlo, engullo de forma compulsiva todas las pastillas que puedo. Veintipico. Pierdo la cuenta de cuántas son, pero son muchas, porque tragarlas me lleva tiempo. Ahora viene lo bueno. Dejar de estar aquí. Escapar. Me imagino que cierro los ojos y me muero. Ya nada me afectará. Pero no es así. Siento una taladradora en mi barriga. El estómago me duele horrores y paso las horas siguientes vomitando y con fuertes arcadas. Solo quiero tener una muerte dulce. Pero soy inútil hasta para eso.

Mi cuñada, Salima, la médica, me escucha hacer ruido en el baño. Pronto se da cuenta de lo que pasa y se acerca a ayudarme.

Me da un medicamento para que no me muera y me sienta mejor. Pero también me hace vomitar y vomitar. Mi cuñada cree que estoy grave y que es mejor ir al hospital, pero no llegamos a hacerlo. Las náuseas cada vez son más fuertes. Me duele todo. Paso una noche horrible y mi marido no se acerca ni un momento para ver cómo me encuentro. Estoy dos días al borde de la muerte (por lo menos, así lo siento yo). Al tercero, mi marido abre la puerta de nuestra habitación y me deja entrar. Al parecer, para el sádico de Shafiq, mi intento de suicidio cuenta como penitencia y castigo autoinfligido.

A partir de ese momento, mi marido y mi suegra me permiten muy pocas veces ir a casa de mis padres. Desconozco el motivo. Aun así, y aunque parezca contradictorio, mi suegra es el único refugio que tengo en esa casa. Entre nosotras hay cariño y complicidad…, lo que genera celos en mi marido.

KABUL, 2015

Como soy una gran ingenua, sigo confiando en mi matrimonio. Creo que tras el nacimiento de nuestro hijo Omar, mi marido me va a querer… Pero, obviamente, eso no ocurre nunca. Mi salud mental es precaria, no pienso con claridad y no veo futuro. Me siento emocionalmente agotada, incapaz de lidiar con el dolor y el estrés que estoy experimentando.

Me duele que Shafiq me trate mal y me desprecie… Y, aunque tendría que odiarlo, me frustra que no quiera tener relaciones sexuales conmigo y que prefiera masturbarse en la ducha, como me contó que hacía.

La muerte vuelve a colarse en mis pensamientos. Vuelvo a ver el suicidio como la única manera de escapar de este sufrimiento. Creo que nadie sentirá mi ausencia, incluso podría ser bueno para los demás. Todo es blanco o negro. No tengo ganas de seguir luchando. Nuevamente, quiero quitarme de en medio. Estoy tan

Arriba, Khadija Amin en 2021, antes de la caída de Kabul, presentando el boletín matutino de noticias en RTA, el canal estatal afgano. Abajo, ese mismo año con sus compañeros de clase Hekmat y Nawid, en la facultad de Periodismo.

Arriba, en 2020, recibiendo una distinción de manos del presidente de RTA, Ismail Miakhail. Abajo, ejerciendo como reportera en una conexión en directo de RTA en un acto militar. Por último, un selfie con las periodistas Muzhgan y Sediga antes de su reunión con los talibanes en las oficinas de RTA.

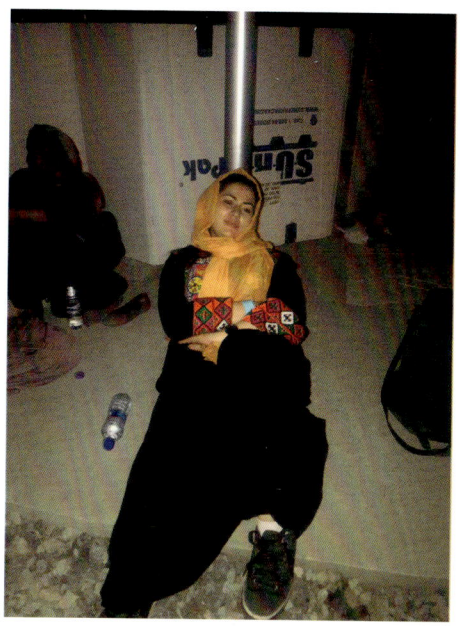

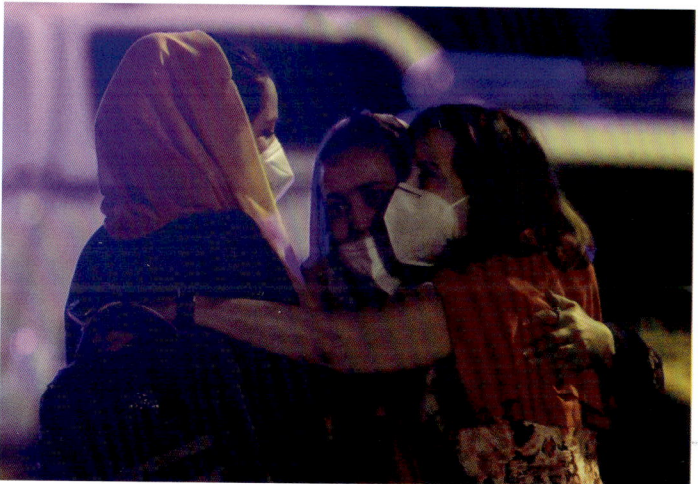

Arriba, Khadija en el aeropuerto de Hamid Karzai, en Kabul, esperando el vuelo para huir del país tras la toma de Kabul. Abajo, en la noche del 22 de agosto de 2021, la ministra de Defensa, Margarita Robles, esperaba en el aeropuerto de Torrejón de Ardoz (Madrid) para recibir a pie de pista el avión en el que viajaba la periodista junto a otras 176 personas evacuadas de Afganistán (EFE/Zipi).

Arriba, en el cumpleaños de sus mellizos, Rezwan y Seawash, celebrado en 2021 en Shahre Naw, Kabul. Acompañaron a los niños su hermano mayor Omar y los padres y hermanos de Khadija. Abajo, los padres de Khadija, Farida y Mohamed Naiem, en una fotografía tomada en 1984.

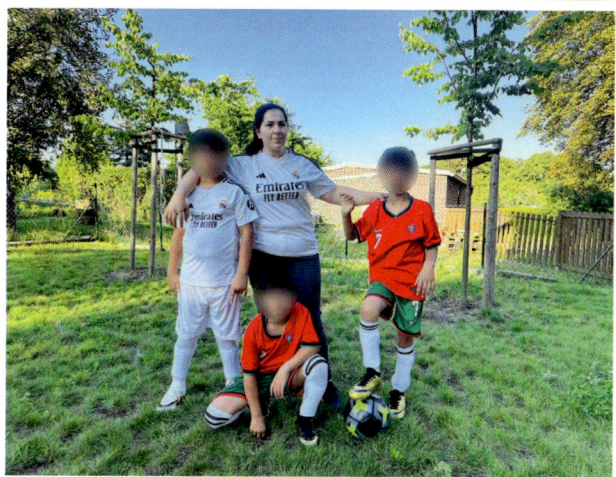

Los grandes tesoros del álbum de Khadija son las fotos con sus hijos, en las que se suceden sus últimos encuentros. Arriba, la última vez que los vio en Kabul (2021). En el centro, su reencuentro tras no haberlos visto en tres años, en Merseburg (Alemania). Por último, en un restaurante en Halle (Alemania), la última vez que los vio en persona.

Con Francina Armengol, presidenta del Congreso de los Diputados, y otras invitadas en un congreso feminista de FEMES celebrado en Mallorca en 2024, al que fue invitada para hablar de la violencia en Afganistán.

Khadija Amin en 2025 recibiendo a las mujeres refugiadas afganas llegadas de Pakistán a Madrid gracias a la labor de la asociación Esperanza de Libertad, RSF España, y el Club de las 25.

, 1927, óleo sobre lienzo, 119 x 165 cm © Maruja Mallo, VEGAP, Madrid

Arriba, en 2025, la periodista afgana organizó una concentración en la Puerta del Sol (Madrid) por los derechos de las mujeres afganas. Se cumplían cuatro años de la toma de Kabul. Abajo, en septiembre de ese mismo año, intervino en el acto por las mujeres afganas y palestinas organizado por Amnistía Internacional frente al Museo Nacional Centro de Arte Reina Sofía.

cansada de este maltrato diario, infinito… Terminar con mi vida es lo único que está en mi mano planificar. Ni el amor de mi bebé me retiene en este mundo.

Son las doce de la noche, es invierno. No aguanto más. Llevo toda mi vida escuchando historias sobre mujeres afganas que se suicidan como única vía de escape. Es hora de honrarlas. Podemos ser esclavas o suicidas, ¿qué escogerías tú? Ninguna decisión se toma a la ligera. No hay caminos que seguir cuando la muerte es tu única amiga. Esta vida es una prisión y, en mi cabeza, la idea de dejar de sentir dolor es liberadora.

Pero ¿cómo lo hago? Esta vez mejor no usar pastillas.

Estoy durmiendo en un colchón en el suelo con mi hijo Omar. Me despierto, pero no me levanto para no molestar. Apenas puedo respirar, me duele el pecho. Sobrepasada por la ansiedad, siento como si tuviera una losa encima, una opresión inmanejable. Lo único que quiero es dejar de estar. Mi marido duerme en una cama cercana. Es el momento. Miro a mi alrededor. Busco algo que me sirva, no sé qué. Encuentro el líquido azul para encender el fuego de la estufa. Vigilo a mi hijo, que sigue durmiendo. Me levanto con sigilo para no despertarlos. Estoy dispuesta a matarme. Cojo el bote y me lo tiro por encima del cuerpo. Me empapa toda la ropa. Con muchos nervios y las manos temblando, logro encender una cerilla. Mi vestimenta prende y el fuego se extiende rápidamente.[2] Noto su calor.

Me alejo un poco, no quiero dañar a nadie más, y menos a mi pequeño. Mi pijama arde y siento cómo se me pega a la piel. No sé cómo aguanto el dolor, pero consigo no gritar. No estoy asustada a pesar de ver que estoy ardiendo. Ya estoy en otro lugar… Es el final. Todo se va a acabar. No siento miedo, solo angustia… Justo en ese momento, mi hijo se despierta, me mira, ve el fuego y empieza a llorar a gritos. Luego se despierta su padre y grita al ver cómo mis pantalones arden. Las llamas se extienden de golpe por mi cuerpo. Mi pijama blanco con flores se consume… Shafiq se abalanza sobre mí y me quita lo que queda de ropa de un tirón, lo tira en la bañera y le echa agua. Más que preocupado por mí, está muy enfadado, no veo en sus ojos ni un atisbo de compasión.

—Mira, si tienes ganas de suicidarte, vete a casa de tus padres, allí puedes hacer lo que quieras, a mí me da igual. Pero aquí no quiero tener problemas y que me metan en la cárcel por tu culpa. Es mejor que te vayas a casa de tu familia para poder acabar con tu vida. Haz lo que deseas y déjanos en paz.

Esas horas que quedan de noche no pego ojo. Me duelen las quemaduras… y el alma. Me siento culpable por querer matarme dejando a mi hijo Omar atrás.

Por la mañana, mi marido les cuenta a su hermana Malalai y a su hermano Gul Agha que quiero suicidarme y ellos acuden a casa de mis padres corriendo para ponerles al tanto de lo ocurrido.

—Vuestra hija está loca y quiere suicidarse. No podemos arriesgarnos a tenerla en casa.

—¿Qué le pasa a María?

—Quiere tener una vida romántica como en las películas. Aspira a tener una pareja que esté enamorada de ella y mi hermano no puede. Esto es Afganistán. La vida aquí no es así. ¿Dónde se cree que está?

MADRID, MAYO DE 2023

Vivo en España. He dejado atrás grandes horrores, pero la tragedia me sigue los pasos. Todo me hace daño. El presente y el pasado. El futuro ni siquiera lo contemplo. ¿Existe de verdad? La ansiedad me corroe. Quiero tener conmigo a los niños y, aunque algo he avanzado, no lo consigo. Sin embargo, este mes todo se precipita.

Estoy con unas amigas paseando por la zona de Moncloa cuando recibo un wasap en el móvil. Hablo con mi amiga Queralt, del colectivo Afghan Women On The Run. Ella me está ayudando a intentar traer a mis hijos a España (además de apoyarme en todo lo relacionado con las mujeres afganas). Llevamos semanas estudiando la manera de hacerlo. Lo primero es conseguir su documentación.

—María. He recibido los salvoconductos de tus hijos, pero necesitas tener sus pasaportes. Ese es el primer paso para traerlos. Tienes que encontrar la forma de sacar el pasaporte de tus hijos.

—Vale, voy a empezar a moverme. No sé si tienen pasaporte o tarjeta de identidad... Se me ocurre que puedo llamar a un amigo que tengo en Afganistán y que trabaja en la Oficina de Registro, como el lugar donde se hacen los DNI españoles.

Una semana después, hablo con mi amigo de la Oficina de Registro de Kabul.

—¡Hola! ¿Has podido encontrar los documentos para los pasaportes de mis hijos?

—Sí, pero... horror. En los papeles constas como fallecida. Tu marido cumplimentó el documento y puso que habías muerto.

Grito. ¿Es que estoy muerta en vida y no me he dado cuenta? Colapso.

Pienso que no voy a recuperar a mis pequeños jamás. Ya no tengo nada por lo que luchar. Vivo en un cuarto inmundo en el barrio de Villaverde Bajo. Comparto casa con otros tres refugiados. No tengo trabajo ni ayudas. Muchas veces no tengo dinero ni para alimentarme. Malvivo de las conferencias que doy y de mi colaboración como periodista en el diario *20 Minutos*. Sufro. Otra vez me encuentro sin salida. Estoy totalmente deprimida porque no volveré a ver a mis hijos. Empieza a rondarme la dulce sombra de la muerte.

Mis pensamientos están alterados, son tan irracionales como intensos. No tengo otra opción. Quizá mi suicidio resuelva todos los problemas de golpe. Ambivalencia. Sentimientos encontrados. Quiero escapar de esto que duele tanto, pero también deseo vivir por si queda alguna esperanza escondida. Nada está claro.

Más tarde, mi amigo de Kabul me hace llegar el documento en el que consto como fallecida. Leerlo me afecta mucho. ¿Cómo puede declarar mi exmarido esta flagrante mentira en un documento oficial?

Si no puedo estar con mis hijos, no quiero esta vida. La muerte se me presenta como una promesa de paz. Desaparecer. Borrarme. Dejar de estar. No sufrir más. De forma impulsiva, me tomo cincuenta y dos pastillas de paracetamol. Lo sé porque esta vez las cuento antes de tragármelas. Pronto empiezo a sentirme muy mal y me retuerzo del dolor.

Entonces sucede algo inesperado. Llega mi casera. Está enfadada con mis compañeros de piso por temas de limpieza. Busca una culpable y la toma conmigo. Se pone muy pesada y, aunque estoy visiblemente enferma, no me deja en paz.

—Sé que estás mintiendo y que no te sientes mal.

Mientras la casera me echa la bronca, ignorando por completo mi estado, no paro de vomitar. Entre náusea y náusea, llamo por teléfono a mi amigo Yusuf, que decide venir a buscarme para llevarme al hospital. Al entrar en Urgencias del Hospital 12 de Octubre, me desplomo y sigo vomitando compulsivamente. Estoy en estado crítico y, por lo que me cuentan después, los médicos creen que tal vez no sobreviva.

Incluso dormida sigo vomitando. Es grave. Me hacen un lavado de estómago. El hígado está afectado. Crisis hepática. Cuando finalmente abro los ojos, me siento como dentro de una lavadora, de una noria. Todo me da vueltas y solo quiero que pare. Estoy en la planta de Medicina Interna.

¿Y ahora qué? ¿Cómo continuar?

La primera noche ingresada, viene a verme Magis Iglesias, periodista y miembro del Club de las 25 que, desde que me conoció, no ha dejado de cuidarme abnegadamente. Al día siguiente, los médicos me preguntan si tengo familia, para avisarla del ingreso, y yo les digo que no. Son las dos de la tarde; a los otros pacientes vienen a verlos sus familias. Es duro... Pero todo cambia. Sí hay gente que se preocupa por mí: vienen a verme Chus Torrecilla y, de nuevo, Magis; me escribe mi amiga Inma; recibo visitas de amigas del Club de las 25, de amigas afganas… Nunca volveré a estar sola. Estas mujeres son la única luz en la oscuridad. Al final, parece que sí tengo familia en España. La familia escogida.

Los días transcurren plomizos y densos como nebulosas. Paso unas dos semanas en el hospital. Me voy recuperando poco a poco, pero todavía no me puedo ir a casa. Los psiquiatras consideran que aún soy una amenaza para mí misma. La verdad es que sigo deseando desaparecer. Deciden trasladarme a la zona de Psiquiatría del hospital Infanta Leonor para avanzar en mi tratamiento. Terapia, pastillas, controles, dinámicas de grupo. Más terapia, más pastillas, más controles, más dinámicas de grupo. Hay algo sanador en la repetición y en la rutina hospitalaria. Es placentero predecir lo que va a acontecer, estar en este universo blanco y aséptico. ¿Qué podría salir mal con tantas personas tutelándote?

Mientras estoy en el hospital, mi casera me llama insistentemente para que abandone la vivienda. No se lo cuento a nadie a pesar de llenarme de angustia e interferir en la recuperación. Pero sus llamadas son el menor de mis problemas. Sigo viva. No he conseguido matarme. Soy consciente del valor de la existencia, pero sigo teniendo ciertos deseos de morir. Cuando me siento algo más fuerte, pido el alta voluntaria, estoy cansada de estar en el hospital. Tengo mucho que hacer y siento que aquí mi vida se para. Me voy a casa. Frágil. Resquebrajada. Nada más llegar, mi casera me encuentra y se ensaña. Me echa sin justificación y sin contemplaciones.

—Tienes que coger tus cosas e irte de aquí antes de las ocho.

—Acabo de salir del hospital, tengo que recuperarme.

Al día siguiente, salgo a hacer unos recados. Regreso y no puedo abrir la puerta, la cerradura parece otra, la llave no entra. Llamo a mi casera.

—¿Qué es lo que pasa?

—He vaciado tu cuarto y cambiado la cerradura. No puedes volver a entrar. Debes abandonar mi casa. Tus cosas están en mi coche.

—Salí del hospital ayer…

—Me da igual.

Y mi frágil equilibrio se desmorona (de nuevo). Mi casera deja mis pertenencias amontonadas y tiradas en la calle. Llamo a la policía. Pongo una denuncia. Empieza a llover. Todo se moja y yo lloro. Solo puedo rescatar las fotos de mis hijos y las abrazo con fuerza. Miro la lluvia que cae. Estoy perdida, empapada, pero me da igual. Cada vez llueve más y pienso que habría estado bien morir. La policía me ofrece alojamiento, pero decido ir a casa de Magis. Mi ropa, mis documentos, lo poco que tengo, está todo mojado. Recupero lo que puedo y Magis lo seca y lo guarda en su casa. Estoy ahogada en lágrimas y sin hogar, pero ella me cuida como a una hija.

Mi casera me ha echado. Se niega a devolverme la fianza, se la queda. No entiendo por qué despliega tanta crueldad hacia mí. ¿Por ser una refugiada? ¿Es que quienes buscamos asilo debemos soportar cualquier cosa? Como seres humanos, somos iguales. Nos vimos obligados a abandonar nuestro país porque había problemas, no es algo que decidiéramos hacer por gusto. Yo nunca hubiese querido salir de Afganistán. Allí se han quedado mis sueños de llegar al Parlamento, de ocupar un ministerio… Y ahora estoy aquí, tirada en la calle, sin un sitio donde vivir después de haber intentado suicidarme.

Estoy quebrada, pero siento que el abuso cometido por mi casera no se puede quedar así. Incluso con lo débil que estoy, a guerrera no me gana nadie. Debo defender mis derechos.

Pasan los meses y se acerca el momento del juicio por la denuncia que le puse, pero antes de que se celebre, ella me paga lo que me debe. Poco después, consigo un trabajo en TBS (Telefónica Broadcast Services), la productora audiovisual de Telefónica. Eso me infunde ganas de vivir. Empiezo a reconstruirme, otra vez.

Vuelvo a tener la esperanza de recuperar a mis hijos.

Todas las mujeres que conozco fueron violadas

Mary comparte conmigo una idea que le causa gran desasosiego. Hace un repaso de las mujeres afganas que conoce y se da cuenta de que todas, sin excepción, han sido alguna vez violadas de algún modo. Por desgarradora que sea, la situación no puede extrañarnos si consideramos que la afgana es una sociedad profundamente patriarcal donde las normas culturales y sociales tradicionales perpetúan una total desigualdad de género y una absoluta impunidad de la violencia sexual. Mis oídos han recogido los lamentos de muchas mujeres y niñas que fueron violadas y que, además, cargaban con toneladas de culpabilidad...

«¿Por qué fuiste allí?».

Durante el primer régimen talibán, que se desarrolló entre los años 1996 y 2001, las mujeres y las niñas fueron continuamente usadas como chivos expiatorios y sufrieron violaciones sistemáticas de sus derechos humanos; también en el ámbito sexual, aunque esos casos rara vez se denunciaron por miedo a sufrir represalias. Además, a lo largo de décadas de guerra, las mujeres han sido un botín, víctimas de violencia sexual por parte de grupos armados, y se las ha usado para dominar a ciertas comunidades. Así lo han denunciado diversos informes de organizaciones de derechos humanos.[1]

«¿De verdad una chica tan guapa como tú quiere poner una denuncia?».

En general, casi todas tienen al agresor en casa, de forma que las violaciones son casi diarias y se perpetúan en el tiempo y en el espacio. Son violaciones que no llegan a considerarse como tal, pero lo son, aunque ni siquiera las propias víctimas sepan lo que les está pasando. Mary incluida.

En este contexto, la peor parte se la llevan las mujeres que pertenecen a minorías étnicas, como los hazaras. Mary tiene muchas amigas hazaras y conoce sus penurias, pero también me explica cómo las han enfrentado con valentía. Las víctimas de violencia sexual se enfrentan no solo al estigma social, sino también a la falta de protección y a la corrupción del sistema judicial. Muchas mujeres temen denunciar los abusos por miedo a ser culpadas, castigadas o incluso asesinadas en nombre del «honor». Los culpables rara vez son juzgados.[2]

«Algo habrás hecho…».

Desde que los talibanes retomaron el control del país, en agosto de 2021, se percibe un aumento generalizado de la violencia de género, aunque los datos concretos son limitados. Según la Misión de Asistencia de las Naciones Unidas en Afganistán (UNAMA), la violencia de género, incluyendo la violencia sexual, ha sido una de las violaciones de derechos humanos más denunciadas en el país aun cuando la mayoría de los casos no se comunican. Las organizaciones locales e internacionales han documentado casos de violaciones, matrimonios forzados y otras formas de agresión sexual, especialmente en áreas rurales y entre poblaciones desplazadas.[3]

Organizaciones como Amnistía Internacional, Human Rights Watch y la ONU han condenado repetidamente la violencia contra las mujeres en Afganistán y han pedido acciones concretas para proteger sus derechos. Pero pasa el tiempo y las mujeres afganas siguen siendo permanente e impunemente violadas.

KABUL, 2000

Soy pequeña y escucho cierto alboroto. En casa se comenta un suceso que parece tener a todos los vecinos alterados. Un gran cotilleo con tintes de tragedia romántica o de *true crime*. Una chica y un chico, Rita y Maleksha, pertenecientes a dos familias cercanas, se han escapado porque están enamorados. Son jóvenes y guapos, dos adolescentes que huyen para proteger su amor, pues sus familias no aceptan la relación. No tienen más remedio que irse lejos y sin avisar. Si los atrapan, los matarán. Que se escapen y se casen es algo muy muy grave. Para enmendar ese deshonor, hay un camino «fácil»: entregar a la hermana del chico que ha huido al hermano de la chica que se va. Las familias los casan y todo se arregla. La hermana entregada tiene diecisiete años. Por supuesto, da igual que ella no quiera, no tiene otra opción. Es ella quien ha de pagar las consecuencias.

Pasado un tiempo, encuentran y asesinan igualmente al chico, por lo que el pago es doble. Supongo que la familia de ella necesitaba una propina.

MADRID, 2024

El concepto de «crimen de honor», *bad dadan* o *qatle namosi*, es una tradición afgana particularmente espeluznante que suele acabar implicando el secuestro y violación de mujeres y niñas. Tal como pasó con aquellos jóvenes vecinos que se amaban cuando yo era pequeña, si un hombre comete un delito, algo grave como un asesinato, por ejemplo, es posible que se decida que sea una hermana suya quien pague por él y, en consecuencia, sea entregada a la familia de la víctima. Es un acuerdo entre familias que alcanza proporciones de ley. Si la niña es menor, no hay reparos. No hay un límite para protegernos. Eso da igual.

Ellas tampoco deciden sobre su placer y su cuerpo. Las mujeres en Afganistán no pueden tener relaciones sexuales antes del

matrimonio. La primera vez que tienen sexo es con su marido...
y muchas veces esa relación es básicamente una violación. ¿Cómo
no iba a serlo? Las noches de boda son pesadillas que con no poca
frecuencia acaban en Urgencias por desgarramiento vaginal. Aunque puede ser todavía peor. Si el marido sospecha que la mujer no
es virgen, a veces termina matándola o devolviéndola a casa de sus
padres, pero sin divorciarse, para que no se pueda casar con otra
persona. En esos casos, las familias de las chicas repudiadas tampoco las aceptan, pues las culpan de haber hecho algo malo. Esto es
gravísimo. Las mujeres tienen diferencias orgánicas y anatómicas y
no todas sangran en su primera relación sexual. Obviando cualquier luz que pueda aportar la ciencia, se nos acusa injustamente
de no ser vírgenes, lo que supone el principio del fin.

En los últimos años, la situación ha mejorado algo porque los
jóvenes tienen acceso a internet y pueden encontrar la información
que nadie les cuenta. Lo ideal sería que alguien de la familia les
explicase cómo es el sexo, cómo puede ser esa primera vez, cómo
se queda una chica embarazada, cómo protegerse de embarazos y
enfermedades de transmisión sexual, etc. Pero, a día de hoy, es
algo que sigue sin hablarse en las casas y en los colegios afganos.

Una vez casadas, las mujeres están condenadas a una violación
cotidiana por parte de su marido. Que ellas no tengan ganas de
tener relaciones sexuales es lo de menos; si el marido quiere, las
mujeres tienen que estar disponibles. Las buenas esposas deben
obedecer a su marido, siempre, en todo. En cualquier momento,
en cualquier lugar, ella tiene que estar preparada y no puede decir
que no. Es como ser una muñeca hinchable. A los hombres afganos, por descontado, no se les pasa por la cabeza tener en cuenta
el placer de la mujer. «¿Habrá disfrutado? ¿Qué es lo que le gusta
más? ¿Tendrá alguna fantasía?». Preguntas como estas no tendrán
respuesta porque no llegan ni a gestarse en las neuronas masculinas afganas.

Las mujeres tampoco pueden decidir si quieren tener hijos o
no. Su útero es sistemáticamente usurpado, violado y utilizado.

No tienen acceso a anticonceptivos, por lo que los embarazos se suceden, muchas veces, sin ningún tipo de control, sin pensar en las circunstancias de la pareja, en los medios económicos o en la salud y situación de la madre. Mi prima Mina tiene cinco hijos de entre nueve y dos años. Ella se casó después de mí.

—¿Por qué tuviste cinco hijos? Casi no te ha dado tiempo a recuperarte entre un embarazo y otro. No puedes alimentarles bien. Ni a ellos, ni a ti…

—Es que mi marido, Edris, no me deja usar anticonceptivos. Mi suegra, Shagul, tampoco. No puedo hacer nada.

—¡Pero no tienes medios para mantener a tantos hijos! ¿Cómo vais a sobrevivir?

Lo hacen a duras penas. Su vida es dramática. Su marido no trabaja, ya que es adicto a la heroína, y ella no puede trabajar debido a las restricciones impuestas por los talibanes. Está tan al límite que, tras dar a luz al último bebé, intentó suicidarse.

Hay algunas familias en las que las mujeres gozan de derechos y de respeto. Sin embargo, los hombres no cesan en su obsesión de ser más que nosotras y de ejercer sus privilegios. Incluso si en alguna ocasión hay lugares en los que las mujeres estamos en igualdad, siempre nos vamos a encontrar con algunos de estos machos que tratarán de arrastrarnos por el fango y de defenestrarnos en todos los sentidos posibles.

Si la mujer tiene una carrera, una profesión, el panorama es a veces peor. Por ejemplo, en mi sector, el periodismo, el pensamiento generalizado es que si una mujer trabaja en los medios es una prostituta. Si ella acude a un canal de televisión para ejercer como redactora, se considera que, en el fondo, es una puta. Además, como informante, puedes ir a realizar tu trabajo y terminar siendo víctima de un abuso sexual. En realidad, esto tiene una base: la insondable cultura de la violación que lo impregna todo.

Cuando una mujer llega a ocupar un alto cargo en un medio de comunicación, los jefes le exigen tener relaciones sexuales con ellos, casi como tributo por permitirle subir en el escalafón, algo que no consigue por méritos propios. Gracias a tener sexo con el o los jefes, la mujer puede lograr un puesto mejor. Si los hombres saben que esa mujer es divorciada o viuda, es más probable aún que esto suceda. Somos una presa fácil. No es algo totalmente generalizado, pero tampoco son pocas las ocasiones en las que ocurre. Por lo que sé, esto también ha venido sucediendo en el mundo occidental hasta hace poco, y todavía sucede. Digamos que en mi país necesitamos urgentemente un gran #metoo.

Durante los años que vivo en Afganistán no puedo ser consciente de que los maridos violan a sus mujeres de manera habitual. No identifico que eso que hacen los hombres es una violación, pero ahora sé que lo es la mayor parte de las veces. Mujeres y niñas son obligadas a casarse y a tener relaciones a la fuerza. Ocurre cada día. Cada noche. Pero como el violador es tu marido, crees que es algo normal. Las mujeres no tienen consciencia de la violencia sexual de la que son objeto. Somos las víctimas perpetuas perfectas.

KABUL, 2019

Mi exmarido no deja de ejercer violencia sobre mí, parece que soy el objetivo ideal para su rabia. Ahora usa a mis hijos para poder abusar de mí. En dos ocasiones terribles, él aprovecha que voy a buscarlos a su casa y, cuando los niños están en su cuarto recogiendo sus cosas para venirse conmigo, ese bestia se me echa encima. Yo no puedo ni gritar, solo quiero que los pequeños no se enteren. Menos mal que no dura nada. Parece que desea demostrar que es un macho, pero, aunque quiera, ya no puede hacerme más daño.

KABUL, 2020

Quiero compartir también la historia de una amiga cercana. Ella acude regularmente a la consulta de un psicólogo muy famoso, y muy caro (cobra quinientos afganis la hora) de Afganistán. Es muy complicado conseguir que te atienda, por lo que solo puede ir una vez al mes o cada dos meses. Ella tiene mucha confianza con este terapeuta y, desde hace unos cinco años, se lo cuenta todo.

Un día, mi amiga está en la oficina y se encuentra mal, tiene mucha ansiedad. Le llama para pedirle un cita urgente. Llega a su consulta y no hay nadie en la sala de espera. Se acerca a la secretaria y le paga, como siempre. Cuando le dan paso al gabinete del psicólogo, este le pregunta:

—¿Has pagado la consulta?

—Sí, claro, siempre lo hago.

Ese día, mi amiga y el psicólogo hablan durante casi cuatro horas. Esa sesión tan larga no es común y ella la agradece; le permite desahogarse y luego se siente mucho mejor. Al terminar, el terapeuta se ofrece a llevarla a su casa, ya que es muy tarde. Son las nueve de la noche. La deja en la puerta y se despiden con cordialidad.

Una semana después, el psicólogo llama a mi amiga para decirle que quiere verla. Ella acude a su consulta sin desconfiar. El psicólogo le ofrece una sesión para hablar tranquilamente, pues tiene la tarde libre. Conversan sobre cómo está ella y sobre cómo van las cosas. En un momento determinado, todo cambia. El terapeuta se acerca a mi amiga y le habla al oído.

—Me atraes mucho. Me he dado cuenta al verte con tanta frecuencia. Además, me caes muy bien.

Al terminar la frase, el terapeuta se le echa encima. Ella nota su aliento de alcohol y se percata de su estado de embriaguez. Él intenta propasarse, meter sus manos por dentro de su ropa. Está intentando violarla. Ella trata de pararle por todos los medios, pero no puede con él físicamente debido a su gran envergadura.

—Para, por favor, no puedes hacerme esto…

—No te preocupes, no te haré daño, podemos ser pareja…

Su conducta es tan violenta y brutal que termina consumando la violación. Mi amiga sale de allí dolorida y avergonzada. Esto les pasa a las mujeres afganas en muchos lugares y no pueden hablar del tema porque, en ese caso, ellas serán las señaladas. Semanas después, a mi amiga le llegan ciertas informaciones comprometidas. Al parecer, el psicólogo les ha hecho a otras chicas lo mismo que a ella, pero nadie le ha denunciado nunca porque es famoso. Esas cosas no se comentan.

«A lo mejor es culpa tuya, ¿por qué te quedaste allí?».

Me duele tanto escuchar los detalles de esa violación. Mi amiga los repite una y otra vez, y más veces aún en su mente. El eco de sus gritos de dolor retumba en sus oídos. Y también en los míos. Es insoportable.

MADRID, JULIO DE 2023

Acudo a la Universidad de Comillas a dar una charla en un taller sobre violencia sexual. En el taller, ponentes españolas hablan sobre la definición de violencia sexual, dan pautas para poder identificarla. Esto es algo más que necesario en todas las culturas. Yo hablo específicamente acerca de la violencia que se ejerce sobre las mujeres afganas. Es importante destacar que, para mis compatriotas, la agresión existe únicamente si te pegan. Si no tienes un moratón, no ha habido violencia. Y esto es un gran error. Me extiendo y profundizo en lo que sufren las mujeres afganas. Al final del acto, algunas de ellas se me acercan.

—Lo has hecho muy bien. Muchas gracias por contar lo que vivimos. Es verdad que casi todas hemos sufrido esta violencia sexual… y que no hemos sabido ni reconocerla. Ese es el primer paso para poder luchar contra ella.

Sin embargo, hay otras mujeres afganas que son extremadamente desconsideradas y groseras conmigo. Me insultan. Me señalan. Solo les queda escupirme. Oigo cómo me critican.

—Khadija no tiene vergüenza. Habla enfrente de la gente de sexo y de intimidades que no deberían ser contadas en público.

Aunque estas mujeres no quieren reconocer ni hablar de la violencia sexual, sin duda la han sufrido en sus propias carnes, pero lo único que les importa es la vergüenza, el pudor, el supuesto deshonor. Realmente son violadas una y otra vez, pero no quieren exponerlo ni escucharlo, como si el dolor desapareciera por no hablar de ello. Como si la negación lo limpiara todo.

La libertad duele

Mary cree que su pasado amoroso es idéntico al de todas las mujeres afganas con matrimonios «problemáticos», por llamarlos de alguna manera. ¿Qué preferirías: aguantar malos tratos durante años o divorciarte, perder a tus hijos y que la sociedad entera te repudie? En su país, a las mujeres que solicitan el divorcio o huyen de situaciones domésticas abusivas se las presiona para que vuelvan a esa relación violenta o incluso se las obliga a hacerlo. Ella se divorció y perdió a sus hijos. Luego ganó una vida en España que no compensa, pero ayuda. Sentir que todo el mundo te degrada solo por defender tu dignidad como ser humano es muy doloroso; hasta su familia ha tardado años en verla con otros ojos.

Expertos de la ONU sobre el terreno han hablado de casos en los que las mujeres que han acudido a los tribunales para solicitar el divorcio han sido criticadas por el juez con comentarios como «No tienes nada roto, ¿por qué quieres divorciarte?», «Consigue primero el consentimiento de tu marido», o directamente «No puedes divorciarte». La policía les dice que no deben quejarse, que seguramente se merecen lo que les ha pasado y que los asuntos privados deben resolverse en la familia. Mary recuerda muy bien las veces que se atrevió a denunciar en comisaría, y eso también forma parte de su trauma. Es la legitimación de la violencia en estado puro.

Ante las normas conservadoras de la sociedad afgana, el estigma social y las escasas posibilidades de obtener justicia en el sistema formal, las familias intentan resolver los casos en privado o en la comunidad, en una *jirga* o una *shura*. Los sistemas de justicia oficiosos apenas tienen en cuenta la opinión y las preferencias de las mujeres y dan lugar a la revictimización. Tampoco hay tribunales especializados para mujeres y apenas se encuentran juezas, fiscales o abogadas defensoras. El patriarcado afgano es una maquinaria engrasada y eficiente de violencia.[1]

KABUL, DICIEMBRE DE 2017

No salgo nunca de casa. Dejé de hacerlo al principio de mi matrimonio y ahora ya no tengo costumbre. Vivo con miedo permanente. Los niños son mi única compañía, Shafiq solo viene a dormir. Y para vejarme y agredirme. Me paso el día limpiando, cocinando y cuidando a los pequeños. No hago nada más. No leo, no pienso, no siento. Una vez al mes puedo visitar a mis padres, si es que consigo ir a su casa. Siempre es una tortura pedir permiso a mi marido.

—Quiero ver a mi familia.

—Pero ¿por qué quieres verlos? Tienes que quedarte en casa para cuidar a los niños.

En Afganistán nos enseñan que, como mujer casada, tienes que hacer siempre lo que diga tu marido. Esta es nuestra condena. ¿Cómo puedo salir de esto? La palabra «divorcio» aparece en mi mente con luces de neón, pero no llego a ella de la noche a la mañana. Mi cultura y mi educación tienen mucho peso.

Mi marido me pega, no me deja vivir. A pesar de eso, nadie en mi entorno aceptaría que yo quisiera divorciarme. Verían mejor incluso que él me matara. Antes muerta que divorciada por decisión propia. Una vez más, llega a las dos familias, a la mía y a la suya, el rumor de que hay una gran crisis entre nosotros y, no sé por qué, todos me echan la culpa a mí. Piensan que yo he cometido una falta, como tener una relación fuera del matrimonio. Me acusan y señalan con el dedo. Seguro que María ha hecho algo malo y por eso pide el divorcio.

Para ellos no es posible, simplemente, que yo no quiera vivir más con mi marido. En suma, el poder y derecho de divorciarse siempre es prerrogativa del hombre, nunca de la mujer, aunque legalmente ese derecho exista para los dos.

En Afganistán, las mujeres divorciadas son parias, escoria, lo peor de la sociedad. Son violadas, torturadas, rechazadas. No hay puertas que se abran para ellas. No hay misericordia ni compasión. Ni siquiera en la religión. Rechazadas por sus propias familias, defenestradas por su entorno, violadas en sus trabajos, sin medios para subsistir. Sin hijos a los que amar. En mi país, para referirnos a una mujer divorciada, mal considerada, usamos el término *bad nam*.

Los años de violencia pesan y ahora encima estoy más aislada todavía… Mi marido ha alquilado un piso para los niños y para mí y solo viene de noche. Todo es peor porque no me gusta vivir separada de mi suegra porque para mí ella era como mi madre, la quería y respetaba mucho. Teníamos una relación cercana, me cuidaba y yo a ella.

KABUL, 2018

Tras una nueva paliza, no sé cómo, pero voy a denunciar a mi marido por malos tratos por segunda vez. Insisto en que no quiero continuar la relación con él. En esta ocasión, tengo claro que el divorcio es la única «solución». Estoy en un estado mental deplorable. No sé cómo consigo sobreponerme y activarme, pero lo hago.

Llevo seis años sin salir prácticamente de casa y ahora debo hacerlo sola, y nada más y nada menos que para ir a la policía. No es fácil para mí, pero no hay vuelta atrás. Abrir la puerta lentamente y salir de casa es toda una hazaña. Llevo un hiyab negro. Mascarilla. Voy totalmente tapada. Todo en el exterior me da miedo. Cruzarme con hombres es mi mayor terror. No puedo ni mirarlos. Para mí, son el mal. Son monstruos, son carceleros. Casi no sé ni hacer las cosas más básicas como cruzar la calle. Me siento como una niña pequeña. Me molestan el ruido y la luz, que la gente me mire, me hable o tener que hablar yo.

No soy consciente de lo que se me viene encima. Nunca habría podido imaginármelo. Pero este es el principio de mi vida, de la de verdad, la única escogida por mí, la que me trae hasta aquí, hasta estas líneas que se deslizan ante tus pupilas y entre tus conexiones neuronales.

Estoy aterrada. Desde que llego a poner la denuncia hasta que me voy, no paro de sollozar. Es complicado hablar con hombres, enfrentarme a hombres, explicarles a hombres mi gigantesco sufrimiento, uno con el que ellos ni remotamente pueden empatizar. Me cuentan que hay una ONG afgana, apoyada por las potencias extranjeras, que ayuda a las mujeres en los procesos de divorcio. Las protegen y les garantizan asistencia jurídica. Desconozco el motivo, pero a mí no me asisten en este sentido.

Estoy muy incómoda al poner la denuncia. No hay ni una mujer a mi alrededor. Siento que todo el mundo me desprecia. Explico que Shafiq y yo no nos llevamos bien. Estoy muy asustada mientras cuento todo, me cuesta expresarme con fluidez. ¿Cómo se pueden plasmar en un papel años de torturas? Los rostros de la gente me parecen amenazantes, me da la sensación de que me pueden dañar. En el documento de denuncia escriben que quiero el divorcio por malos tratos.

Al volver a mi casa, tengo sentimientos encontrados. He hecho lo único que podía hacer, pero ¿es lo correcto? Estoy confusa. ¿Qué ocurrirá al final de todo esto? ¿Qué me va a pasar? ¿Estaré peor? ¿Mi marido se vengará? Siento más miedo todavía.

Sea como sea, haber puesto la denuncia me ha empoderado, aunque yo aún no sea consciente. La situación me va cambiando poco a poco, también por fuera. Con cada respiración, recupero algo más de humanidad y de vitalidad. Aunque he llegado a un punto en el que me da vergüenza ponerme pantalones, vuelvo a usarlos, cambio mi vestimenta, me siento casi como antes, pero todavía de forma lejana, velada. Pasar de llevar ropa larga y holgada con burka a ponerme vaqueros de nuevo es toda una revolución personal.

Hasta que llega el momento de enfrentarse en el juzgado de familia... Nos citan cada quince días en el tribunal. Declaro en el juicio y, como siempre, es muy duro pelear con mi marido. Yo he sido la que ha denunciado, así que tengo que probar que todo lo que digo es cierto. Llevo testigos: el marido de mi tía por parte de padre, Haji Basir, y mi primo Asef. Shafiq también; destacan las palabras de su tío, Haji Zaman, quien dice que yo estoy loca, que tengo problemas psicológicos y que miento. Se suceden los testimonios y algunos son muy poco veraces. La jueza comienza a ver que lo que cuentan no se ajusta a la realidad y se enfada mucho con ellos. Esto se descontrola... Hay que traer nuevos testigos. Todo se demora.

Pasan las semanas y noto el desgaste emocional que me está provocando el proceso judicial. Mi madre no se preocupa por saber cómo va el juicio, no me pregunta nada. Sin embargo, en dos ocasiones voy con mi padre al juzgado. A ninguno de los dos se les ve demasiado afectados. Un día, un primo mío habla con mi marido.

—Si María no se lleva bien contigo, deberías casarte con otra mujer. Somos afganos; si no nos gusta nuestra esposa, nos casamos con otra. Se pueden tener varias mujeres. Y ya está.

Señores afganos señoreando otra vez.

El proceso sigue, se dilata. Cuando es una mujer la que pone la denuncia, todo se alarga para que las partes puedan arreglarse de forma extraoficial.

Mi abogada dice que mi marido puede llegar a ser encarcelado por todo lo que me hizo. Yo quiero que se haga justicia. El divorcio sigue su curso y, durante meses, acudo en varias ocasiones al juzgado. Este tiempo, los niños viven con él y yo les echo mucho de menos. Es el origen de un sentimiento de ausencia que, de momento, no ha desaparecido. Me sobrepongo como puedo.

Un día, Shafiq me llama por teléfono y quedamos en su coche. Lleva en la mano un papel con algo escrito.

—Quiero hablar contigo muy seriamente. Podemos llegar a un acuerdo. Si quieres el divorcio, debes decir en el juicio que no quieres nada de mí, nada de dinero, solo terminar con el matrimonio y con la relación. Si es así, te lo doy; si no, te denunciaré, diré que te escapaste de casa y que te lo llevaste todo. Te meterán en la cárcel. Tienes que firmar aquí, donde dice que no quieres a tus hijos ni la dote.

—Me estás asustando. No quiero que me denuncies. Haré lo que me pides. Diré en el juicio que no quiero nada de ti, solo el divorcio. Diré que no quiero la dote, pero a los niños no quiero perderlos…

—Pues ya sabes lo que tienes que decir en el juzgado.

Él me coacciona y me engaña. Me manipula. Soy una marioneta. Luego me propone algo muy extraño que parece tener sentido en ese momento.

—Nos vamos a divorciar durante seis meses. Luego volveremos a vivir juntos.

—Vale.

Si no fuera porque me he escuchado a mí misma responder afirmativamente, no me lo creería. A pesar de todo lo que me ha hecho, todavía confío en él. Quiero que me ame. Pero pronto me doy cuenta de que solo lo hace para no tener que pagar.

KABUL, 29 DE SEPTIEMBRE DE 2018

Hoy es el día en que voy a firmar el divorcio. Me despierto triste, esto se acaba. ¿No debería estar contenta? Tengo un miedo infinito. Esto es una pesadilla. ¿Qué va a pasar ahora? No tengo ni idea.

Estoy desubicada. No me apetece arreglarme. ¿Qué se pone una para divorciarse? Un pantalón y una camisa larga, ambos de color negro. Por lo menos ya no llevo burka, pero sí velo. Me cubro con un pañuelo azul claro como el cielo. Se me ve la cara, pero no el pelo. Zapatillas. Sin maquillaje y sin manicura, tampoco perfume. Cojo mi bolso de cuero negro y me voy.

Desde que llego al juzgado hasta que me voy no paro de llorar. Torrente de lágrimas. Es horrible. Nos llaman para declarar y yo digo lo acordado. Me siento totalmente sola. Todos están en mi contra. Nadie me quiere. Me insultan. Loca. Mentirosa. No quiero nada material, solo paz. Renuncio hasta a los gastos de manutención. Shafiq dice que no tiene dinero y que solo puede pagar diez mil afganis, unos ciento cincuenta euros. Y ya está. La jueza está de acuerdo. Me voy a otra sala para firmar los papeles y terminar con esta farsa.

Como si estuviera abducida, acabo de decir en el juicio exactamente lo que él quería y he conseguido el divorcio, pero me he quedado en la calle. Además, me quita todos los derechos como madre de mis tres hijos. Soy tonta. El divorcio me duele. Incluso llegados a este punto, me doy cuenta de que no me quiero divorciar, solo quiero llamar su atención y que me ame. Esa es la pura verdad. Estoy muy asustada.

Salgo del juzgado de familia y me lo encuentro.

—Espero que me recuerdes toda la vida como una mujer fuerte que no quiso de ti otra cosa más que la amaras. Si no me quieres, yo no necesito esta miseria de dinero. Te vas a arrepentir toda la vida.

Una hora después de firmar el divorcio, mi ya exmarido me escribe por WhatsApp. Quedamos para comer en el restaurante de un hotel. Estoy completamente desconcertada. Cuando nos encontramos, llora desconsoladamente, jamás lo vi así antes. Los dos nos emocionamos. Y dice esto…

—Te quiero. No puedo vivir sin ti.

—Esto se acabó, ya está. No es posible.

Nos despedimos rotos. Llego a casa y lloro durante horas. Mis sentimientos son contradictorios. Todavía tengo esperanzas de vivir con él. Debo empezar de cero sin ningún tipo de apoyo. No tengo recursos para salir adelante. No sé de dónde saco las fuerzas, supongo que me nutre querer escapar y enterrar el horror. En mi cabeza, el trauma vuelve una y otra vez. Solo puedo luchar. Y respirar. No pensar.

El cuelgue de mi ex no se me pasa de la noche a la mañana. Una semana después del divorcio, Shafiq viene a verme.

—Vámonos a vivir juntos. Voy a alquilar un piso.

—Vale.

Le respondo casi sin pensar. Por mis hijos podría volver a soportar lo de antes. Quiero vivir cerca de ellos y por eso le digo que sí, pero ni la religión ni la ley permiten que, si estamos divorciados, volvamos a vivir juntos. Yo no lo sé en este momento, pero creo que él sí y que está jugando. Pasan las semanas y me inquieto un poco.

—¿Cuándo vamos a vivir juntos?

—Tienes que esperar, no seas impaciente...

Y pasan meses. Quiere que yo espere, hacerme perder mi tiempo sin hacer nada... Pero me doy cuenta del error y cambio de opinión. Volver con él sería el suicidio definitivo. A pesar de eso, sigo enganchada y me paso meses llamándolo por teléfono sin decir nada, solo quiero escuchar su voz.

KABUL, MARZO DE 2019

Vivo de nuevo en casa con mi familia y tengo planes de estudiar Periodismo. Quiero estudiar con mi prima Wida, a la que quiero mucho; tiene dos años más que yo.

Tenemos que pasar el examen de la Universidad Fanoos, una entidad privada. Llevo años sin leer libros, sin formarme. Solo escucho la radio y leo por internet. Pasar de ser ama de casa a estudiante universitaria es todo un reto. Desde la universidad, me hacen llegar el temario y lo preparo lo más concienzudamente que puedo. Hasta que llega el día de la prueba.

La mañana del examen soy un manojo de nervios. Entro con mi prima Wida a una sala en la que hay diez personas, incluidas nosotras. La tensión se palpa en el ambiente. Leo las preguntas y me salen las respuestas casi sin pensar. Contesto rápido, soy la primera en entregar. Creo que lo he hecho bien. Poco después se hacen públicas las calificaciones y… pasamos el examen. No sé cómo, pero he aprobado. Es el principio de mi nueva vida.

KABUL, DICIEMBRE DE 2019

Sigo intentando recibir amor. Aunque suene increíble, continúo ligada a mi exmarido. Hablo con él por una cuenta de Facebook, aunque él no sabe que la mujer con la que habla soy yo. Flirteamos y compartimos nuestros sentimientos. Quiero ser su amor secreto. Nos decimos cosas bonitas, hasta «Te quiero». Hablo en voz baja para que no me reconozca y llegamos a tener relaciones sexuales por teléfono.

Durante todo este tiempo, los niños están con él. Yo voy a buscarlos y los llevo a casa de mis padres una vez al mes. Como madre, no tengo ninguna potestad sobre ellos.

Mujer, periodista, afgana

Antes de la llegada de los talibanes, ya era difícil para una mujer trabajar en Afganistán, y no porque hubiera paro. Ahora es imposible: está prohibido hacerlo fuera del hogar. Cuando me documenté junto con Mary sobre este tema, me impactó lo que vivió. Ella quiso trabajar desde que era niña; lo consiguió en Pakistán (vestida de niño, eso sí). Luego, cuando su entonces marido solo le permitió estudiar (sin salir de casa) para ser matrona, se aplicó a ello con vehemencia para poder ejercer de forma profesional. Pero, más tarde, Shafiq se lo impidió, no le parecía bien que trabajara en un lugar en el que también había hombres. Para lograr trabajar, tuvo que divorciarse, estudiar y buscar empleo proactivamente. Así consiguió finalmente labrarse una carrera como periodista y despegar a nivel laboral. Visto con perspectiva, es una gesta casi épica.

En las dos últimas décadas, en Afganistán, solo un 16 por ciento del total de la población activa está integrado por mujeres. Como ha señalado el Banco Mundial, el país tiene la tasa más baja de trabajo femenino. Ese 16 por ciento significa que hay muy pocas mujeres que tengan un sueldo. El empleo femenino cayó un 25 por ciento entre 2021 y 2022, después de la llegada de los talibanes; en el caso de los hombres, el descenso fue del 7 por ciento.[1] Y en la actualidad es todavía peor. Evidentemente, si las mujeres no estudian ni trabajan, no hay futuro para ellas, así que el presente es un remolino sin sentido. No obstante, hay muchas que se han refugiado en la resistencia y la clandestinidad.

En nuestro gremio, es todavía más complicado. Las periodistas fueron objeto de una de las primeras restricciones al derecho de las mujeres al trabajo. Antes de agosto de 2021, había más de mil setecientas trabajadoras en los medios de comunicación; tras la caída de Kabul, el 80 por ciento perdieron su empleo. Mary recuerda a tantas y tantas compañeras y amigas de profesión y vocación… ¿Qué estarán haciendo ahora? Ella todavía tiene muy presente el recuerdo de su último boletín de noticias. Las pocas periodistas que pudieron seguir ejerciendo han visto limitado su acceso a la información; no se les permite entrar en las ruedas de prensa y se les exige llevar mascarilla en los programas de televisión. Pero la escalada que borra a las mujeres del sistema productivo y social de Afganistán no se quedó ahí.[2]

El 24 de diciembre de 2022, el ministro de Economía en funciones, Qari Din Mohammad Hanif, publicó una carta en la que prohibía a las mujeres trabajar en ONG internacionales y nacionales. Esto afectó gravemente la capacidad de las mujeres para prestar servicios vitales, también algunos no humanitarios, como la rehabilitación de discapacidades y la asistencia jurídica. El 5 de abril de 2023, las autoridades vetaron que las mujeres afganas trabajaran en las Naciones Unidas. Además, se informó a la mayoría de las embajadas extranjeras de que las mujeres afganas ya no podían trabajar en sus oficinas.[3, 4]

Pero ellas siempre encuentran salidas. El autoempleo a domicilio se ha extendido, aunque con muchas dificultades. Según expertos de la ONU sobre el terreno, las actividades empresariales de las mujeres se han visto muy afectadas por las políticas socioeconómicas restrictivas. Los ingresos de las empresarias han caído en picado y no pueden pagar a sus empleados. Los proveedores se niegan a venderles material alegando que una mujer no debe estar al frente de un negocio y que deben estar siempre acompañadas de un *maharam*.

En una encuesta que la ONU publicó en marzo de 2023, se preguntaba a las mujeres qué era lo que más necesitaban para mejorar su situación económica. La respuesta más frecuente fue: «La capacidad para desarrollar una carrera profesional fuera del hogar» (así contestaron un 37,8 por ciento de las mujeres encuestadas). Las restricciones impuestas a las mujeres para trabajar son demoledoras y están afectando a la economía del país. Parece que los talibanes lo hacen todo sin pensar en las consecuencias, no les importa dañar el sistema productivo con sus vetos.

Según un informe de Naciones Unidas, treinta y cuatro millones de personas, el 90 por ciento de la población, viven por debajo del umbral de pobreza. Si no cambia algo muy pronto, las perspectivas de futuro son alquitrán.[5]

KABUL, ABRIL DE 2019

Tengo que hacer un esfuerzo inimaginable para asistir a la universidad. El centro privado donde voy a estudiar Periodismo no está a mi alcance en absoluto. Cada curso cuesta diez mil afganis, y son cuatro años. No tengo recursos ni apoyo económico de ninguna clase, pero me las ingenio para conseguir financiación. Para pagar la matrícula, vendo mis pulseras de oro, los últimos objetos de valor que poseo. Además, como el director de la universidad es amigo de mi tío, me consigue un descuento importante en toda la carrera. Un milagro.

Empiezo a estudiar. Me muero de ganas de ser alguien, de tener una profesión, de poseer conocimientos. Soy muy competitiva, sobre todo conmigo misma. Deseo ser la primera de mi clase en logros académicos (y lo conseguiré). Somos unos quince alumnos y alumnas y yo estoy feliz entre ellos. Voy a la facultad con mi prima Wida y nos sentamos juntas. Los días pasan sin darme cuenta, cada vez voy sintiéndome más cómoda en las aulas. Tengo claro que debo labrarme un futuro, por mis hijos, por su porvenir.

Aunque acabo de empezar la carrera, deseo entrar en el mundo laboral lo más pronto posible. Me arde la sangre, soy ansia pura. Tengo tan clara mi vocación, que durante seis meses hago un curso enfocado a la práctica periodística que me habilita rápidamente como profesional y me permite acceder al mercado laboral.

En este curso, uno de mis profesores, Rasol Khan, que imparte Comunicación Oral, se encarga de introducir a los alumnos en la industria, poniéndolos en contacto con televisiones y productoras. No me lo pienso mucho y hablo con él.

—Me interesa ir a programas de televisión, pero no solo como periodista, sino también como invitada, tengo mucho que decir. ¿Por qué no me das esa oportunidad?

Poco después me invitan a un espacio televisivo que se llama *Juvenil*. Muy pronto, en mi segunda visita al programa, me hacen una propuesta inesperada.

—¿Quieres trabajar con nosotros? Podrías aprender mucho… Pero no te podemos pagar. Estarías como becaria. ¿Qué te parece?

—¡Sí, sí, me encanta la idea!

—¿Tienes permiso de tu familia?

—¡Sí!

Miento, ya lo sé, pero es por una buena causa. Empiezo a trabajar en el programa y voy a hablar con mi tutor universitario, Maiwand, para informarle de la situación y decirle que no me va a resultar fácil compatibilizar trabajo y clases.

—Como tengo que trabajar, solo puedo asistir a clase tres días a la semana. Hago dos programas en directo y me es imposible venir más.

—Pues no vengas más, no necesitamos estudiantes tan poco comprometidas. No todo el mundo tiene las condiciones para ser periodista y tú parece que no las tienes.

Me quedo bloqueada. No sé cómo responder. Mi cara se enciende y se llena de lágrimas. Soy como un lago. Me voy de su lado corriendo, hiperventilando. Me fastidia que me diga que no puedo ser periodista. El resto de mi vida voy a empeñarme en demostrarle que está muy equivocado.

Pero mi tutor no es el único escollo que debo sortear. Mi familia no está de acuerdo en que sea periodista. Para variar, no cuento con su apoyo. Mis familiares por parte de madre, que son los más tradicionales, me insultan directamente. Aunque no me lo dicen a la cara, me termina llegando todo lo que comentan por detrás.

—¿Ahora la niña quiere ser periodista? ¿No le llega con divorciarse?

Mi madre está muy harta de escuchar siempre lo mismo, pero tampoco les para los pies.

—¿Por qué dejas que trabaje en el canal de televisión?

Nadie va a conseguir que me detenga. Jamás.

Kabul, 2019

Empiezo mi trabajo en televisión subida a una ola de estrés. Quizá por eso, para despistar, me arreglo como la que más: americana, tacones de siete centímetros, pañuelo de un color diferente cada día. Aunque voy emperifollada, la verdad es no tengo apenas recursos para sobrevivir. Mi rutina es asistir a clases en la universidad de seis a nueve de la mañana y luego trabajar (sin cobrar) en la redacción. Aunque vivo con mis padres y ellos conocen de sobra mi situación, no me ofrecen ningún tipo de ayuda económica. Únicamente mi prima, Wida, de vez en cuando, se apiada y me pasa algo de dinero, cantidades muy pequeñas. La precariedad determina mi día a día.

Muchas veces debo ir andando al trabajo porque no puedo pagarme el transporte. Tardo casi una hora en llegar. También necesito dinero para comer, pero tampoco lo tengo… Esto me provoca más vergüenza que hambre. Mis compañeros de trabajo casi siempre van a comer juntos al comedor del canal, pero, cuando llega la hora, yo les digo que no tengo apetito: estoy a dieta. Me mortifico. Noto cómo la bilis me acaricia por dentro. Desfallezco. Me suenan las tripas y disimulo como puedo. A menudo, cuando termina la jornada, también debo volver caminando a casa. No ingiero nada hasta volver, unas cuantas horas después. Y así jornada tras jornada.

A pesar de todo este calvario, y esta restricción alimentaria, no adelgazo nada.

Paso seis meses en estas condiciones tan duras. Pero todo se sobrelleva mejor gracias a la atención y el trato de mis compañeros y compañeras. Siento que me guían y me orientan. Eso es algo muy valioso para mí, pues por primera vez en mi vida me siento respetada y valorada. Es una experiencia diferente a todo lo que he vivido antes. Es bueno, es mejor.

Mi trabajo me encanta. Me hace sentir realizada. Por una parte, preparo reportajes semanales sobre el ministro de Educación, Balkhi, sobre los proyectos que lleva a cabo y sus viajes a las provincias para hacer inauguraciones, presentaciones, etc. Por otra, trabajo en un programa sobre novedades tecnológicas. Soy la presentadora y también hago reportajes. Los dos espacios son en directo y en fin de semana. Siento que hago un trabajo intelectual, creativo, que aporta cosas importantes… Siento que soy útil para la sociedad. Además, tomo consciencia de lo difícil (y bonito) que es informar.

KABUL, 2020

Me entero de una oferta de trabajo de un canal de televisión privado, Saba TV. Envío mi *curriculum vitae* y, después de una semana, me llaman. Aunque estoy muy nerviosa, cuando me citan para hacer la prueba, finjo todo el aplomo posible. Por dentro soy un flan. Me defiendo delante de la cámara, hago mío el guion de la mejor manera que puedo. A los diez días, suena el teléfono y... ¡estoy contratada! Al parecer, reúno las condiciones para ser la presentadora de un espacio llamado *Nairika*, un programa sobre los derechos de las mujeres.

Ya soy periodista profesional, las prácticas han quedado atrás. He sido contratada por mi valía y tengo un sueldo. ¡Por fin me pagan! (Aunque luego tenga que entregar todo el dinero a mi madre en casa...). ¿Qué derechos tenemos las mujeres y las niñas en Afganistán? ¿Cómo funcionan las leyes? ¿Cómo influye la religión en los derechos de las mujeres? ¿Qué ocurre con la violencia contra las mujeres? En este espacio, tengo especial cuidado con todas las informaciones relacionadas con la violencia de género. Muchas veces, me desplazo para conocer *in situ* a alguna víctima de maltrato, para poder contar sus historias y concienciar sobre el problema. Yo misma soy una víctima, y hacer esto me ayuda a curar, en parte, esas cicatrices que quedan por siempre en el alma.

Cuando acudo a las casas de acogida para entrevistar a estas mujeres, empatizo de tal forma con su situación que acabo llorando con ellas. Sus lágrimas son las mías porque somos una. Me cuentan lo que están sufriendo y yo pienso en mi propia vida. Tras mi divorcio, tuve la oportunidad de estudiar y eso me ha llevado hasta donde estoy hoy, pero todo habría podido ser muy diferente. ¿Talento o suerte? ¿De qué vale que yo sea capaz de emprender el vuelo si todas estas mujeres están estancadas en la casa de acogida, totalmente solas, sin ninguna perspectiva de futuro?

Este programa de televisión tiene para mí más sentido que nunca. En él, no solo entrevisto a las víctimas, sino también a expertos, altos cargos del Gobierno, juristas, etc. Creo que es importante que las mujeres conozcan bien la ley del divorcio y la ley contra la violencia de género, dos bases legales que nos permitían vivir con cierta «libertad».

Aunque me gusta mi trabajo, también sufro ciertos daños colaterales. Mi jefe en SABA me presiona cada día, y de todas las maneras imaginables, para que sea su novia... Y está casado. Necesito el empleo, pero no voy a dejarme avasallar. Mi jefe quiere tener relaciones sexuales conmigo. Me persigue, me acosa. Es muy celoso y obsesivo. No me deja hablar con otros hombres en mi centro de trabajo. Me controla. Me agobia de forma injustificada con asuntos laborales, me da más trabajo del que me corresponde. Como no cedo a sus deseos, me obliga a hacer su tarea y la mía. Guion, producción, imagen. Tras seis meses así, llega un momento en el que no puedo más y, aunque pienso en dejarlo, no me atrevo y al final son ellos los que me despiden.

Pero si el acoso sexual laboral es duro, no vivir con mis pequeños es aún peor. Durante este tiempo, solo veo a mis hijos una vez al mes. Aprovecho para comérmelos a besos y llevarlos a algún sitio para que se lo pasen bien, como a los coches eléctricos. Para mí, es desgarrador estar lejos de ellos, pero no tengo otra opción. Sé que en casa de su padre están bien cuidados por las mujeres de la familia, pero también sé que allí todos me juzgan: ¿cómo puedo hacer lo que hago siendo madre? Tengo que demostrar que puedo ser madre y una mujer poderosa con una carrera. ¿Seré capaz?

KABUL, OCTUBRE DE 2020

De SABA paso a la televisión del Parlamento y de ahí a RTA, el canal nacional estatal afgano. Para entrar, hice una prueba de cámara que me salió muy bien. RTA es el lugar donde siempre he querido estar. Primero, hago reportajes informativos diarios como redactora. Luego, empiezo a ser también imagen. Soy presentadora y me pagan muy bien. Estoy feliz. Trabajo mucho. Como reportera, no paro. A veces voy a lugares muy peligrosos. Pienso a menudo que me va a pasar algo, que me asesinarán, como poco.

En Afganistán, los periodistas lo tenemos más complicado cada año. Los atentados se suceden, la paz hace mucho tiempo que no es ni un recuerdo. Casi cada día me llegan noticias de periodistas que mueren asesinados. En una ocasión, un grupo de periodistas que conozco va a cubrir un atentado suicida. Estando allí, explota otra bomba y mueren nueve de ellos.[6] Morir trabajando casi parece lo natural.

Además, los talibanes asesinan a las mujeres periodistas, a las mujeres activistas y a las mujeres en general. Yo estoy amenazada desde el principio de mi carrera y, aunque me da miedo, no me paraliza. Soy consciente de lo que puede pasar, pero persevero porque es mi profesión y fue difícil llegar hasta aquí. Salgo cada día a realizar un trabajo necesario, vocacional, con toda mi fuerza, coraje y energía.

Pero, inevitablemente, cada día me levanto con miedo. De camino al trabajo, pienso: «¿Me asesinarán hoy? ¿Será mañana? ¿Pasado? ¿Dentro de un rato?». El terror es innegable, pero nunca me planteo abandonar. Luchar por informar y por la igualdad tiene más valor para mí que mi propia vida.

Soy la cara más visible del canal estatal afgano, la de más proyección. Tengo dos compañeros, Rafi Uldin Ulfati y Mansor Niazi, que trabajan muy bien, codo con codo conmigo, cubriendo los reportajes más importantes del día. Somos la élite del servicio informativo estatal de la televisión afgana. Estoy en mi cima profesional. Es indudable que también en el periodismo, como en todos los ámbitos de la sociedad afgana, hay cierta discriminación contra las mujeres. Pero yo intento derrocar estas injusticias cada día. Si percibo que no me están permitiendo ir a un lugar por ser mujer, lucho con más ahínco por hacerlo, y lo consigo. A tenaz no me gana nadie. Asesinatos, atentados, revueltas. Precisamente porque vivimos en una sociedad convulsa, debemos informar sobre ella. Los periodistas somos más que necesarios.

Cada vez que entro en el plató, siento toda mi fuerza, la que durante años no conseguía encontrar, pero que siempre ha estado ahí. Soy consciente de que soy una mujer que tiene mucho que decir. Es una sensación muy potente, distinta a todo lo que había sentido antes. Lucho para ejercer mi profesión a un alto nivel. Este es mi lugar en el mundo. Me desenvuelvo como pez en el agua en el boletín de los informativos de la noche, el más visto del país. Lo he conseguido, y sigo preparándome cada día para hacerlo mejor.

En todo caso, también me topo cada jornada con las dificultades que entraña ser periodista en un lugar en el que no hay libertad de prensa. Yo misma me autocensuro, pues sé que en el medio en el que trabajo, por ejemplo, no puedo hablar en contra del Gobierno. Muchos periodistas han sido asesinados por ello, y yo debo salir adelante por todos.

KABUL, 12 DE MAYO DE 2020

Mi vocación periodística me lleva a conocer e informar de verdaderas escenas de barbarie, pero hay un atentado que recuerdo como especialmente cruento. Los talibanes no tienen límites y, en esa ocasión, entran en el hospital de maternidad de Dasht-e-Barchi, directos a la sala de partos.[7] Una vez allí, su violencia se ceba con las mujeres y los bebés recién nacidos; los acribillan; no tienen reparo en acabar con todo lo que se cruza en su camino. Es una masacre. Hay muchos fallecidos y heridos. La gente se acerca al hospital para intentar ayudar en esta situación crítica. En medio del caos, veo que algunas personas se están llevando bebés. Entrevisto a un padre desesperado, Mustafa, que me cuenta:

—Mi bebé de dos horas está herida en una pierna. Oí los disparos y, cuando pude entrar a ver lo que pasaba, estaba todo lleno de sangre.

—¿Dónde está su familia ahora?

—Mi bebé estaba en un charco de sangre y mi mujer, Zarmina, muerta. Por las heridas, los médicos se llevaron a mi hija, Semin. Creo que han tenido que cortarle la pierna.

Como periodista, mi deber es informar, no llorar. Pero contar estas atrocidades como observadora resulta tremendamente duro.

Kabul, 2 de noviembre de 2020

Acudo a la Universidad de Kabul para una feria del libro, un evento que se prevé agradable y tranquilo. Es de agradecer algo de cultura dentro de tanta crispación. Llego tarde y voy corriendo muy apurada, odio la impuntualidad. Cuando estoy llegando…, oigo disparos y el corazón me empieza a latir muy rápido. ¡¿Qué está pasando?! Tengo que saberlo. Darme la vuelta y salir huyendo no es una opción. Poco a poco, los compañeros periodistas allí presentes y yo nos damos cuenta de lo que ocurre. Y duele.

—¡Los terroristas han entrado en las aulas universitarias y han asesinado a muchos estudiantes!

—¡Esto es una matanza!

En medio del caos, un militar me grita que me vaya, pero yo respondo que informar es mi deber.

Esto es pavoroso, pero no puedo eludir mis obligaciones. Es algo que está por encima de mí. Los disparos siguen y la policía no deja que los periodistas nos acerquemos al lugar donde se oye el ruido de las armas. Luego nos enteramos de que, en esos momentos, veinte personas están siendo asesinadas. Por muchos conflictos que llegues a cubrir, guerras, atentados…, jamás deja de afectarte. El olor de la sangre, los trozos de… cuerpos, los cadáveres. Las familias. Las lágrimas.

En Afganistán, en esta época, hay atentados casi cada día y yo debo informar… Al final, te acostumbras a estar rozándote con la muerte y a mirarla a los ojos. No se me va de la cabeza el ataque de ISIS-K (Estado Islámico en Afganistán) contra el centro de educación Momand, donde murieron estudiantes de Periodismo.

Cuando, finalmente, consigo salir de allí tras terminar mi trabajo, el horror vuelve. Todo se vuelve rojo.

Kabul, 7 de noviembre de 2020

Estoy saliendo de la universidad. Voy en el coche hacia los estudios de televisión donde trabajo. Veo las noticias en mi móvil y no me puedo creer lo que estoy leyendo. Otro atentado… Llego a la oficina y mi jefe me dice que debo cubrirlo, pero una de las víctimas es alguien que conozco. Todo es cuestión de probabilidades y de azar. Yama Siawash, que era muy amigo mío y un periodista muy famoso de televisión, ha fallecido asesinado por una bomba que habían puesto en su coche. ¿Cómo voy a cubrir este atentado? ¿Cómo le pregunto a su familia, a la que conozco como si fuera la mía, cómo se siente…?[8]

Carne, sangre, olor a pólvora, mis lágrimas… Todo eso es lo que anticipa mi mente. No puedo articular palabra. Tengo que irme. Me dicen que debo preparar el reportaje. Las periodistas no lloran. Hago lo que me ordenan, pero casi no puedo respirar. En estas circunstancias, organizo una entrevista con el primo de mi amigo, Mahbob.

—Yama decía que algún día vendría conmigo a comprar la ropa para mi boda… y hoy he ido yo a comprar lo necesario para su funeral.

Sus familiares gritan y lloran, ¿qué otra cosa podrían hacer? La voz desgarrada de su madre todavía resuena en mis oídos.

Kabul, 30 abril de 2018/2020

Hoy me toca cubrir un aniversario sangriento. Se cumplen dos años de un atentado suicida en el que murieron nueve periodistas. Un grupo de informantes estaban reunidos en la zona de Shash Darak, cerca de la embajada de Estados Unidos, donde trabajan los diplomáticos, esperando para cubrir algún suceso. En un momento dado, alguien entró en la sala donde los periodistas aguardábamos para realizar nuestro trabajo. Parecía uno de los nuestros, llevaba una cámara en la mano. Pero, en unos segundos, todo saltó por los aires cuando hizo explotar la bomba que llevaba encima. Los nueve periodistas murieron en el acto (entre ellos había trabajadores de la AFP y BBC). ISIS-K se atribuyó el ataque.

Este tipo de atentados contra periodistas son muy habituales. Por eso, cada vez que estamos juntos a la espera de cubrir una noticia, no podemos evitar preguntarnos entre nosotros: «¿Y si alguien entra ahora y…?». Conservar el equilibrio y la salud mental se hace duro, pero sacamos la fuerza de no sé dónde. El sentido del humor ayuda. El día que decido ser periodista de guerra, doy por hecho que me van a matar, así que, a estas alturas, ya he asumido mi destino.

KABUL, JULIO DE 2021

Estoy fuera de la redacción de RTA y mis compañeros me llaman, excitados y ansiosos. Entro.

—¿Has visto la lista que acaba de salir? ¿Has encontrado tu nombre en ella?

—No. ¿De qué estáis hablando?

Me acerco a un ordenador y me señalan la pantalla, donde veo algo inesperado. Los medios digitales han publicado un listado de personas que han sido señaladas por los talibanes como objetivo de sus atentados. Periodistas, activistas…, hombres y mujeres a los que quieren borrar del mapa. Y allí estoy yo. Soy el número 55 de una lista de cien personas. ¿Qué se supone que debo hacer con este dato?

Después de esta inquietante publicación, jornada tras jornada, se repite la misma situación: mis compañeros, operadores de cámara, conductores, etc., no quieren salir conmigo a realizar los reportajes. Todos tienen miedo, y lo entiendo. Yo también me asusto un poco, pero pienso que este es el camino que he elegido. Asumo que un día me van a aniquilar, pero ahora mismo me da igual. Pasan las semanas y los talibanes matan a algunas de las personas de esa lista. Yo me voy salvando.

Aunque no tengas miedo, es imposible que no te afecte sentir que la muerte te roza. Llegas a endurecerte ante el sufrimiento ajeno, pero a veces te quiebras. Recuerdo cuando asesinaron a una senadora y activista. Vi a su hijo llorar desconsoladamente su pérdida, postrado sobre su cadáver, sin dejar de llamarla: «Mamá, mamá». Me llegó muy adentro. Pienso en mis hijos cuando me maten, en que llorarán así por mí. Pero ni siquiera esa imagen me hace abandonar la profesión.

Un mes antes de la caída de Kabul, mi jefe me llama a su despacho. Nos han escogido a Rafi Udin Ulfati, a Mansoriazi y a mí para ir a una zona conflictiva a informar de cómo el Ejército afgano está defendiendo al país de los talibanes. Debemos cubrirlo desde la primera línea de batalla. El objetivo es informar con detalle de la operación. Yo, encantada, acepto la propuesta, aunque el desenlace puede ser mortal. Me gusta el peligro.

Lo que no sé en ese momento es que, treinta días después, tendré que dejar atrás mi vida entera. Pensarlo ahora me produce un vértigo que todavía me provoca náuseas.

MADRID, ABRIL DE 2025

Hoy, desde la distancia y viviendo en un lugar seguro, soy todavía más consciente de la sangría que hemos sufrido los periodistas en mi país en los últimos años. Tal vez el precio que pagamos por informar sea demasiado alto. Según Reporteros Sin Fronteras, entre 2021 y 2023, fueron asesinados en Afganistán al menos trece periodistas. Por su parte, la Federación Internacional de Periodistas ha denunciado que, desde la toma del poder por los talibanes, han cerrado más de trescientos medios de comunicación.

En diciembre de 2021, Toofan Omar, presentador de radio, perdió la vida en un ataque no reivindicado en Pul-i-Alam. En febrero de 2022, Sadaf Niazi, periodista de RTA, murió en un atentado en Kabul. En marzo de 2022, una bomba mató a Mursal Wahidi, corresponsal de Ariana News, en Kabul. Son solo tres de tantos y tantos nombres que suman una infinidad que no puedo ni recordar… Antes de 2021, grupos como ISIS-K y los propios talibanes ya atacaban a la prensa. Así, entre 2018 y 2021, murieron al menos quince periodistas en atentados.

En la actualidad, los talibanes han impuesto leyes estrictas contra la prensa, lo que obliga a los medios a autocensurarse. Además, con algunas excepciones, todas las periodistas mujeres han sido eliminadas de las radios locales. Según el Comité para la Protección de Periodistas, Afganistán es ahora uno de los países más peligrosos para ejercer la profesión. Todos estos crímenes quedan impunes. Nadie paga por ellos, pero yo todavía recuerdo el olor de la sangre y la carne humanas.

MADRID, 24 DE SEPTIEMBRE DE 2025

Veo imágenes de una rueda de prensa de Donald Trump y no puedo evitar fantasear con estar allí cubriéndola, como cuando informaba en Kabul. Intento hacer el ejercicio, recrear en mi mente cómo sería mi mundo si no hubiera tenido que subirme a aquel avión del Ejército español… Pero la realidad de las ideas de Trump me devuelve bruscamente a la realidad con una patada. Se cierra el círculo.

El «emperador» Trump está diciendo que quiere volver a tener una base en Afganistán, en Bagram, a cuarenta y siete kilómetros de Kabul. El presidente de Estados Unidos ha advertido a las autoridades afganas que tomará represalias contra el país si Kabul no les devuelve dicha base aérea. Lo que pretende es que la instalación militar en suelo afgano vuelva a estar bajo el control de Washington. «Si Afganistán no devuelve la base aérea de Bagram a quienes la construyeron, los Estados Unidos de América, ¡pasarán cosas malas!». Esto publicó el pasado sábado en su red social.

La verdad es que soy consciente del valor estratégico de la base de Bagram, pero ¿a qué viene esto ahora? ¿Y qué van a hacer los talibanes al respecto?

Miedo me da…

Lo único claro es que Trump desea evitar a toda costa que Bagram caiga en manos de China. Pero creo que eso es lo que sucederá finalmente.

Viva España

Tras la caída de Kabul en manos de los talibanes en agosto de 2021, España participó en operaciones de evacuación en Afganistán y trasladó a más de dos mil doscientos afganos entre colaboradores de instituciones españolas y familiares, y otras personas que estaban en riesgo, especialmente mujeres, periodistas y activistas por los derechos humanos. Esto les abrió una posibilidad de futuro para, entre ellos, Mary. Posteriormente, a través de la reubicación y la reagrupación familiar, han venido más afganos a España; hasta 2023, se estima que habían llegado más de cuatro mil. Algunos lo han hecho a través de programas de reasentamiento de ACNUR o con visados humanitarios; otros han solicitado asilo al entrar por las fronteras españolas (como Ceuta y Melilla) o desde otros países de la UE. Así, en el año 2025, la cifra de refugiados afganos acogidos en España asciende a casi cuatro mil seiscientos.

Al hablar de este tema, es inevitable que el relato se convierta en una retahíla de números, pero, en realidad, son vidas humanas que aquí tienen la oportunidad de prosperar. Nada más y nada menos.

En este país, quienes lo han perdido todo tienen alguna posibilidad. El sistema de asilo español cuenta con un procedimiento acelerado para las personas afganas que facilita la concesión de protección internacional. Existe una protección subsidiaria, para quienes no pueden regresar por riesgo de persecución, y la condición de asilo político, que requiere demostrar la existencia de una persecución individual. Esto quiere decir que tu vida corra peligro inminente y puedas demostrarlo. También puede concederse la protección temporal por razones humanitarias. En 2022, Afganistán fue el segundo país con más solicitantes de asilo en España; se superaron las cinco mil quinientas peticiones. La tasa de reconocimiento de protección para afganos es superior al 70 por ciento.[1]

El sistema de acogida está gestionado por el Ministerio de Inclusión, Seguridad Social y Migraciones junto con ONG como CEAR (Comisión Española de Ayuda al Refugiado), Cruz Roja y ACCEM (Asociación Comisión Católica Española de Migración). En una primera fase, los refugiados pasan una estancia corta (de hasta seis meses) en uno de los centros de recepción inicial, donde se les ofrece alojamiento, manutención y orientación. Después, se pasa a un centro de integración, en el que pueden permanecer hasta dieciocho meses y reciben cursos de español, formación laboral y asistencia social. Durante todo el procedimiento se fomenta que los refugiados desarrollen su autonomía, contribuyendo con ayudas para la vivienda y el empleo, precisamente para que puedan salir del sistema de acogida.[2]

Según me cuenta Mary, los problemas que enfrentan los asilados son grandes. En todos los servicios hay cierta saturación, ya que el aumento de llegadas ha tensionado los recursos. Lo más complicado resulta aprender el idioma y conseguir un empleo. La barrera lingüística y la convalidación de las titulaciones dificultan muchísimo la integración laboral. En cuanto a la vivienda, hay escasez de opciones asequibles tras dejar los centros, más allá de lo complicado que es acceder a un sitio donde vivir para cualquier persona en España.

En la actualidad, siguen llegando afganos a territorio español, aunque en menor número. Algunos entran por rutas irregulares como Turquía o Pakistán. Muchos esperan obtener la reagrupación familiar, un proceso lento. España colabora con la UE en la reubicación de las personas afganas desde países fronterizos, pero el sistema europeo de asilo sigue siendo desigual. Ser refugiado no es fácil.

TORREJÓN DE ARDOZ, 22 DE AGOSTO DE 2021

Cuando el avión aterriza en España, no sé dónde estoy. Pregunto y me dicen: «Aeropuerto de Torrejón de Ardoz». Ni idea. Deseo llorar, pero no puedo. No puedo casi ni hablar. Respiro entrecortadamente. Estoy disociada de nuevo, me veo de lejos, desde arriba, desde fuera de mi cuerpo. Soy una refugiada en un viaje astral.

Como ya he contado, al llegar, me recibe la ministra de Defensa, Margarita Robles.[3]

Me duele todo el cuerpo por haber pasado la noche sobre el cemento, sobre todo la cabeza. Viajar tantas horas en avión, haciendo escalas y cargando con una tonelada de tristeza y de traumas, me ha dejado muy cansada y hambrienta. Un equipo de Cruz Roja nos entrevista brevemente y nos alimenta. Es la primera vez que tomo comida española. La agradezco mucho, pero mientras mastico, no consigo identificar lo que es y, cuando lo ingiero, no me sabe a nada. Nosotros usamos muchas especias al cocinar, así que me resulta totalmente insípido. En todo caso, el alimento cumple su función y mis tripas dejan de sonar.

Luego nos envían en un coche a un albergue militar en Madrid. Tampoco tenemos opción. ¿Dónde está Madrid? Lo desconozco por completo.

MADRID, 23 DE AGOSTO DE 2021

Dos pensamientos me taladran la cabeza. El primero es:«¿Dónde están mis hijos?». No lo sé, pero muy lejos. El segundo es que somos refugiadas, aunque todavía no me siento así ni tengo consciencia de serlo.

En el albergue, el ambiente es opresivo. Ansiedad, incertidumbre, desasosiego, desazón… Estamos todos en fila esperando algo, pero no sé qué. Nos proporcionan elementos de aseo, ropa, chanclas, etc. Veo que Massouda está mal, al menos peor que yo. Sigue teniendo grandes dolores por la paliza que le dieron los talibanes cuando íbamos camino al aeropuerto de Kabul. Menuda odisea… Las dos estamos hundidas y abatidas. No lo comentamos, no hace falta hablar, pero es evidente. Alguien llega y nos reparte en habitaciones: hombres a un lado, mujeres al otro. En nuestra habitación somos cinco chicas, todas refugiadas afganas, todas tenemos la ausencia y el vacío en la mirada, esa sensación insondable de pérdida que nunca nos abandonará.

Me ducho y, después, lo único que quiero es dormir para siempre. Por lo menos tenemos wifi, lo que me facilita compartir mi periplo con el mundo. Solo han pasado quince horas desde mi llegada a España y no he dejado de dar entrevistas sobre mi huida de Kabul para televisiones y medios de todo tipo de Afganistán, Pakistán, India…; también algunos internacionales como CNN, BBC, Fox News… Mi teléfono echa humo, periodistas de todo el planeta no paran de llamarme. Les cuento con detalle por qué he tenido que salir de Afganistán, cómo lo hemos hecho y qué pasó, incluyendo mi entrevista con el jefe talibán en los estudios de televisión. Me pregunto si vale de algo todo esto. Estoy agotada y me duermo sin querer.

Más tarde, abro los ojos y, por un momento, no recuerdo nada de lo acontecido, creo que sigo en Kabul con mi vida normal. Pero la dulce amnesia del despertar dura apenas unos segundos. Pronto me poseen las sensaciones de la debacle de la huida de Kabul y pienso en que he dejado a mis hijos atrás… ¿Dónde estáis? ¿Volveré a veros algún día?

Solo salgo de mi angustia unas horas más tarde, cuando una periodista me envía una foto que me hizo la prensa al llegar, nada más y nada menos que con la ministra de Defensa, Margarita Robles. De pronto, todo cobra sentido, pues, para mí, no es normal que haya una ministra mujer, algo con lo que siempre soñé, y eso me da esperanza. Justo esa persona me ha salvado la vida permitiendo que subiera a uno de los aviones fletados por el Gobierno de España. Estoy donde debo estar, a pesar de todo. En este país puedo tener el futuro que ansío.

Cuando consigo hablar con mi madre, le cuento la recepción con la ministra.

—Tus hijos, mis hermanos, me abandonaron en el aeropuerto de Kabul y aquí me recibe una ministra de España.

Mi madre no dice nada, pero yo me lo tomo como una muestra de todo lo bueno que me espera en este país.

En el albergue hay una zona de comedor. Nos dirigimos hacia allí, ya que nuestros estómagos son, de nuevo, agujeros negros. Hay mucha gente esperando, unos tienen prisa y otros no están acostumbrados a esperar en una fila de forma paciente y ordenada. En Afganistán, no es común aguardar a que llegue tu turno; allí, la gente piensa: «Si llegas tarde, te quedas sin comida». Por eso, al final, se desata el caos en la cola. La gente se adelanta y se cuela, se forma un gran jaleo y un chico grita de forma muy grosera.

—¡Esto no es el aeropuerto de Kabul!

Yo lo escucho y lo siento como un insulto personal, asombrada por que alguien pueda ser tan insensible. Estas personas han tenido que huir, lo han dejado todo atrás, tienen miedo y están asustadas. Es probable que sufran de estrés postraumático, igual que yo. ¿Se les puede pedir mesura, orden y templanza? ¿Dónde queda la humanidad? Poco a poco, todo se ordena y cada uno tiene su ración. Pero ese día prende en mí la desconfianza: ¿voy a tener que soportar el racismo o los prejuicios de la gente por ser una refugiada afgana en España? En ese caso, me defenderé con fiereza, ya que hemos venido aquí a sobrevivir, no a que se nos insulte. No teníamos opción.

Me muero de hambre y dejo de pensar en problemas futuros. El comedor es una sala muy grande. Massouda y yo (y los demás afganos) comemos, nuevamente, algo insípido que nos reconforta. Pido perdón mentalmente por si parezco desagradecida. No paladeamos los platos con gusto, pero no hay queja. Más tarde, nos dicen que a determinada hora van a venir a buscarnos para llevarnos a la ciudad de Salamanca. Como me pasó con Madrid, no sé dónde está Salamanca. Solo pienso en tener un espacio, un refugio, así que todo me parece bien.

SALAMANCA, 23 DE AGOSTO DE 2021

Pasamos doce horas en el albergue militar, hasta que llegan los trabajadores de una ONG integrada en el sistema de acogida —CEPAIM (Consorcio de Entidades Para la Acción Integral con Migrantes)— y nos llevan en coche a la ciudad de Salamanca. Es extraño acostumbrarse a que decidan de nuevo por ti sobre tu tiempo y tu espacio, sobre tus desplazamientos y tu vivienda, pero pienso que bastante suerte es ya estar viva. Estoy muy cansada y voy durmiendo durante el camino, disfrutando de la inercia del vehículo. Me despierto justo al llegar. Nos acompañan a un piso que tiene cuatro habitaciones y un salón. La nevera está repleta de comida, tenemos todo lo necesario para empezar a vivir aquí bien alimentadas. Aquí residiremos Massouda y yo algo menos de un año; luego se nos unirá una mujer con tres hijos.

Para quien no lo conozca, me gustaría explicar cómo funciona el sistema de acogida en España, según mi propia experiencia. Cruz Roja se «reparte» con otras entidades a los refugiados que llegan. Esas instituciones nos proporcionan, primero, un lugar donde vivir. En nuestro caso, quien nos acoge es CEPAIM, hacia quienes solo tengo el más profundo agradecimiento.[4] Javier y Marta, director y psicóloga; Elena, la psicóloga que me trata a mí; Carmen, trabajadora social; Sara, profesora de español; Gabriel, abogado… Grandes profesionales, eficaces y buenas personas. Pero no todos los refugiados tenemos la misma idea. Mi compañera de fatigas, Massouda, es más crítica con el sistema, pero respeto su opinión. Ella se siente en minoría y todo le resulta una ofensa personal. No ve las mismas oportunidades que yo en España.

MADRID, OCTUBRE DE 2024

Me he informado y, si solicito la reagrupación familiar, tengo posibilidades de irme con mis padres a La Haya, Holanda, donde están viviendo. Sería fácil, pero… no quiero. En España tengo libertad, es un país que me lo ha dado todo. Y me queda mucho todavía por hacer aquí. He creado mi red, tengo gente que me quiere, me apoya y me ayuda. Lo siento como mi país; y a mi entorno, como mi familia. Esto es algo que no tendré nunca en otro lugar. Desde el principio, los españoles me han colmado de afecto incondicional. Aquí he encontrado gente que se ha preocupado de mis necesidades y problemas; por eso siempre voy a preferir vivir en este país… La única alternativa que me planteo sería regresar a Afganistán como política.

Lo que siento por España es un profundo amor por haberme permitido reconstruirme como persona y como mujer. Gracias a mis «madrinas», a mis compañeros y compañeras de trabajo, a mis amigos y amigas. Pero no todo es fácil ni de color rosa. En honor a la verdad, los refugiados somos los parias de cualquier sociedad. No tenemos recursos, no disponemos de libertad para movernos, no poseemos raíces ni patrimonio… Sin embargo, aquí atesoramos la promesa de una nueva vida, y eso es lo único que necesitamos.

SALAMANCA, SEPTIEMBRE DE 2021 A SEPTIEMBRE DE 2022

Mis primeros meses en España no soy yo. No lloro, me cuesta reaccionar y me siento una muerta en vida emocionalmente. Sin embargo, en mi faceta de activista no paro, es algo que me sale sin pensar.

Al principio, es complicado para los periodistas llegar a contactar con Massouda y conmigo, porque somos refugiadas políticas y estamos protegidas. Pero, poco a poco y con los permisos necesarios, consiguen hablar con nosotras. Pronto, no paro de dar entrevistas sobre lo ocurrido en mi país y sobre mis andanzas, y estoy casi permanentemente en los medios. Es extraño pasar de ser periodista a objeto de noticia, pero lo asumo de forma natural. Siento que aquí estoy a salvo y que mi vida solo puede mejorar. Voy saliendo de mi estupor emocional y empiezo a llenarme de optimismo, ya que creo que, en cualquier momento, mis hijos vendrán a reunirse conmigo. Esa esperanza me hace levantarme cada día.

Llevo muy poco tiempo aquí cuando me entrevistan para el periódico *El País*. Les cuento mi vida y el periplo de mi llegada. Nos llevan a comer y a comprar ropa. Unos días después, me envían de regalo un ordenador portátil, pues conocen mis precarias circunstancias.[5] El ordenador es un símbolo para mí, y quiero conservarlo toda la vida. Supone volver a conectar con algo profundo de mi ser, con mi vocación y con mi esencia. Llegas a un país y no tienes nada. Con el dinero que te dan, solo subsistes… Pero empezar teniendo un ordenador para poder escribir son palabras mayores. Gracias.

Desde mi llegada, está muy presente también la cuestión del velo. En España, mi relación con él cambia. Al principio, me lo pongo para las entrevistas. Aunque en mi país no lo usaba, no quiero sentirme juzgada ni que crean que estoy renunciando a mi cultura por tener libertad. Tengo varios velos de distintos colores alegres porque me gusta cambiar. En cuanto a la ropa, visto pantalón con camisa, con blusa, un vaquero… ¡Por fin sin que nadie me diga nada! Para mí, es una sensación muy fuerte poder elegir de nuevo lo que me pongo, escoger mi forma de presentarme al mundo, de ser y expresarme.

Me siento libre y orgullosa de mí. Nadie me va a insultar si una prenda me marca el culo. Aunque también soy consciente de que recuperar la libertad no es algo inmediato, requiere cierto trabajo mental. Durante muchos meses, al salir de casa de noche, si escucho cerca la voz de un hombre, pienso que viene a por mí y que me va a hacer daño. Poco a poco, ese miedo se va disipando, pero nunca llega a desaparecer del todo.

Estos primeros meses en Salamanca recibo atención psicológica por primera vez en España. Tengo sesión con una profesional de CEPAIM una hora a la semana. Aunque cueste muchas lágrimas, resulta liberador poder abrirte. Combato una sensación de pérdida total y de ausencia de identidad. Es muy duro estar lejos de mis hijos, de la familia y de la única vida que has conocido. Tu mundo ya no existe y en el nuevo tienes que hacerte un lugar, pero no sabes cuál es. Por ahora, no tomo ningún tratamiento farmacológico.

A pesar de las dificultades de adaptación iniciales, en Salamanca estamos muy bien. El alquiler y las facturas corren a cargo de la ONG. Además, nos dan ciento setenta euros al mes por persona para comprar comida. Para justificarlo, tenemos que pedir facturas de todo a nuestro nombre. Además, nos proporcionan otros cincuenta euros como dinero de bolsillo. En ese momento, son los cincuenta euros de la libertad. Para vestir, nos dan noventa euros cada seis meses.

Así vivo un año y, como me organizo bien, siempre me llega el dinero. Aunque debo reconocer que mi caso es especial, ya que cuento con otra ayuda inesperada. La gente me contacta por lo que cuento en redes y medios, se solidariza con mi causa y me envían también alguna ayuda económica. La primera es una chica de Barcelona, que me apoya económicamente y de todas las formas imaginables. Pero pronto empiezan a ser decenas de personas. La generosidad de los españoles me impresiona.

Diez meses después, a Massouda y a mí se nos concede el asilo, el permiso de trabajo y el de residencia.

Gracias, España.

Un mes antes, pido extensión de asilo para mis tres hijos. Pero mientras espero la respuesta, tengo que seguir. La vida en Salamanca es relativamente fácil. La ciudad me acoge. La gente de CEPAIM, trabajadores sociales, abogados y demás, forman un entorno que nos hace sentir integradas.

Desde Reporteros Sin Fronteras se ponen en contacto conmigo para saber si necesito algo y me ayudan para que pueda empezar a estudiar Periodismo en una universidad privada. Comienzo las clases y, aunque me esfuerzo todo lo que puedo, mi nivel de español no es suficiente y debo abandonar.

Me centro entonces de forma intensiva en las clases de español de CEPAIM. Asisten muchos refugiados e inmigrantes: afganos, marroquíes, ucranianos… Asistimos todos juntos a una clase diaria de dos horas. Los progresos son desiguales. A Massouda, por ejemplo, le cuesta más, dice que por la edad. Yo creo que está algo deprimida.

Yo aprovecho cualquier momento para practicar. Me levanto y, mientras desayuno, me pongo vídeos de YouTube, en inglés y en español. Tengo claro que si no manejo el idioma, no voy a poder hacer nada. Alguien me recomienda que me instale la aplicación Duolingo y así lo hago. La utilizo cada día. Además, escribo muchas frases que luego corrijo con mi profesora Sara.

—Sin ti no podría avanzar, Sara.

—No, es por tu esfuerzo. Hay mucha gente que no sabe hablar español y quiere aprender, pero es duro conseguirlo. Tú lo pones todo de tu parte y progresas mucho, merece la pena enseñarte. Por eso aprendes rápido un idioma que no tiene nada que ver con el tuyo.

Creo que me beneficia el hecho de saber inglés, no me da vergüenza lanzarme a aprender español. No sufro cuando me equivoco. Mucha gente me pregunta cómo avanzo a esta velocidad. La única respuesta posible es que aprendo hablándolo.

Cuando adquirimos ciertas nociones de español, ya nos vamos sintiendo parte del lugar. Me gusta esta ciudad, voy a todas partes andando, tiene el tamaño justo y hay servicios, historia, cultura… Además es preciosa. La trabajadora social nos ayuda y nos orienta, nos da dinero, nos gestiona las facturas y todo lo que necesitamos para poder funcionar. Yo sigo dando entrevistas a quien me lo pide. Ahora son sobre todo medios españoles, pero tampoco cesan de llamarme los internacionales. Pienso que, en unos meses, el interés por mi causa se va a terminar, pero aquí sigo, dando entrevistas.

Massouda y yo empezamos a conocer gente, a relacionarnos con la sociedad salmantina cada vez más. Trabamos amistad con algunas profesoras de la universidad que nos invitan a sus casas y con otras afganas con las que formamos comunidad. Hacer amigas españolas también nos ayuda con el idioma.

Avanzamos mucho en los tres meses que nos dan clases de español en la Universidad de Salamanca. En mi aula, yo soy la única afgana; los demás son de Estados Unidos, China, Japón, Francia… El nivel es muy alto, hay mucha gramática, pero hago lo que puedo para progresar. Practico mucho en mi casa escribiendo en una pizarra los diferentes tiempos verbales y repitiéndolos una y otra vez de forma incansable.

Mientras sigo con mi vida, estoy muy pendiente de tener noticias de mi exmarido y mis hijos. Cuando llegué, cumplimenté los papeles para pedir su asilo en España, pero no he sabido nada más. Shafiq me dijo que al día siguiente por la mañana saldrían de Kabul, pero no sé nada de ellos, y eso me está volviendo loca. En la frontera con Pakistán, los colaboradores que tenían la lista de asilados les estaban esperando, pero mis pequeños nunca llegaron. Había tres salvoconductos, uno para cada uno, ¿por qué no los usaban?

MADRID, 7 DE OCTUBRE DE 2021

Aunque no tengo noticias de mis hijos, se acerca el 14 de octubre y me imagino cómo voy a celebrar el cumpleaños del mayor, Omar: las cosas que voy a hacer, dónde, la decoración, los regalos, la tarta, los invitados…

Interrumpe mis pensamientos una llamada que me llena de alegría. El periódico *20 Minutos* me da el Premio 20Blogs por poner en valor el trabajo de las periodistas afganas. Debo ir a Madrid a recoger el galardón.[6] Casi volando, me planto con Massouda en Atocha, en la redacción de *20 Minutos* en Madrid. Me emociono mucho porque recuerdo de repente toda mi carrera en Afganistán… Ahora está parada, pero ¿hasta cuándo? ¿He perdido definitivamente todo lo que tanto me ha costado conseguir? Hace unos meses, yo estaba del otro lado y ahora soy una refugiada que da entrevistas. Me gusta estar en la redacción con los periodistas. Mi paraíso perdido.

Salgo bastante emocionada y llego paseando al Parque del Retiro. Massouda me acompaña en silencio. Yo le hablo sobre mis hijos.

—Massouda, estoy muy ilusionada esperando a mis pequeños. El Ministerio de Defensa me va a ayudar a traerlos, con mi exmarido, como asilados políticos. Espero que el 14 de octubre estén aquí y podamos celebrar el cumpleaños del mayor.

Seguimos caminando plácidamente y recibo una llamada de teléfono. Es el periodista de *El País*, Manuel Altozano.

—Khadija, tu marido no quiere venir a España. Se opone a traer a los niños.

Un nuevo shock. En una vida llena de dolor y sufrimiento extremo, este es uno de los peores momentos. Esperaba poder ver y abrazar a mis hijos en unos días… y ahora sé que eso no va a suceder. ¿Y si no vuelvo a verlos nunca? Su padre rechaza venir, ¿por qué? De pronto, siento que lo pierdo todo.

Minutos después consigo hablar por teléfono con mi exmarido.

—Estoy esperando que vengas con mis niños.

—No, no vamos a ir a España y no tengo que darte ninguna explicación.

Me quedo sin palabras, con un nudo en la garganta. Todo me da vueltas. El Retiro luce tonos ocres, dorados, amarillos y caoba. Los árboles derraman sus hojas. Alfombras vegetales y húmedas, suaves y orgánicas. Es como un cuadro... Pero todo se emborrona por mis propias lágrimas y los gritos de mis entrañas. No soy capaz de controlarme. Entonces veo que todo el mundo me está mirando, «¿Qué le pasa a esa loca? ¿Por qué gime así?». Llevo dos meses sin llorar y ahora sale todo de golpe.

Esta noche me dan el premio de *20 Minutos* que he venido a recoger a Madrid, pero yo no soy capaz de expresar mi alegría. No estaba preparada para este nuevo revés. Solo pienso en que mis hijos están en paradero desconocido y que todavía no he podido abrazarlos.

SALAMANCA, 15 DE OCTUBRE DE 2021

Estoy muy triste. Solo puedo llorar. No sé cómo aceptar esta situación. Llamo insistentemente a mi exmarido por teléfono, pero no me responde. Al final, me bloquea. No sé nada de mis hijos. Desconozco en qué lugar del mundo se hallan, tampoco si están bien o mal. No puedo hablar con ellos. No quiero, pero tengo que seguir.

MADRID, DICIEMBRE DE 2021

A pesar de que el dolor lo invade todo, recibo una buena noticia y respiro. Me llaman de nuevo desde el periódico *20 Minutos* y me ofrecen una colaboración. Quieren que escriba sobre las mujeres afganas y yo, cómo no, acepto encantada. Es como un sueño que se hace realidad inesperadamente. Trabajar de nuevo como periodista, esta vez en España. No me lo creo. Poco a poco, empiezo a visitar más a menudo Madrid y por mis contactos en redes y medios comienzo a conocer gente en la capital de España.

Al poco, el Club de las 25 (un grupo feminista) se pone en contacto conmigo para conocerme y me invitan a dar una charla. Aún no hablo mucho español, por lo que en el encuentro solo puedo presentarme y decir quién soy, nada más, pero lo destaco porque ese fue el germen del inicio de mi carrera como periodista–activista en España.

ALCALÁ DE HENARES, MARZO DE 2022

Me invitan a dar una conferencia en la Universidad de Alcalá de Henares sobre la situación de las mujeres afganas y acudo junto con Magis Iglesias.

Con todo el arrojo que soy capaz de reunir, cuando llega mi turno, me levanto y hablo unos diez minutos en español. Dudo sobre si voy a conseguir que mi mensaje le llegue al público, pero eso no hace que me tiemble la voz. Han puesto un traductor por si lo necesito, pero en cuanto empiezo a hablar siento que me crezco. Parece que me hago entender. Mis ideas clave en esa primera conferencia son fundamentalmente que no se puede reconocer a los talibanes como gobierno y que las mujeres afganas estamos siendo borradas, algo que no he dejado de repetir nunca.

Cuando me doy cuenta, veo que la audiencia está muy emocionada. He debido de conseguir llegarles muy adentro. Tras la conferencia, llegan los abrazos y las alabanzas de los asistentes y de las otras ponentes. Todos me dicen: «Eres una mujer muy valiente».

SALAMANCA, OCTUBRE DE 2022

El curso intensivo de español de la Universidad de Salamanca al que asisto durante tres meses da resultado. Poco a poco, empiezo, además de a hablar, a poder escribir en el idioma de Cervantes. Dos o tres veces a la semana, voy a Madrid para dar charlas sobre Afganistán. Es una actividad que se quedará para siempre en mi vida: allí donde me dan la oportunidad de hablar, voy; quiero contar cómo es la realidad de las mujeres afganas. En esta ocasión, se trata de un acto de Afghan Woman on the Run, en el sindicato Comisiones Obreras.[7]

Durante el acto hablo sin vergüenza y con coraje ante unas cien personas. Expongo mis ideas. Las mujeres que me escuchan lloran porque me estoy expresando desde las entrañas. Profundizo en la pérdida que supone no ver a mis hijos, expongo todo el sufrimiento y las injusticias que padecemos las mujeres afganas. Y se abre una puerta que no se cerrará jamás. Al finalizar mi conferencia, después de los aplausos, conozco a una persona que acabará siendo muy importante para mí. Se trata de Chus Torrecilla, psicóloga clínica, que se postula como mi «madrina» en NetWomening, una asociación sin ánimo de lucro que ayuda a las mujeres afganas en España. Yo acepto encantada. Chus me cae bien desde el primer momento.

NetWomening es una ONG que surgió en 2021 y trabaja para sacar de Afganistán a las mujeres afganas en riesgo (como activistas, periodistas, juezas…) y trasladarlas a España u otros países seguros, facilitando su reasentamiento y ofreciéndoles apoyo psicosocial.[8] Colaboran con abogados, gobiernos y otras ONG para gestionar visados y asilo. Asesoran en trámites, reunificación familiar y acceso a servicios públicos y dan acompañamiento en la integración (idioma, vivienda, empleo). Además, organizan campañas para visibilizar la situación de las mujeres afganas y presionar a instituciones españolas y europeas para agilizar evacuaciones. Según sus informes, han ayudado a más de cien mujeres y familias afganas a llegar a España.

Dentro de NetWomening, tu madrina es una persona que siempre está disponible para ayudarte, en temas profesionales y personales. Mi madrina, Chus, me ha solucionado mil cosas del día a día. Me llama a menudo, salimos a comer, a comprar. Nos distraemos. Hablamos de cualquier cosa. De lo más trascendente y de lo menos. Juntas vemos la vida pasar y ella siempre está ahí. Sentirme arropada por ella ha sido muy positivo para mí. NetWomening tiene además una red de personas voluntarias que han terminado siendo mis amistades y que me han ofrecido toda clase de orientación. Me dicen cómo apuntarme al SEPE, me ponen dos profesores de español, me amueblan la casa… Ha sido un apoyo total e incondicional. Por eso, luego, yo misma soy voluntaria de la asociación y ayudo a otras mujeres afganas.

Otra persona que ha sido muy importante para mí dentro de NetWomening es María López, su vicepresidenta. Desde el principio nos hacemos muy amigas y es mi contacto de urgencia; si me pasa algo, la llamo a ella. Como es jurista, me da las claves para buscar los mejores abogados. Preparamos recursos para las mujeres afganas que quieren venir a España, pero se les niega la posibilidad. A veces decimos de broma que estamos hablando veinticuatro horas al día.

María y yo vamos a ver a las chicas afganas y les damos consejos sobre cómo prepararse para la entrevista de la embajada de España, las informamos de los documentos que deben presentar, de lo que es mejor responder para justificar que deben estar aquí para salvar su vida (por haber sido amenazadas por los talibanes, haber sufrido violencia, haber recibido cartas amenazantes…). Les ayudamos a preparar estas pruebas, lo que deben llevar impreso. Todos los casos que he gestionado con María los hemos ganado. A mí me ha enseñado a cómo ayudar a estas mujeres y a atender a sus necesidades de una manera eficaz y respetuosa. Ella es un diez como persona.

MADRID, NOVIEMBRE DE 2022

Desde Holanda, llegan noticias de mi familia sobre algo en lo que debo implicarme y colaborar. Mi hermano Saber (nombre ficticio), desea casarse con una chica que está en Afganistán y yo tengo que trabajar más para conseguir dinero y contribuir. Decido abandonar Salamanca para irme a Madrid, veo más oportunidades laborales en la capital. Pero hay un problema, pues, como refugiada, no tengo libre movilidad: las autoridades no te dan permiso para este tipo de traslados hasta que no tienes un contrato de trabajo. Es la pescadilla que se muerde la cola, porque justamente yo quiero trasladarme para poder trabajar. A testaruda no me gana nadie, así que, aunque vaya en contra de la legalidad, abandono Salamanca y me voy a Madrid.

No voy sola. Me acompaña mi amigo Ahmad, quien trabaja en un restaurante y me presenta a su jefe por si tiene un empleo para mí. Como sé cocinar perfectamente, estoy tranquila. Recuerdo lo bien que me viene ahora el curso de cocina de tres meses que hice cuando ya tenía cierto nivel de idioma. Las tortillas me daban miedo, pero lo vencí. Me entrevistan y consigo el trabajo. Ya es oficial: trabajo en una pizzería. Antonia Pizza. Es una cadena con varios locales por todo Madrid. Mi amigo trabaja en Chueca y yo, en Malasaña. Mi actividad allí como cocinera es intensa y variada, un no parar. Preparo pizza, pero también limpio, atiendo a los clientes… Trabajar cerca de un horno tan potente tiene su peligrosidad y a veces me lastimo. Me hago quemaduras que me dejan marcas que aún conservo.

Me ofrecen trabajar seis días, unas treinta horas a la semana, y cobrar ochocientos euros. Cada noche estaremos en el turno dos personas y los fines de semana, cuatro, porque hay mucha gente. Saldré a las cuatro de la madrugada. No tengo queja, este trabajo me permitirá comer, empezar una nueva vida en Madrid y, a la vez, ayudar a mi familia. El «único» problema es que no tengo alojamiento. Antes de venir no he previsto este pequeño gran detalle.

Mi primer día de trabajo es muy intenso y pronto se hace noche cerrada. Me veo deambulando por las calles de Madrid preguntándome qué puedo hacer.

Camino sin rumbo entre Cibeles y Atocha y sigo hasta llegar frente al Palacio Real. Veo un parque y me paro. Estoy cansada, exhausta, ¿podré dormir aquí? No lo sé, pero voy a intentarlo porque no puedo más. Miro a mi alrededor en medio del espacio verde; hace mucho frío y no hay donde guarecerse. Es un pequeño parque entre dos carreteras. No sé qué hacer. Paseo rápidamente entre los columpios para entrar en calor, pienso en mis hijos: ¿qué harán?, ¿dónde estarán?… Y, de casualidad, tirado debajo de un árbol, ¡encuentro un edredón! Huele muy mal, pero gracias a este hallazgo puedo dormir esa noche. Un edredón sucio sobre un banco duro y frío. Puedo descansar por un corto espacio de tiempo; estoy molida, pero me despierto pronto, no hay tranquilidad y tengo miedo. Me desvelo.

Ese banco frente al Palacio Real se convierte en mi cama algunas noches. Otras, mi amigo Ahmad me deja ir a su casa, en Ascao, y dormir en su habitación. Como en el cuarto de mi amigo solo hay una cama, y es individual, le propongo hacer turnos. Yo dormiré en el parque e iré a su casa más tarde, de madrugada. Todo con sumo cuidado para que no se dé cuenta su casera, que no lo permitiría. Susurrando, debatimos sobre cómo organizarnos para dormir.

—Cada día duerme uno de los dos en la cama y el otro en el suelo.

—No, no. Duerme tú en la cama.

—No, haremos turnos, es lo justo.

Las primeras semanas en Madrid son demoledoras. Después del trabajo en la pizzería, llegamos a casa muy tarde, sobre las cinco de la madrugada. Dormimos unas tres horas y el resto del tiempo buscamos piso incansablemente. Alquilar una vivienda en la capital es una película de terror. Si ya es complicado para el común de los mortales, imaginad para dos refugiados. A pesar de que los dos tenemos contratos indefinidos, nos piden muchos documentos y garantías que no poseemos.

Finalmente, la casera de Ascao se da cuenta de mis visitas nocturnas.

—Como tu amiga vive contigo, aunque sea en la misma habitación, debe pagar ciento cincuenta euros…

¡Eso solo por dormir a veces! Mi rutina de sueño consiste en pasar, algunos días, parte de la noche en una cama y parte de la noche en el suelo. Y en el banco del parque, claro… Pero igualmente debo pagar esos ciento cincuenta para no quedarme sin esa «cama parcial».

Si dormir es complicado, la cuestión de la higiene es un caso aparte. Cuando la casera ya sabe que duermo allí a veces, me deja seguir haciéndolo, pero no tengo permiso para usar la ducha. Es insoportable trabajar tanto y no poder asearse. Estoy empapada en sudor, llena de suciedad y de contracturas. Me doy asco. Llamo a mi amiga Sahar por si pudiera ayudarme.

—Llevo semanas sin ducharme, me siento hasta mal, como enferma.

—Ya sabes que vivo con una mujer, pero puedes venir a ducharte a escondidas.

Voy corriendo a su casa en el Paseo de Extremadura, no puedo más. Me ducho muy rápidamente, a escondidas, con mucho miedo de que la casera se dé cuenta y de que Sahar tenga problemas por mi culpa. Salgo del baño de la manera más discreta que puedo y me meto rauda en la habitación de mi amiga. Más tarde, la casera se percata y viene hacia nosotras. Nos acorrala. Sí, soy culpable de haberme duchado.

—¿Tú quién eres?

—Es mi amiga Khadija. No tiene casa y lleva semanas sin ducharse. Tenía que ayudarla.

—Esto no puede volver a repetirse.

Vivir en Madrid es una odisea, me encuentro con innumerables problemas para descansar, ducharme o encontrar un lugar propio. El empleo en la pizzería es duro y, a veces, los fines de semana, llego a casa al amanecer. Trabajo cada noche y por las mañanas, sin descansar, debo buscar un alojamiento. Conjugo esta vida con dar charlas, pues no dejan de llamarme y no quiero perder ninguna oportunidad de concienciar a la gente sobre lo que está ocurriendo en Afganistán. Es una carrera de fondo y no puedo parar.

MADRID, DICIEMBRE DE 2022

Nuestra incansable búsqueda de piso, milagrosamente, da resultado y logramos alquilar un sitio para vivir. Está totalmente vacío, pero nos da igual. Mi amigo y yo nos vamos a Puente de Vallecas por seiscientos cincuenta euros al mes. Felicidad y progreso.

Soy una flamante nueva arrendataria de Madrid, pizzera y conferenciante a tiempo completo. Compaginarlo todo es difícil, pero me sobra energía. Un día, me llaman de la Universidad de Murcia. Antonio Pampliega, al que conocí en un evento, les ha dado mi contacto y quieren invitarme a dar una conferencia sobre la problemática de las mujeres afganas en la universidad. Por supuesto, acepto.

Hago mis cálculos para poder llegar al trabajo después de dar la conferencia: estaría en Madrid a las diez, pero entro a trabajar a las nueve. Hablo con mi jefa de la pizzería para comentarle este posible inconveniente en el horario y ver cómo puedo solucionarlo.

—Por favor, para mí es muy importante. Llegaré a las diez, iré directamente al trabajo y lo haré todo rápido. Pero no puedo estar antes…

—No, de ninguna manera. Tienes que comprar el billete para llegar lo antes posible y cumplir tu horario.

—No puede ser, los billetes son caros…

—Tus prioridades las marcas tú. No puedes trabajar aquí entonces.

Con tal presión y desconociendo totalmente mis derechos laborales, decido dejar voluntariamente el empleo. Como consecuencia casi inmediata, tengo un piso alquilado que debo abandonar porque no puedo pagarlo. Volvemos a la casilla de salida. Socorro.

MADRID, 2024

Me han hecho una entrevista en *El País*. La han publicado a toda página y está teniendo una gran repercusión. A partir de ahí, me contactan de muchos sitios para que les cuente mi historia de primera mano. Mi popularidad se dispara. Tengo casa, trabajo, una red de apoyo y mucho por lo que luchar. Recuerdo los días en los que tuve que dormir en aquel banco frente al Palacio Real, pienso en todo el camino recorrido y casi no me lo creo.[9]

MADRID, 2025

Me cambio de casa; esta tiene varias habitaciones para compartir. Es un piso en Puente de Vallecas con tres cuartos y un salón. Con esta casa, quiero ayudar a las mujeres afganas recién llegadas a España. Yo vine como refugiada y ahora mi casa también es un refugio... Aquí pueden estar tranquilas. Les doy un techo y las guío en todo.

Algunas han llegado apoyadas por el Gobierno de España y con la colaboración de Reporteros Sin Fronteras. Creamos un grupo de rescate por WhatsApp y lo primero que hicimos fue recaudar dinero para adquirir los billetes de avión. Este grupo de emergencia lo formamos Sahara, Eva García, Inma Orquín (mi madre valenciana), María Méndez y Esperanza. A lo largo de los meses, hemos sido capaces de traer a treinta y cuatro mujeres, periodistas, activistas, abogadas, policías..., que estaban refugiadas en Pakistán, y a sus familias. Sus vidas corrían peligro. Es una operación muy delicada. Listados, visados, transporte, financiación, vuelos, entrevistas… Pero al final todo sale bien.

MADRID, AGOSTO–SEPTIEMBRE 2025

En marzo de este año, María López, vicepresidenta de NetWomening, me da una idea: «Hay un procedimiento especial para solicitar la nacionalidad española en casos particulares que se llama carta de naturaleza. ¿Por qué no tratas de solicitarlo?». Tras darle muchas vueltas, en agosto me pongo manos a la obra. Si consigo la nacionalidad y tengo pasaporte español, tal vez sea menos difícil entrar en Afganistán y recuperar a mis hijos. No hay un motivo más importante.

La nacionalidad española por carta de naturaleza la concede de manera discrecional el Gobierno de España a personas que tienen circunstancias excepcionales; se estudia caso por caso y depende de la valoración del Consejo de Ministros. Me siento insegura y buceo para saber lo que piden para dar la nacionalidad de esta forma. No existe un listado específico de requisitos. Deben justificarse esas razones excepcionales, como contribuciones destacadas en el ámbito de la cultura, la ciencia, el deporte o la economía; circunstancias personales o humanitarias que hagan relevante la concesión; o vínculos significativos con España (familiares, históricos, sociales, etcétera).

¿Será suficiente mi labor? ¿Y mis circunstancias personales? ¿Será de interés humanitario? Quizá encaje por mi trayectoria vital y mi activismo en favor de los derechos humanos. Ojalá.

Debo cubrir una solicitud formal dirigida al Ministerio de Justicia explicando las razones para la concesión y presentar mi documentación, mi certificado de empadronamiento, justificantes, cartas de apoyo y demás papeleo. Adjunto además un certificado de nacimiento traducido. Ahora toca que analicen la solicitud y emitan un informe. Si es favorable, la solicitud se eleva al Consejo de Ministros, que toma la decisión final.

Este proceso puede ser largo, ya que depende de la valoración que hagan de las citadas circunstancias excepcionales. Si la solicitud es aprobada, se publica un Real Decreto en el Boletín Oficial del Estado y, una vez publicada la resolución, se debe juramentar o prometer fidelidad al rey y obediencia a la Constitución ante el Registro Civil. No hay un plazo definido para la resolución, depende de la complejidad del caso y de la carga de trabajo del Consejo de Ministros. Puede tardar desde varios meses hasta más de un año.

De momento, he conseguido cita para obtener el certificado de empadronamiento, algo bastante complicado en Madrid. Tengo sesenta y seis cartas de recomendación de diferentes entidades y personalidades, y todavía me quedan algunas pendientes. Pase lo que pase, me siento muy respaldada por la sociedad española y eso me reconforta.

Vuelvo a tener esperanza. Una y otra vez.

MADRID, 14 DE OCTUBRE DE 2025

Hoy es el cumpleaños de mi hijo mayor, Omar, y es justo el día en que pido la nacionalidad española. Quizá sea suerte y no casualidad.

El privilegio de la integración

Llegar a España desde Afganistán es difícil, pero, una vez aquí, empieza una nueva batalla para todas las refugiadas. Solo un 30 por ciento de las refugiadas afganas en territorio español ha conseguido un trabajo, según los datos que publicaba en 2023 la Comisión Española de Ayuda al Refugiado (CEAR). Además, la mayoría de las que han encontrado trabajo lo han hecho en empleos precarios, en el sector de la limpieza o la hostelería, debido a la falta de convalidación de títulos y a la falta de dominio del idioma. El reconocimiento de las cualificaciones supone una barrera gigantesca, ya que médicas, abogadas o ingenieras no pueden ejercer sin homologación. A esto se suma la discriminación, ya que a veces las rechazan por llevar hiyab.

Además del empleo, el idioma y la vivienda son los otros dos grandes problemas. La barrera del español retrasa su capacidad de autonomía. Algunas de las personas refugiadas pueden tardar años en llegar a dominarlo. En cuanto a la vivienda, en ocasiones dependen de centros de acogida, pues también existe una gran discriminación a la hora de acceder a un alquiler.[1]

Además, la tasa de refugiadas afganas que sufren ansiedad y depresión por el trauma migratorio y por la preocupación por los familiares en Afganistán es alta. E, incluso estando aquí, a veces su propia comunidad tampoco se lo pone fácil, pues las familias tradicionales limitan la integración por miedo a la «occidentalización».

SALAMANCA, OCTUBRE DE 2021

Creo que el principio de mi verdadera integración está en el momento en que me dan el premio de *20 Minutos* a la libertad de prensa, por la lucha de las mujeres afganas. Pronto me hago muy conocida en X e Instagram y no ceso de salir en *El País*, *El Mundo* y RTVE. Todo el mundo parece conocerme, o quiere hacerlo, por lo que publico o escriben sobre mí en redes y medios. Me siento muy agradecida por este privilegio.

Pasan los meses y se multiplican las invitaciones a conferencias, encuentros y pódcast. Hablo allá donde me dejan sobre la libertad para ser periodista afgana, sobre la situación de las mujeres bajo el yugo talibán, sobre mi propia vida… Y sobre mis anhelos. La gente se acerca, valora mi testimonio, me da su calor. Quieren ayudarme y quieren saber más.

Progreso en todo, pero tengo una cuenta pendiente con el velo. No sé por qué, con lo valiente que he sido en mi país, en España me falta coraje para decir que no quiero llevarlo. ¿Será porque también es una protección, o me siento juzgada, o siento que debo cumplir con ciertos estereotipos? Sea como sea, poco a poco, me voy sintiendo más liberada y empiezo a usarlo menos.

MADRID, AGOSTO DE 2025

En los cuatro años que llevo aquí, mi relación con el velo ha cambiado. A mi llegada a España me lo ponía para sentirme ubicada dentro de mi cultura y para que otras mujeres afganas se vieran representadas. Luego, decidí dejar de usarlo porque en Afganistán luchábamos por no llevarlo y aquí tenemos esa libertad. Sin embargo, sigo teniendo en mente volver a mi país y creo que hay ciertas tradiciones que hay que respetar. Por lo tanto, aunque no uso velo normalmente, me siento libre para ponérmelo si me apetece o si la ocasión lo requiere. Y así lo hago.

En todo caso, lo más importante para las mujeres afganas es tener derechos humanos, poder estudiar, trabajar... El velo deja de ser importante cuando te falta todo lo demás. A las mujeres no se les puede presionar para usarlo, pero tampoco para que dejen de llevarlo; deben ser ellas las que decidan libremente qué hacer una vez que tengan autonomía, independencia, empleo y una vida digna. No logro entender a la gente que defiende que en España debería prohibirse el uso del velo. ¿Por qué les molesta tanto? Los prejuicios que veo hacia las mujeres que lo llevan escapan a mi comprensión.

¿Causan el mismo rechazo las esvásticas?

MADRID, FEBRERO DE 2022

El Club de las 25 me ha invitado a comer y a dar una charla.[2] Había oído hablar de ellas, pero no conocía bien su actividad. Se trata de una agrupación creada en 2012 por empresarias, abogadas, políticas, periodistas y mujeres de la cultura para promover la igualdad de género y el liderazgo femenino. De ese grupo forma parte gente con una trayectoria profesional muy reconocida en España y que tiene mucho que aportar. El Club de las 25 no se cansa de denunciar la brecha de género y de trabajar por ampliar la presencia de las mujeres en consejos de administración y altos puestos. Pero también critican la falsa paridad de algunos sectores, donde mujeres ocupan puestos simbólicos sin poder real.

Ellas me han conocido por mis publicaciones en X y yo deseo aprovechar la oportunidad de ponerles cara a mujeres tan poderosas. Acudo al restaurante en el que me citan y se inicia una especie de ritual introductorio. Una a una se van levantando y contando algo sobre sí mismas. Están Cristina Almeida, Magis Iglesias, Mayte Carrasco, Miriam Benterrak, Elena Calabrese... Cuando llega mi turno, me pongo en pie y cuento mi experiencia vital y la situación en Afganistán.

Noto cómo estas mujeres, que antes no me conocían de nada (solo de verme en medios), se emocionan y conectan conmigo. Es la primera vez que hablo tanto tiempo en español sobre mis experiencias y compruebo que me puedo comunicar sin trabas. Esto me da mucha fuerza para continuar. Siento que puedo dar voz a todas las mujeres y niñas afganas y eso me llena. No lo he buscado, pero es real. Visibilizarlas es mi responsabilidad y la asumo con gusto.

Muchas personas me buscan porque les interesa todo lo que está pasando en Afganistán y quieren ayudar. ¿Cómo negarme a ser una puerta para ello? Me sorprende, para bien, que en España exista tanta solidaridad hacia nosotras.

MADRID, 8 DE MARZO DE 2022

Desde el principio, el Club de las 25 se vuelca para ayudarme en mi causa. Todas somos mujeres que ayudamos a otras mujeres. En la gran manifestación que hoy tiene lugar en Madrid por el Día Internacional de la Mujer, las mujeres del Club quieren que también haya una representación de las mujeres afganas. Me parece lógico que tengamos un lugar. Por eso, esta jornada reivindicativa salgo con ellas, y con miles de mujeres más, y vamos en manifestación caminando desde Atocha a Colón. Somos hermanas. Me veo rodeada de este grupo feminista y siento que me hace aprender: sobre el significado del feminismo, sobre cómo ser una mujer libre, sobre cómo sentirme una mujer plena y con libertad… Estas mujeres son muy inspiradoras. Compartimos ideas y experiencias y entre todas se establecen lazos de amistad y solidaridad.

Mientras voy caminando durante esta jornada violeta del 8M, reflexiono. De alguna forma, yo ya era feminista sin saberlo. Recuerdo cuando leí aquel libro en Afganistán, *You are not alone* (*No estás sola*), y la forma en que lo desencadenó todo: cómo, al verme reflejada en el sufrimiento de otras mujeres, sentí la rabia que me llevó a decidir divorciarme y luego a estudiar y tener una profesión, aun teniéndolo todo en contra. Entonces era una mujer muerta en vida. Luego me empoderé. En Afganistán, no se puede decir abiertamente que eres feminista. Para la sociedad afgana, esa palabra significa que quieres estar por encima de los hombres, luchar contra ellos y eliminarlos; no piensan en la igualdad.

Al conocer a las mujeres del Club de las 25, me di cuenta de que el feminismo es la esperanza, la única solución para los problemas de las mujeres, de todas, en cualquier lugar del mundo.

MADRID, AGOSTO DE 2025

Ahora soy una feminista convencida que aspira a que las mujeres tengamos los mismos derechos que los hombres, pues no hay diferencias entre nosotros.

Hay algo que promueve el feminismo y que es muy necesario: hablar abiertamente de los problemas que tenemos y de lo que nos molesta a todas. Nosotras mismas debemos decidir sobre lo que nos apetece hacer y no dejar que nadie nos maneje ni nos controle. Parece engañosamente fácil, pero no lo es.

Hoy me siento personalmente liberada y, al tiempo, más hundida, porque soy más consciente de la verdadera magnitud del sufrimiento que padecen las mujeres en Afganistán. Hay un cordón umbilical kilométrico que me une a ellas y que da vueltas alrededor de mi cuello y, a veces, me asfixia. Pero también me alimenta. Es evidente, ¿verdad?, que no deberíamos tener una vida de sufrimiento por razón de nuestro género. Pues esto que suena tan obvio no lo es en mi país. Menos mal que soy una mujer fuerte que tiene voz y puede contar lo que está pasando. Aunque también en España algunos hombres afganos me critican por hacerlo. ¿Cómo se atreven?

MADRID, MAYO DE 2023

Magis Iglesias es una de las mujeres inspiradoras que me trajo el Club de las 25. Ya he dicho que es como mi «madre española». Desde el momento en que conocí a esta legendaria periodista del Congreso de los Diputados, me ha cuidado abnegadamente. Cuando ha sido necesario, Magis me ha acogido en su casa como a una hija y, poco a poco, hemos ido tejiendo un vínculo fuerte e íntimo. Con ella hablo de todo; en honor a la verdad, no sé nada sobre muchas cosas, así que le pregunto y ella me instruye, incluso sobre temas de higiene diaria y ropa interior. Por ejemplo, en Afganistán generalmente no usamos bragas, es poco común; únicamente lo hacemos cuando tenemos la regla. Es Magis quien me explica cómo se hace en España.

—Khadija, ahora que estás buscando trabajo en productoras y medios, hay muchas cosas que debes hacer: una es ir a la peluquería y otra, empezar a usar diariamente ropa interior.

Muchas veces estamos hablando en su comedor como madre e hija y todo lo que dice me resulta de mucha utilidad.

—Yo te explico qué es lo que yo creo que deberías usar y para qué sirve. Luego iremos a comprar y te daré la lista y el tíquet para que la próxima vez lo puedas comprar tú sola. Mira, esto es un *salvaslip*. Es bueno ponerse protector solar, mejor cada día. También es recomendable limpiarse el rostro cada noche y cada mañana. Te recomiendo ponerte crema de manos. Desodorante. Mascarilla para el pelo. Crema de cuerpo. Ten dos cepillos de dientes. También poner espray antiolor en zapatos y pies…

—Vale.

—Creo que deberías llevar un neceser de aseo al trabajo. Es práctico tener una bolsa con todo esto. Y con compresas, por si te hacen falta.

—De acuerdo.

Desde el principio, Magis me da toda la confianza, el cariño y la empatía que necesito. Me cuenta las cosas que le hacen falta a una mujer para la vida cotidiana, para estar tranquila y segura. Con la lista en la mano, compramos todo. Luego siento que estoy preparada para lo que venga.

Algo muy importante de Magis es que siempre me ha escuchado y me ha animado a que hable sobre mis propios problemas. Esto es lo que hace una madre. Magis me habla así:

—Khadija, siempre cuentas los problemas y necesidades de las mujeres afganas, pero no hablas de los tuyos. Tienes que explicar lo que te pasa, debes pedir lo que necesitas para estar bien. Si alguien te puede ayudar, lo hará y, si no, te orientará para encontrar una solución. Y si ese alguien no puede ayudarte, tampoco te lo debes tomar a mal. Aquí la gente no es tu enemiga; en general, no van a hacerte daño. Tienes que aprender a abrirte. También debes buscar soluciones por ti misma, no puedes depender de que los demás lo arreglen todo.

De esta forma, y con su ejemplo y amistad, Magis consigue que yo sea cada vez más autónoma e independiente, comunicativa. Eso supone mucho trabajo por mi parte (y el que me queda...), ya que llevo toda la vida siendo sumisa y callada. En mi país, me juzgaron por separarme, por contar mis problemas. «¿Por qué te divorciaste?», ese era su mantra.

«Khadija, calla». «María, calla».

En España, es todo lo contrario.

«Khadija, habla». «María, habla».

MADRID, JUNIO DE 2023

Empiezo a trabajar en TBS, estoy como un flan. Tengo que dirigirme a un edificio en la calle Doctor Esquerdo. Ahora vivo en Tres Cantos, en casa de Magis, y tardo mucho en llegar a O'Donnell, pero aprovecho el trayecto para elucubrar. No sé lo que me voy a encontrar, ni si será muy diferente a trabajar en un medio afgano. Yo misma me respondo que sí. Lo bueno es que no voy a entrar en el equipo de un programa de televisión concreto, según me han dicho, sino en el Departamento de Nuevos Formatos para desarrollar contenidos innovadores.

Me gustaría poder aportar mi visión periodística para crear proyectos que exploren temas globales, como cuestiones sobre derechos humanos o conflictos, y los adapten a plataformas digitales y televisivas. Es una gran oportunidad y no la voy a desaprovechar. Supongo que lo que les interesa es mi visión como periodista internacional.

Cuando llego, conozco al jefe de redacción, Chema, que me explica todo lo relacionado con mi puesto y me enseña el lugar de trabajo. Es muy amable. Los compañeros y compañeras de redacción, producción y realización se presentan. Parecen personas cercanas. En comparación, yo me veo muy tímida.

Comemos en una cocina y el grupo parece muy simpático. No paran de bromear unos con otros. Está Pat, Marisol, Chema, Mónica, Pablo... Me da vergüenza hablar y equivocarme, pero intento soltarme.

Los jefes, Jose y Julio, me explican que el equipo se encarga de aportar ideas, con creatividad, investigación y análisis, y de identificar tendencias y temas relevantes que puedan convertirse en series documentales, programas de entretenimiento o lo que se nos ocurra. Todo el mundo colabora con todo el mundo. Yo trabajaré estrechamente con guionistas, productores y diseñadores para desarrollar formatos que conecten con audiencias diversas, asegurando que el contenido sea atractivo y de alta calidad.

Semanalmente, hay una reunión en la que hacemos *brainstorming* y compartimos ideas nuevas y hacemos el seguimiento de los proyectos que ya están en marcha. Me gustaría impulsar proyectos que no solo entretengan, sino que también generen conciencia y promuevan cambios sociales. Poco a poco, me voy soltando y compartiendo algo de mi historia y de mi lucha por las mujeres afganas. Me reconforta que el tema les resulte de interés.

Las reuniones son largas y muy animadas, aunque yo a veces me siento algo perdida a la hora de encontrar temas atractivos y con público. Creo que es por la diferencia cultural. Quiero esforzarme para aportar más, pero estoy contenta y realizando una labor que nunca habría soñado hacer en España. Mi trabajo en TBS es una combinación de creatividad, periodismo de investigación y compromiso social, e intento contribuir a la creación de contenidos que marquen la diferencia.

Además, al salir de la oficina voy con los compañeros y compañeras a los *afterwork*…

MADRID, NOVIEMBRE DE 2023

Mi familia viene a verme desde La Haya, donde residen desde que huyeron de Afganistán en 2021. A pesar del tiempo que mi hermano Saber lleva viviendo en Europa y de que hace mucho que no estoy bajo su potestad, se escandaliza al ver que voy al trabajo sin velo.

—¿Por qué vas al trabajo así?

—¿Cómo te atreves? ¿Qué diferencia hay entre tu pelo y el mío? Si tú no llevas velo, yo tampoco.

En ese momento, mi hermano no reacciona bien y se enfada, pero no intenta que cambie de opinión ni forzarme a hacer algo que no deseo. Durante un tiempo, no me habla, pero yo me mantengo firme.

En otra ocasión, voy camino al trabajo hablando por videollamada con mi madre y mi padre se asoma a la pantalla y hace una «gran aportación».

—Hija, te veo muy bien, pero estarías mucho mejor con velo…

—Papá, no quiero hablar contigo.

Y cuelgo.

Ahora pongo límites, ya no permito que nadie se meta en mi vida; es la única forma de seguir mi propio camino. El feminismo me ha ayudado a no dejar que nadie decida por mí ni sobre mí. En Afganistán, se aprende a pedir permiso a los hombres de la familia antes de hacer cualquier cosa: a tu padre, a tu marido, incluso a tu hijo. El beneplácito de los varones es ley, da igual que sean mayores o más jóvenes que tú. ¿Sabéis qué le digo yo a esa tradición? ¡Basta ya! ¡Papá, no quiero hablar contigo!

Ahora, toda mi familia acepta mi vida y ya no me dicen nada. No se atreven. ¿O es que me respetan? Ni lo sé, ni me importa.

MADRID, NOVIEMBRE DE 2024

En mi país sufría por ser mujer; aquí sufro por ser refugiada. A la vez, reconozco que, dentro de esta situación, soy una privilegiada por todo lo que he conseguido. De todos modos, la sociedad debe saber que las personas que venimos de fuera no hemos dejado nuestro país porque nos apeteciera, sino porque nos vimos obligadas a hacerlo. Yo nunca hubiese escogido dejarlo todo para empezar una nueva vida desde cero. Yo quería quedarme en Afganistán, sobrevivir y continuar mi carrera. Pero mi vida corría peligro. Aquí, a veces me siento maltratada por el único hecho de ser refugiada y, por lo que he hablado con otros compatriotas, nos pasa a todos.

Da igual lo preparada que esté y lo que haga. En una reunión, trabajando en equipo, me siento desplazada por ser la refugiada. En Afganistán, tenía un estatus como periodista que aquí jamás podré alcanzar, y eso duele. Allí tenía un prestigio como presentadora y periodista, era un valor en alza. Aquí, me siento como una moneda devaluada. Entiendo que esto tiene más que ver con mi propio autoconcepto distorsionado que con un trato diferente por parte de mi entorno, pero a veces la inseguridad me frena y lo paso mal.

Además, está la imposibilidad de sentirme bien psicológicamente. En Afganistán, nunca tuve problemas para relacionarme o para sentirme parte de un grupo, para hablar con chicos y con chicas, para ir a comer, a trabajar. Aquí no lo consigo del todo y me da la sensación de que no sucederá jamás. ¿Idioma? ¿Autoestima? ¿Timidez? ¿Prejuicios?

Según me dicen, hablo muy bien español. Sin embargo, me desenvuelvo sobre todo al tratar temas relacionados con las mujeres y Afganistán. La mayor parte de mi vocabulario versa sobre estas cuestiones... Pero la vida es mucho más. Creo que la falta de comprensión y el no saber expresarme en otros temas lastran mi capacidad de conectar más con las personas. Aunque lo intento, me cuesta mucho hacer amigos. Parece que no soy capaz de dejar atrás el sufrimiento y que los traumas me pesan como losas. Me gustaría tanto disfrutar de la vida de una forma algo alocada, como hacen otras jóvenes... ¿Cómo podría hacerlo yo?

Lo que más deseo es tener amigos y amigas, un grupo estable, acercarme a ellos, conocerlos y que me conozcan. Compartir el día a día, los fines de semana, poder hacer planes. Pero no lo logro. Mi gente se quedó en Afganistán y los echo de menos. ¿Te imaginas perder a todos tus amigos de repente? Ellos me apoyaban cuando los necesitaba. Todo funcionaba y era diferente. Podía compartir mis problemas y pasarlo bien en la oficina, tomando algo o en cualquier lugar.

Aquí, cuando veo un grupo de compañeros, de amigos, me pongo nostálgica. Es algo que anhelo, pero conseguirlo me parece imposible. Muchas veces, en reuniones informales, quiero hablar y no me sale la voz. Entonces, converso conmigo misma. Intento decir algo, sentirme parte del grupo, pero hay una barrera que lo impide. Sufro porque no puedo decir nada a pesar de que me gustaría mucho aportar. Quiero salir, reírme, hacer bromas, todo lo que me corresponde por juventud y momento vital. Pero no puedo hacerlo, por el idioma, por ser refugiada, por mi gran drama. La cara y la cruz. Yo también quiero ser parte de la felicidad y dejar de llorar de una vez. Sentirse sola cuando estás rodeada de gente es muy duro. A veces hablo con mi madre de esta sensación de pérdida irreparable.

—Mamá, lo hemos perdido todo. ¿Cómo es posible que esto haya sucedido?

—Nadie en Afganistán lo deseaba.

—Yo nunca hubiese querido ser refugiada y sentirme así de mal. Para todo el mundo soy un trauma con patas. Un drama. Y no les falta razón. Esta tristeza es para siempre.

Siento como si estuviera fuera de todo lo bueno y eso me provoca un sufrimiento incesante. Lo que mejor se me da es llorar. La rutina sana, pero también lastima. Estar en casa, ir al trabajo, dar mis charlas, volver... Repetir todo de nuevo. Una vez más. Hablar sobre Afganistán, concienciar sobre los graves problemas de muchas mujeres y niñas afganas. ¿Cuándo podré disfrutar? ¡Yo también quiero salir para ver mundo! ¿Qué hay de malo en ello? El hedonismo parece estar prohibido para mí. Sin embargo, he conseguido mucho. Me siento arropada por las mujeres.

«Khadija, estamos contigo».

Y yo con vosotras, pero el privilegio de la integración duele.

Activismo infinito

Desde que, en 2021, los talibanes toman por segunda vez Afganistán, Mary se convierte en activista de forma natural e inmediata. Así, casi sin pretenderlo, empieza su lucha, nuestra lucha, una gran responsabilidad a la que no puede renunciar. Según me cuenta, a veces es difícil llegar a todo, pero hay que intentarlo, pues es una cuestión de vida o muerte para muchas mujeres.

Sin embargo, para ella el activismo tiene una doble vertiente: por una parte, debe y quiere hacerlo, es un objetivo vital; pero, por otra, lo que expone es su propia trayectoria, sus propias cicatrices. Lo que hace casi cada día tiene mucho de catarsis y curación, va liberándose a través de la exposición de su dolor. Al contar su vida, revive sus traumas y a la vez ayuda a otras mujeres. Igual que al escribir este libro.

Mujeres que sufren todo tipo de violencia, vejaciones, privaciones, negación de derechos, malos tratos… no cesan de llamarla para pedirle ayuda. Guarda en su móvil sus vídeos, sus audios, sus plegarias. La pena de todas ellas, desgarradora y descomunal, no le permite quedarse de brazos cruzados. Para esas mujeres, es la única esperanza. Ellas creen que Mary es una persona con algún poder de decisión, pero solo es una refugiada más, aunque bien relacionada. Les envía dinero que resta a su propio sueldo, las orienta en lo que sabe y hace todo lo que puede, pero muchas veces no es suficiente, y eso la mata.

Sea como sea, Mary es incansable en su labor, que lleva a todos los foros posibles. En una ocasión, se le concentraron en una misma jornada tres charlas en lugares distantes. Se organizó para llegar a las tres en un ejercicio de malabarismo. No será ella quien deje sin voz a las mujeres afganas. Ese día repite tres veces los avatares de su propia vida, y lo haría mil veces si fuese necesario. Por momentos le cuesta, pero a la vez es como un mantra. Tortura y liberación.

Sin dejar de ser periodista, en España, Mary tiene una intensa carrera como activista, y eso la hace progresar. Le abre muchas puertas, le gusta. Tiene la oportunidad de comunicarse con gente importante que, le gustaría creer, confía en que ella está habilitada para hacer algo bueno por su país. Pedro Sánchez, José Luis Rodríguez Zapatero, Margarita Robles, Yolanda Díaz, los reyes... Con todos ellos ha podido hablar largo y tendido o se ha reunido, y han sido citas muy reconfortantes para ella.

La idea de ser la primera presidenta de Afganistán va tomando forma. Por fin cree en ella misma. Periodista, activista, presidenta... ¿Por qué no?

MADRID, SEPTIEMBRE DE 2024

Con todo el trabajo de estos años, el proceso natural me lleva a crear mi propio espacio para proyectar mis ideas y hacer realidad proyectos solidarios con las mujeres afganas. Ahora sé cómo desenvolverme y gestionar proyectos y burocracia, además de tener los contactos y, por supuesto, las ganas. En España, en Afganistán, en Pakistán y donde haga falta. No he cesado de ayudar a las mujeres y creo saber exactamente lo que necesitan. ¿Por qué no crear una asociación para poder canalizar la ayuda y priorizar los casos más urgentes? Me pongo manos a la obra. La asociación se llama Esperanza de Libertad.[1] Tal y como está la situación en Afganistán, creemos que este nombre es el más justo. Lo primero es pedir un CIF en Hacienda y diseñar una página web.

Los objetivos de la asociación son trabajar en educación, conseguir el empoderamiento de las mujeres y las niñas y fomentar que conozcan sus derechos. He formado un equipo de unas veinte personas, hombres y mujeres, que trabajan juntas. Ayudamos a mujeres solas y con hijos que fueron encarceladas, violadas y torturadas por los talibanes; están escondidas y deben salir de Afganistán porque sus vidas corren peligro. Desde España, las apoyamos para sacar el pasaporte, les conseguimos el visado (es muy caro) y las acompañamos a Pakistán. Es una operación muy complicada. Luego, buscamos financiación y les enviamos dinero para que puedan vivir un tiempo indeterminado allí.

Cuando finalmente conseguimos traerlas a España, también les ayudamos a integrarse y a dejar atrás tanto dolor. Es muy difícil, pero poco a poco logramos que abandonen ese infierno y vengan a Europa.

La educación es un pilar fundamental para el futuro de las niñas afganas y, con las restricciones que se les imponen actualmente, es más necesario que nunca incidir en ella. Desde mi asociación, estamos montando una plataforma para desarrollar una escuela online, para que las niñas afganas que no pueden ir al colegio consigan estudiar. He hablado con varias personas en Afganistán y, a través de esta escuela, también podemos dar trabajo a profesoras que ahora no tienen empleo por causa de los vetos de los talibanes. Toda esta actividad, impulsada desde aquí, tendría que desarrollarse allí en la clandestinidad. Las autoridades no pueden ni sospecharlo, porque, en Afganistán, sigue siendo un delito estudiar a partir de los doce años, está prohibido por el Gobierno (como todo el mundo occidental sabe, sin que nadie mueva un dedo). Así que hay que tener mucho cuidado y priorizar siempre la seguridad de estas maestras y de sus alumnas. Aún nos queda mucho por hacer. Necesitamos comprar y enviar tablets para las niñas, además de libros y material escolar. También debemos subsanar el problema de que, muchas veces, en sus casas no hay electricidad, por lo que les proporcionaremos generadores.

Mi implicación es tal que financio directamente de mi bolsillo el trabajo de un grupo de mujeres afganas que hacen piezas de artesanía que luego vendemos en eventos y ferias. Tengo muchos planes para ayudar a mis hermanas. Me gustaría montar también un restaurante para darles empleo. No hay ningún espacio gastronómico afgano en Madrid, así que no habría competidores, y tal vez la novedad guste. Sería un sitio pensado para que las familias pudieran ir a comer y conocieran nuestra cultura. Todas las afganas saben cocinar, pero hay que prepararlas para hacerlo a nivel profesional. Calculo que podemos contratar a cuatro o cinco mujeres, pero primero hay que empoderarlas para que sientan que pueden hacerlo y se integren laboralmente. Ofreceríamos también *catering* para embajadas, empresas, eventos, etc. Entrar en el restaurante sería como un viaje a Kabul. Lo tengo todo en mi cabeza y sé que funcionaría.

MADRID, 4 DE OCTUBRE DE 2024

Me llega un mensaje a través de la red social X del programa de radio Carne Cruda.[2] Es una invitación para participar en él. Parece que les interesa mucho que vaya a contar mi historia. Como suelo hacer, digo que sí sin pensármelo. Y voy. Me pongo ante el micrófono y hablo sobre la situación de las mujeres en Afganistán, sobre su sufrimiento, sobre su falta de esperanza. Me explayo con el relato de mi historia, cuento que estoy buscando a mis hijos y hablo sobre mi fragilidad y también sobre toda mi rabia. Como me estoy sintiendo cómoda, suelto la bomba de que quiero ser la presidenta de Afganistán. Booom. Es algo que, ahora, los afganos nunca aceptarían, pero igualmente tengo el coraje de desearlo, de pregonarlo, de justificarlo; y también de esperar que, en el futuro, mi país sea un lugar donde yo pueda hacer política. La respuesta de la audiencia de Carne Cruda es muy buena. Hay muchísimas personas que me dan buen *feedback* y comienzan a seguirme. De pronto, me hago viral en redes sin pretenderlo. El impacto es muy positivo y leo cientos de comentarios buenos sobre mi intervención y mi causa. Estoy abrumada y feliz. Ha sido un éxito.

MADRID, 24 DE OCTUBRE DE 2024

Desde La Moncloa, solicitan a la Agencia Española de Cooperación Internacional a alguien que colabore con Naciones Unidas, que comparta su experiencia con el presidente, Pedro Sánchez. ACNUR, que todavía opera en Afganistán, me propone a mí porque les parece interesante mi plataforma educativa online para las niñas afganas.[3] Cuando poco después me llaman por teléfono de La Moncloa para una reunión con el presidente del Gobierno, me quedo impresionada. Hace tres años, cuando llegué a España, nunca hubiese imaginado que mis méritos me llevarían a ser recibida por el presidente del país; algo debo de estar haciendo bien.

¿Qué me pongo? Decido vestirme con el traje tradicional para presentarme como una mujer afgana. Me pongo un *gand afgani*, un vestido bordado a mano que solemos usar en bodas y ocasiones importantes. En concreto, este que llevo hoy es muy colorido; tiene una base rosa fuerte, los puños bordados en azul, verde, amarillo claro…, y el pecho está bordado de flores también de colores. Desde el pecho hasta el suelo, cae una falda con bastante vuelo, y debajo llevo unos pantalones. Así vestida, siento que represento a todas las mujeres afganas, llenas de fuerza y alegría.

En la actualidad, en mi país, las mujeres no puedan llevar este atuendo de colores vistosos y vibrantes porque tienen prohibido usar tonos llamativos. Resulta más absurdo aún si se piensa que este es el atuendo tradicional que se ha usado toda la vida. Dentro de este vestido, hago lo que ellas no pueden hacer allí, para que así se sientan representadas. Para terminar, me pongo unas sandalias transparentes de tacón. La tradición no está reñida con la sofisticación.

Salgo de casa con prisa y cojo un taxi. Al decir el destino, la taxista que me lleva se interesa por mí.

—Es la primera vez que voy a La Moncloa, ¿quién eres? ¿Eres famosa y no me he enterado…?

—Soy Khadija Amin.

Al bajar del taxi, me reciben unos guardias de seguridad en un puesto de control. Me saludan y me indican que debo esperar allí. Somos cuatro personas las que aguardamos para entrar. Aunque los guardias tienen mis datos, me piden mi NIE para confirmar mi identidad. Una vez que comprueban que está todo correcto, nos llevan en coche hasta el Palacio de la Moncloa. Al entrar, primero, un grupo de periodistas del equipo de comunicación del Gobierno nos hace varias entrevistas. Luego nos llevan a una sala no muy grande y allí nos dicen que esperemos de nuevo, pronto nos recibirá el presidente.

Somos unas seis personas esperando a Pedro Sánchez. Estoy muy nerviosa. ¿Cómo tengo que hablarle? ¿Qué debo decirle? Ni idea. Improvisar se me da bien, aunque, a grandes rasgos, tengo claras las líneas del mensaje. Le llevo un regalo al presidente: una fotografía que muestra a una niña afgana que ya no puede seguir estudiando por el veto talibán.

Cuando llega el presidente, es un momento muy especial para mí. Él nos saluda uno por uno, es muy cercano. Cuando llega mi turno, me presento, le doy la fotografía y le explico lo que muestra y el contexto, la situación de las niñas en Afganistán, la falta de salidas y el futuro incierto. Aprovecho y le cuento mi historia personal, qué estoy haciendo en España y en mi asociación. El presidente alaba mi labor y yo casi no me lo creo.

—Has aprendido muy bien español. Cuéntame más.

—Es necesario que algunas mujeres tengan prioridad para conseguir un visado y poder escapar a España. Obtener ayuda puede ser lo que les salve de la muerte.

—Estoy al tanto de todo lo que ha sucedido desde la evacuación del 2021. Me gustaría poder hacer algo.

Pedro Sánchez me ha parecido solidario, accesible y hasta simpático. Veo la luz cuando se interesa de verdad por mi causa. Ayudar a estas mujeres es vital. Malviven en Afganistán y Pakistán, son víctimas de violencia y de esclavitud sexual. Están al límite. Ojalá consiga traerlas a todas.

Sin embargo, soy muy consciente de que, muchas veces, las palabras de la gente importante caen en saco roto. ¿Será así en esta ocasión?

Al día siguiente me llama una persona de su equipo. ¿De verdad está pasando esto?

—Khadija, envíanos una lista de las mujeres que esperan visado, vamos a ver cómo podemos ayudar.

MADRID, 4 DE NOVIEMBRE DE 2024

En esta ocasión, me han invitado a dar una conferencia en el Ministerio de Defensa sobre periodismo de guerra y en lugares en conflicto. Es un acto interno del Gobierno en el que se reflexiona sobre los conceptos de mujer, paz y seguridad. Hablo sobre la situación de las mujeres afganas (¡cómo no!) y, casi al final del turno de preguntas, una de las participantes, la periodista Mónica Bernabé, me propone algo.

—Khadija, tienes a la ministra de Defensa, Margarita Robles, enfrente de nosotras. ¿Qué te gustaría decirle? ¿Qué le quieres pedir?

—Creo que lo más importante sería facilitarles becas a las chicas afganas para que puedan venir a España a estudiar, dado que en Afganistán no las dejan. Las que estamos fuera tenemos que lograr que ellas puedan tener una profesión. Los talibanes no pueden eliminarnos. Las afganas deben tener la posibilidad de progresar. Lo que más deseo es ayudar a otras mujeres con sus estudios y su trabajo. Nosotras somos el futuro de Afganistán. El Gobierno de España podría aportar fondos para el visado y el viaje, y para que las chicas afganas puedan vivir aquí. Desde mi asociación, Esperanza de Libertad, podemos enseñarles español online antes de venir y colaborar en todo el proceso.

MADRID, 8 DE NOVIEMBRE DE 2024

En el Congreso de los Diputados se celebra la Asamblea Internacional de Feminismo.[4] Me invitan porque formo parte de la Comisión de Feministas Internacionales. Es un honor representar a todas las mujeres afganas y, una vez más, cuento mi periplo para que el mundo no se olvide de ellas. Mi vida es la suya. Explico en la Cámara Baja cómo es la situación en Afganistán, qué necesitan. ¿Y qué es lo que yo considero que necesitan de forma prioritaria? El apoyo de otras mujeres, ya que nosotras somos las que mejor podemos entenderlas.

Durante mi charla, la audiencia me pregunta: «¿Y dónde están los hombres afganos? ¿Por qué no mueven un dedo ante tanta injusticia? ¿Por qué no ayudan a las mujeres?». En realidad, no sé cuál es la respuesta. O tienen miedo o no hacen nada porque, en realidad, la situación les beneficia. No colaboran para que las mujeres puedan estudiar y trabajar porque les viene bien tenerlas bajo su control, que ellas estén pendientes de sus deseos. Se escudan diciendo «No tenemos otra opción», pero eso no hay quien se lo crea.

Por eso es importante apoyarnos entre las mujeres. El feminismo no tiene fronteras y nosotras vamos a ser un sostén mutuo y seguro. Los hombres tienen miedo de las mujeres que están unidas y se dan soporte, ¿por qué será? He visto que esto es algo que también ocurre en España. Las mujeres que se organizan pueden cambiar el mundo, una y otra vez. No hay futuro para las mujeres en Afganistán si no hay una consideración internacional del problema, y una respuesta. Por ello, las que estamos fuera tenemos que darles voz, ya que ellas, en la actualidad, no pueden, literalmente, ni hablar.

Durante la Asamblea, es muy emocionante escuchar historias duras de otras mujeres de todo el mundo que, al final, también son un poco como mi propia historia, pues en todas hay algo común, incluso siendo de otros continentes. Me impresiona el testimonio de una mujer iraní que cuenta que su hija fue condenada y encarcelada por matar a su violador. Esta madre no puede ni visitar a su hija, no tiene derecho, no se lo permiten, solo puede hacerlo el padre. Ella no es nadie.

Su testimonio me afecta mucho porque me identifico con ella. Yo tampoco soy nadie. Llevo tres años en España luchando por recuperar a mis hijos y, cada vez que me piden documentos para demostrar mi maternidad, mis manos están vacías, no tengo nada que aportar. Sufro por esa madre de Irán y por mí misma, pero somos miles de mujeres las que pasamos por esto. Escucho a muchas que soportan situaciones muy malas para no separarse de sus hijos, a otras que intentan suicidarse porque no hay salida. Me veo reflejada en todas ellas.

Una mujer africana relata su ablación de clítoris. Tenía solo cinco años cuando la mutilaron. Mientras ella gritaba, su madre la sujetaba de las manos y su abuela le hacía la ablación. Tuvo que huir del país con su hijo con parálisis cerebral, ya que la gente la insultaba porque decían que el niño traía mala suerte.

Todas estas mujeres encontramos una vía de escape en el feminismo porque busca la igualdad. Queremos nuestros derechos, nada más. Las conclusiones de esta Asamblea Internacional de Feminismo reclaman llamar a la acción para que esto no se quede solo en algo simbólico. Me molesta un poco que la presidenta del Congreso, Francina Armengol, no haga ninguna referencia a Afganistán. ¿Quién le habrá escrito el discurso?

Parı́s, 7 de marzo de 2025

A raíz de una colaboración con UNICEF en relación con mi labor por la educación de las niñas afganas, me invitan a la sede de la UNESCO en París para hablar de mi asociación, Esperanza de Libertad, en el marco de los actos por el Día Internacional de la Mujer del 8 de marzo.[5] Recibir esta invitación me emociona sobremanera, pues soy consciente de que es un paso importante llegar a esa institución tan valiosa a nivel global. Siento que cada vez estoy más cerca de hacer realidad mi sueño de ofrecer un futuro mejor a las mujeres y niñas afganas.

Llego muy tarde a París porque, antes de viajar, tengo que dar otra conferencia, pero estoy animada con esta cita, por lo que implica y porque sé que también estarán varias amigas. Ya conozco París, es de mis ciudades favoritas. Es Ramadán y solo podremos dar la conferencia, ni cenas ni nada, pero voy mentalizada.

Entro en la sede de la UNESCO, en el Edificio Fontenoy, situado en el número 7 de la plaza de Fontenoy, y trago saliva. En el encuentro somos más de cien personas de diferentes países. Yo estoy en un grupo con otras diez mujeres afganas llegadas de Canadá, Inglaterra, Alemania… Todas están implicadas en actividades dirigidas a mejorar la educación de las niñas en mi país. Muchas impulsan, como yo, plataformas educativas online y otras apoyan escuelas clandestinas. Los testimonios de las mujeres se suceden, relatan los logros de sus proyectos, pero también los grandes obstáculos con los que se encuentran. Sin internet, no hay capacidad de maniobra y las familias afganas no pueden pagarlo casi nunca. Por eso, en mi asociación hemos decidido que es de crucial importancia abonar internet a las familias, con solo diez euros por niña es suficiente. Así nos aseguramos de que ellas puedan seguir estudiando de forma clandestina.

Además de las diversas mesas de debate de profesionales y activistas, también está invitada la cantante afgana Aryana Sayeed,[6] una intérprete pop, compositora y activista que canta en pastún y darí. Es una de las artistas más famosas de Afganistán y lucha por las libertades y los derechos de las mujeres, motivo por el que ha sido amenazada de muerte en varias ocasiones. En agosto de 2021, Aryana abandonó Afganistán tras la ofensiva que devolvió al poder a los talibanes, igual que yo. Ahora, desde fuera, conciencia sobre los problemas de las mujeres afganas con sus canciones; ha llegado hasta el Parlamento Europeo. A mí me encanta, sus temas son fuego que alimenta nuestra causa. En esta ocasión, interpreta seis canciones que yo no puedo dejar de tararear.

> *Canta,*
> *tú puedes cantar,*
> *tú eres una mujer muy valiente,*
> *te castigan porque el viento lleva tu pelo,*
> *esto excita a los hombres,*
> *y para no pecar,*
> *ellos te castigan...,*
> *pero tú eres mujer y debes levantar tu voz.*

En este foro también se pide el apoyo de la ONU para garantizar el futuro de las mujeres y niñas afganas que se encuentran bajo el Gobierno talibán. Entre las participantes afganas que comparecemos hoy en la UNESCO pueden verse dos tendencias claras. Por una parte, hay un grupo cuyo único objetivo es erradicar a los talibanes y se niegan rotundamente a negociar con ellos. En mi opinión, eso es poco realista, porque nadie, y menos las mujeres afganas, tiene actualmente los medios para sacar a los talibanes del poder. Por otra parte, hay otro grupo, en el que me incluyo, que defiende la negociación, no queda otra, con el objetivo de conseguir que permitan a las mujeres y a las niñas afganas estudiar y trabajar. En la UNESCO se muestran receptivos a trabajar por nuestra causa y, aunque no sale ninguna medida concreta, no pierdo la esperanza de que el diálogo con los talibanes se produzca.

MADRID, 5 DE MAYO DE 2025

Como parte de la directiva española de Reporteros Sin Fronteras, recojo el I Premio Victoria Prego a la Libertad de Expresión, otorgado por la Asociación de la Prensa de Madrid, en un acto celebrado en la Sala Constitucional del Congreso de los Diputados. Esta distinción me hace sentir orgullosa porque viene de compañeros periodistas.

Tras la entrega del premio, tiene lugar la cuarta edición del coloquio «Expresión de libertad», en el que se cuentan experiencias en primera persona sobre cómo es ejercer el periodismo en Venezuela, Afganistán, Palestina, Siria y México. Se abordan las complejas realidades del exilio, el peso del desarraigo y la dificultad de seguir ejerciendo el periodismo fuera de los países de origen. Todos coincidimos en que migrar no es una decisión libre y que siempre causa dolor.

Cuando me toca hablar sobre mi país, analizo la situación de las mujeres afganas, cada vez más invisibilizadas en el discurso internacional; recalco que nos gustaría poder crear un medio y dar apoyo a estas mujeres, ya que no todas hemos podido salir del país; así, las que siguen allí tendrían voz. No puedo dejar de mencionar lo que se comenta sobre la barbarie que se perpetra contra periodistas y sus familias en Gaza, donde cerca de doscientos reporteros han sido asesinados desde octubre de 2023.[7]

Mientras estoy en el acto reflexiono sobre cuánto me ha apoyado Reporteros Sin Fronteras en todo lo que he necesitado, desde sesiones de psicoterapia hasta el pago del alquiler de mi casa… Nunca había ni soñado llegar a ser socia de esta asociación. Ahora me llena de orgullo ser parte de su directiva.

Madrid, 15 de junio de 2025

Aunque le pongo toda la fuerza y el empeño, debo reconocer que tengo algunas dificultades para sacar adelante todas las iniciativas de mi asociación, Esperanza de Libertad. Ahora estamos trabajando en Afganistán en un taller de costura. Es un proyecto de un año y estamos buscando financiación. Uno de los mayores obstáculos es que me ocupo yo de casi todo... y no llego. Formar un equipo de confianza no es tan sencillo.

Desde Reporteros Sin Fronteras me ayudan mucho con todos los trámites y las gestiones, que son diferentes para cada acción. Con respecto a la escuela online, tengo pendiente mandar la propuesta a Telefónica y La Caixa. Es un proyecto complejo. Yo también voy aprendiendo sobre la marcha y, para llevar cuatro años, creo que no voy mal.

Otros proyectos marchan poco a poco. Seguimos con la venta de artesanía afgana en Madrid. Para nosotras es muy importante favorecer el emprendimiento y empoderamiento femenino y por ello tenemos este taller de costura en Afganistán, para muchas mujeres su único medio de subsistencia. El hecho de impulsar un futuro taller de costura en Madrid tiene dos objetivos: que ellas adquieran autonomía y que se pueda hacer un mercado en Europa, analizando qué productos se venden mejor aquí.

Madrid, 21 de julio de 2025

Siempre me han gustado las artes escénicas y ahora me han propuesto hacer algo novedoso relacionado con ellas. En el Teatro Fernando de Rojas del Círculo de Bellas Artes se celebra un evento titulado *Diario Vivo*. Es un certamen de periodismo escénico que reúne a comunicadores, artistas y narradores en vivo que contarán relatos reales. En esta edición, llamada «Refugios», el teatro muestra los refugios más íntimos de ocho personas, entre las que me incluyo. Son historias en primera persona, sin filtros y con formato de *performance*.

En esta ocasión, participan Miguel Barreiro (investigador), Mar Cabra (dataísta), Natacha Crawford (cantante), José Díaz Martínez (documentalista), Almudena de Dompablo (arquitecta), Bruno Galindo (escritor), Lucía Sanagustín (periodista) y yo, también como periodista. Nos subimos al escenario acompañados por Maite Arregui al piano.

Tras dos jornadas intensivas de trabajo, construyendo y dando forma a nuestros relatos, tengo siete minutos para contar mi historia de vida ante el público. Tengo la impresión de que todos los invitados tienen más trayectoria que yo y me siento algo insegura. Menudo reto. Cuento mi historia de siempre, la ya tantas veces relatada, y todo el mundo se emociona. Le añado el concepto de refugio y eso la hace especial. El resumen podría ser que encontré mi refugio en España y que ahora mi casa es refugio para otras mujeres afganas que no cesan de llegar. Al terminar, una amiga que está entre el público no puede parar de llorar a pesar de que ya conoce de antemano los detalles de lo que he narrado.

Me ha gustado mucho poder hacer algo artístico y a la vez reivindicativo con mi causa.

MADRID, 15 DE AGOSTO DE 2025

Puerta del Sol. 39 grados. Madrid clama por las mujeres afganas en el cuarto aniversario de la toma de Kabul por los talibanes. Es una iniciativa internacional que se lleva a cabo simultáneamente en muchas ciudades del mundo. En España, la convocatoria es en Madrid, pero también las hay en Afganistán, Pakistán, Irán, Alemania, Francia... Durante un mes formo parte de la organización de esta concentración/manifestación en la que decenas de personas, una abrumadora mayoría mujeres, nos reunimos para exigir justicia y libertad para Afganistán.

Bajo pancartas con lemas como «Libertad para las mujeres afganas», «Restableced sus derechos» y «No a la impunidad talibán», denunciamos la violación sistemática de los derechos humanos que se sufre con el actual Gobierno afgano. Un informe reciente de Amnistía Internacional alerta del desmantelamiento total del Estado de derecho que se ha producido en Afganistán desde 2021. Ahora es un sistema basado en una interpretación extrema de la *sharía*, donde imperan los juicios arbitrarios, la tortura pública y la anulación de los derechos femeninos.

En la protesta, pedimos el restablecimiento de los derechos de las mujeres y niñas afganas y el fin de la impunidad de los crímenes del régimen.

Hay muy pocos medios cubriendo la concentración, pero a los presentes eso no nos va a desanimar. Nos hemos vestido de negro y nos hemos tapado la boca con cinta, simbólicamente, ya que llevamos gritando cuatro años sin que nos escuchen. Tal vez así nos hagan caso.

La protesta se cierra con un llamamiento a la comunidad internacional, pues la indiferencia es una gran cómplice. Es urgente que se reconozca que existe un *apartheid* de género en Afganistán. ¿Será eso posible? A nadie le interesan las personas, pero sí el dinero, las armas… Hay guerras claramente más rentables. ¿Y qué pasa con Gaza?

MADRID, 1 DE SEPTIEMBRE DE 2025

Se ha producido un terremoto en el este de Afganistán. Ochocientos muertos y casi tres mil heridos. El epicentro está en el límite entre las provincias de Kunar y Nangarhar, veintisiete kilómetros al este de Jalalabad.

Lo primero que hago es asegurarme de que la familia que queda allí está bien. Me pongo bastante nerviosa, me informo por todas las vías posibles. En la prensa internacional, veo muchos vídeos y fotos y pienso: «¿Dónde están las mujeres?». En todas las informaciones cuesta encontrar imágenes de mujeres y las que salen, o están de espaldas, o son niñas. ¿Es que ni en una tragedia se nos tiene en cuenta?

El drama es gigante. Los rescatistas que llegan ayudan primero a los hombres porque no pueden tocar a las mujeres, ya que la ley talibán prohíbe el contacto entre hombre y mujer si no son familiares. Tampoco los médicos hombres pueden atender a las víctimas femeninas. Entonces, ¿qué destino les espera a ellas? ¿Cómo podrán salvarse o curar sus heridas?

Encima, como los talibanes prohibieron a las mujeres estudiar Medicina (o cualquier otra cosa más allá de sexto grado o de los doce años), no hay médicas y enfermeras que atiendan a las mujeres. Se desconoce cómo se las atiende y cuántas de las víctimas son mujeres y niñas. Esta es la aplastante realidad del *apartheid* de género afgano.

MADRID, 19 DE SEPTIEMBRE DE 2025

Los talibanes siguen acumulando vetos contra las mujeres incansablemente. Me paso varias semanas entrevistando a escritoras afganas. El Gobierno talibán prohíbe que haya libros escritos por mujeres en las universidades de Afganistán. Además, el régimen ha ilegalizado la enseñanza de los derechos humanos y sobre el acoso sexual. Deseo escribir un texto sobre todo esto, ya que, estando aquí, puedo y debo.

Unos seiscientos ochenta libros han sido calificados como «preocupantes» por ir en contra de la interpretación que los talibanes hacen de la *sharía*. De ellos, ciento cuarenta están escritos por mujeres. La medida llega en una semana ya marcada por las órdenes de Haibatulá Ajundzadá, líder de los talibanes, de prohibir la fibra óptica e internet en al menos diez provincias en lo que califica como un intento para prevenir la inmoralidad.

Sin libros escritos por nosotras, sin internet…, ¿qué será lo próximo? ¿Dejarnos sin aire para respirar? Una solución sería publicar libros de autoras afganas desde fuera del país… Voy a hablar con mi editora.

MADRID, 26 DE SEPTIEMBRE DE 2025

Me duele Gaza. Me siento tan cerca de las hermanas palestinas que participo con ellas en un acto donde la música nos ayuda a expresar nuestras reivindicaciones con sensibilidad. La artista Rozalén y nueve corales madrileñas ponen sus voces en un concierto a capela que tiene lugar en la escalinata del Museo Reina Sofía. Es muy emocionante ver a centenares de personas apoyando a las mujeres afganas y palestinas y denunciado la vulneración de los derechos humanos de la que son objeto.

Rozalén me gusta mucho. Se muestra tremendamente concienciada y dice unas palabras que me calan hondo: «Ser mujer nunca ha sido fácil, menos aún en situaciones de conflictos armados o en países donde no se respetan los derechos humanos. Allí la condición de mujer la hace doblemente vulnerable».

En mi discurso, reflexiono sobre el recorte brutal de derechos de las mujeres afganas y denuncio el *apartheid* de género como un crimen de lesa humanidad que no se puede seguir ignorando. Las presentes realizamos un acto simbólico lleno de fuerza pintándonos los labios de rojo, pues las mujeres afganas no pueden hacerlo.

Aplausos y pancartas de «Stop al genocidio». Nada más que añadir.

MADRID, NOVIEMBRE DE 2025

Mi actividad profesional como periodista-activista podría calificarse de frenética. No paro. Estoy exhausta, pero ni remotamente se me pasa por la cabeza bajar el ritmo. ¿Quién soy yo para dejar de luchar por los derechos de unas mujeres y niñas que lo han perdido todo?

Además, estoy asumiendo roles nuevos que nunca pensé llegar a desarrollar y que hacen mis acciones más variadas. Comienzo a presentar actos, por ejemplo, de Cruz Roja, y a moderar mesas en eventos que tienen que ver con temas sociales y derechos humanos. Esto solo acaba de empezar.

Las primeras veces

Para las mujeres refugiadas afganas, la llegada a España supone un encuentro brusco con nuevas situaciones y un choque cultural que, igual que puede ofrecerles oportunidades, les genera conflictos, por lo que me cuenta Mary. Para todas, tener libertad de movimiento es, como mínimo, reconfortante. En Afganistán, el hecho de necesitar un acompañante masculino para ir a cualquier parte hace que la mitad de las veces se les quiten las ganas de salir.

En España, tienen acceso a la educación y al trabajo, ambos de una importancia capital. En cuanto a la vestimenta, no se ven obligadas a usar hiyab o burka, aunque algunas eligen hacerlo por su identidad religiosa, elección que también debe ser respetada. Además, aquí pueden interactuar con hombres sin ser juzgadas, algo impensable en Afganistán. Y si hablamos de divorcio y custodia, en España, las leyes protegen más a las mujeres en el proceso de separación, a diferencia de en Afganistán, donde pierden automáticamente los derechos sobre sus hijos.

Pero incluso aquí, la comunidad afgana más tradicional tiene mucho peso y las mujeres sufren grandes presiones culturales en forma de críticas, y las que adoptan costumbres occidentales (como quitarse el velo o salir con amigos) pueden ser rechazadas (y, de hecho, lo son).

Por otro lado, existe una cierta desconfianza hacia las instituciones y muchas refugiadas acuden con miedo a la policía o a los servicios sociales acostumbradas a la represión que impera en Afganistán.

Las que vienen con hijos también deben hacer frente a las diferencias en la crianza. En España, los niños tienen más autonomía y derechos, lo que puede generar tensiones en aquellas familias afganas acostumbradas a una educación más autoritaria. Ojalá los hijos de Mary estuvieran aquí para poder educarlos como afganos en España.

En general, muchas extrañan la vida en comunidad, pues aquí se vive de forma más individualista.

España otorga a las mujeres afganas una nueva oportunidad de futuro, pero esto implica también retos importantes. En lo positivo, es clara la disminución de la ansiedad al escapar de la opresión y persecución de los talibanes. Además, el hecho de poder tomar decisiones por sí mismas (estudiar, trabajar, viajar) hace que desarrollen una mayor autoestima y autonomía, lo cual influye positivamente en su salud mental. Relacionado con esto, tener acceso a terapia psicológica es también muy importante; en España, muchas reciben apoyo profesional para superar los traumas de guerra y las situaciones de violencia de género o exilio. Y no olvidemos algo clave: aquí tienen la posibilidad de denunciar los abusos. En Afganistán, a las mujeres maltratadas no les queda otra que aguantar, pero aquí pueden buscar ayuda legal.

En el aspecto negativo, las refugiadas afganas a veces se sienten culpables por haber «abandonado» a la familia, ya que muchas llegan solas y sufren por aquellos que quedaron atrás. En ocasiones, se suma una depresión por aislamiento, ya que el desconocimiento del idioma y de la cultura pueden llevar a la exclusión social y a la soledad. A veces, también se produce un conflicto de identidad, pues algunas jóvenes afganas se sienten divididas entre las expectativas de su familia y el deseo de integrarse. Además, la presión por adaptarse rápidamente puede generar ansiedad, sobre todo entre las mujeres mayores.

Mary dice verse reflejada en mayor o menor medida en casi todas las situaciones que acabo de exponer, pero ahora quiere centrarse al máximo en las cosas buenas. Venir a España le ha dado la oportunidad de sumergirse en un crisol de primeras experiencias, vivencias que, a la gran mayoría de las personas, pueden parecerles tonterías o menudencias. Aquí ha experimentado sensaciones que ni se podía imaginar: alegrías, sorpresas y hasta nuevos miedos. Tal vez las cosas que os va a contar os parezcan chorradas, pero poneos en su piel. Todas estas pequeñas cosas son muy grandes para ella y experimentarlas era algo totalmente improbable o, al menos, estadísticamente complicado para una joven afgana. Gracias, España, por una nueva existencia, por una vida ampliada que ni en sueños Mary habría podido imaginar.

SALAMANCA, 2021

Aprendo dos cosas importantes durante mi primer año en este país: a decir que no y a decidir sobre mi propia vida.

Lo consigo gracias a mi esfuerzo y progresivamente voy dejando atrás imposiciones tradicionales y machistas de mi cultura. Con el apoyo de las feministas, desarrollo en mi fuero interno la consciencia de que se trata de mi propia existencia y que la tengo que manejar yo. Pero en absoluto es tarea fácil. Paso a paso, mi experiencia en España y mi fuerza interior han ido construyendo una nueva mentalidad, libre y soberana.

Sin embargo, no todos los refugiados y refugiadas han evolucionado hacia esa libertad. Y no les juzgo, son muchos años de educación en un entorno conservador y machista. Tanto para ellos como para ellas puede ser difícil comprender que existen otras realidades, quizá mejores, y que aquí, en España, las mujeres tenemos derechos. Aprender a decir sí solo cuando verdaderamente quiero decirlo es de las cosas más importantes que hago por primera vez en este país. He aprendido mucho, pero es más lo que me falta. Y tengo muchas ganas.

MADRID, 2022

Saludar a los chicos (y también a las chicas) con dos besos, de forma natural, es una costumbre que me ha regalado este país y que me encanta por lo que tiene de cercanía y calidez. Aquí lo hago con espontaneidad, es algo común; en Afganistán, no. Allí, amigos, compañeros y conocidos me saludaban con la mano; besarse habría estado fuera de lugar. Pero, aunque saludar de esta manera a los chicos aquí me agrada, aún no estoy acostumbrada del todo. A veces todavía dudo sobre cómo saludar a los hombres. ¿Os pasa a las demás?

GRAN CANARIA, ABRIL DE 2022

Esta es la primera vez que voy a la playa, y que veo el mar. Viajo a las islas Canarias porque me han invitado a dar una conferencia. Al llegar, vienen a recogerme miembros de la organización y le digo a la chica que nos espera en el aeropuerto que quiero acercarme al mar. Me lleva a un sitio en el que hay una barandilla desde la que contemplo un paisaje espectacular. Me acodo en la baranda de metal y me deleito. Llevo velo y un vestido muy largo de color negro que ondea con la brisa. El mar me parece inmenso, misterioso, muy fresco y juguetón. Es un contacto inicial muy breve que me deja con ganas de más.

Al día siguiente, voy a la playa por primera vez, prudentemente, con una mezcla extraña de euforia, tabú y miedo. Solo tengo cinco minutos antes de ir corriendo al aeropuerto para coger el vuelo de regreso a Madrid, pero necesito verlo, sentirlo. Es algo muy especial.

Llego a la playa y me lanzo hacia esa masa gigantesca azul ondulante. Me emociono con el viento y la vista. No se puede describir lo que siento al hundir mis pies en la arena, entre los miles de ínfimas y suaves partículas que me acarician y me masajean. Luego voy corriendo a la orilla y me meto en el agua hasta los tobillos mientras el aire juega conmigo y me despeina. El viento me besa en la cara y el calor me abraza. Me hago mil fotos y me voy de allí con el alma llena de arena.

En este momento, ni se me pasa por la cabeza ponerme en bikini o bañador, claro, todavía no estoy preparada.

MADRID, JULIO DE 2023

Disfrutar de un *afterwork* con los compañeros y las compañeras de trabajo y terminar cantando en un karaoke es otro de los regalos inesperados que me hace España.

Por si alguien no lo sabe (amigas afganas), *afterwork* significa ir a tomar algo con los compañeros al salir del trabajo. Llevo dos meses trabajando en TBS y ya me siento relativamente integrada. Me invitan por correo a los *afterworks* que las compañeras organizan regularmente, pero hasta ahora no he ido a ninguno. En esta ocasión, decido ir, no sin algo de temor porque no sé en qué consiste ni lo que me voy a encontrar. En el mail de la convocatoria leo que hemos quedado en un sitio llamado Chino Juan, pero lo busco en Google para saber cómo llegar y no lo encuentro.

Cuando ya doy por perdida mi oportunidad de ir al *afterwork*, salgo de la oficina y veo a gente que me suena de la productora reunida en la acera junto a un bar con terraza que está pegado a TBS, en la calle Doctor Esquerdo. Todos están conversando muy animados. Me acerco caminando y los compañeros me hacen gestos para que me quede con ellos. El local está regentado por un oriental, Juan, de ahí el nombre de Chino Juan, a quien percibo muy simpático y amable. Mis compañeros, hombres y mujeres, están sentados en varias mesas de la terraza. Son más de veinte y charlan entre ellos, divertidos, ocupando el espacio casi en su totalidad.

Me hacen sitio amablemente y me siento en una de las sillas que me facilitan. Casi todos beben cerveza Estrella Galicia; yo pido agua. Hay varias conversaciones a mi alrededor y, aunque estoy algo cortada, poco a poco, me suelto. La gente que tengo más cerca me habla, se interesa por mí y yo les cuento. Pat, Marisol, Mónica, Juanjo, Chema, Mel, Mica, Elío, Pablo y muchos más de los que, en este momento, no sé el nombre… Me parecen personas empáticas y alegres. Charlamos sobre mi vida en España, sobre mi trabajo en TBS, sobre relaciones, sobre hombres y mujeres, sobre la vida misma. Siento que puedo compartir mis experiencias y opinar con libertad. Qué sensación de alivio…

Las mesas de la terraza se van llenando de botellas de cerveza vacías y las risas van *in crescendo*. Yo me dejo llevar por la algarabía del ambiente y me siento ligera. En un determinado momento, alguien propone entrar en el bar. Es un local bastante pequeño y no tengo muy claro qué vamos a hacer, pero entro y observo.

De repente, Juan pone en la televisión un karaoke y la gente, sin ningún pudor, se va pasando el micrófono para cantar. Desde los últimos éxitos de reguetón hasta Julio Iglesias (recuerdo especialmente lo bien que entonó Chema) pasando por canciones afganas que yo misma les propongo. Cantamos y bailamos en grupo (yo solo muevo los brazos y las manos) de forma desinhibida, nos mostramos tal como somos, riendo y bromeando. Es una noche sencilla y tremendamente feliz para mí.

Algo así sería imposible en Afganistán.

MALLORCA, JULIO DE 2023

Decido ir de vacaciones sola a Mallorca. Como os podéis imaginar, también es algo que hago por primera vez en mi vida. Busco el vuelo y el alojamiento sin pedir permiso a nadie ni dar explicaciones. Es una sensación de mucho poder. Paso dos días en la isla y todo lo que veo me maravilla. Es uno de los lugares más bonitos de España. Después viene mi primo Yaser y seguimos conociendo el lugar. ¡Qué placer ver mundo! Siento que, con cada viaje, mi mente se ensancha, pues no dejo de aprender y de tener experiencias. La sociedad y la geografía españolas me gustan cada vez más.

En Mallorca decido, por fin, comprarme un bañador. El mar es muy apetecible, con pocas olas. Ni más ni menos que el Mediterráneo. Mientras paseo por la arena, medito sobre si meterme o no en el agua. Me da miedo al principio, pero veo que hay gente cerca y me lanzo. Me sumerjo por primera vez en toda mi vida en el mar, con cuidado y muchos nervios porque no sé nadar. Es una sensación muy agradable que el agua te abrace, te acaricie y te meza. Observo familias, niños y mayores, que nadan y se lo pasan bomba. Pienso en que tengo que aprender a nadar. Será mi próximo plan.

MADRID, AGOSTO DE 2023

En este país, tengo por primera vez amigas que no me juzgan. Desde que trabajo en TBS, hay compañeras que se han convertido en apoyos importantes en mi vida, verdaderas amistades. No son pocas las veces que hemos terminado en el baño Pat, Marisol, Mónica y yo hablando de las cosas que nos pasan, más triviales o más profundas, más graves o más frívolas, a veces entre risas y otras con lágrimas. Pero lo mejor es que nunca me siento juzgada, algo que nunca antes viví. Puedo hablar de cualquier cosa con ellas, no va a ser un escándalo.

En mi país no puedes abrirte con tu familia ni tampoco con tus amigas, ya que si les cuentas algo íntimo o comprometido, pueden usarlo luego en tu contra. Incluso aquí, algunas amigas afganas me juzgan y me acusan de estar «muy occidentalizada» porque me comporto como una mujer libre. Ellas no lo aceptan. Es muy pesado no poder hablar libremente con tu entorno de lo que ocurre en tu vida: de tus deseos de tener una pareja o no, de lo que temes o de lo que sueñas. Mis amigas españolas me lo han dado todo, me escuchan sin juzgarme y eso es bueno.

MADRID, NOVIEMBRE DE 2023

Voy a un concierto de Lapili, otra de esas primeras veces que marcan un hito en mi vida. Lapili es una artista que experimenta con diferentes artes como la danza, el textil, la *performance* o la música.[1] La conocí por Instagram y me llamó mucho la atención su lucha contra la gordofobia. Ella misma la ha sufrido, entre otras violencias, pero consiguió superarlo y ahora es una gran artista. Me gusta como cantante y como bailarina porque tiene un estilo urbano muy desinhibido, se expresa con letras muy explícitas y muestra su cuerpo sin complejos. Es muy sexy y me rompe los esquemas. Una cantante como ella sería totalmente inconcebible en Afganistán. Cuando me entero de que va a actuar en Madrid, hablo con mi amigo para que vayamos a verla. ¡Qué nervios!

Llega el día del concierto y estoy muy animada. En mi país fui a muy pocos eventos musicales, así que me siento como una niña pequeña, llena de expectación. Me pongo un vaquero y una camiseta, me maquillo y me arreglo en plan casual. Mi amigo viene a buscarme y cogemos el metro hasta el centro, donde se encuentra la sala de conciertos. Cuando entramos, el local está a reventar; el ambiente es variado y, por supuesto, hay chicos y chicas mezclados. Cuando Lapili sale al escenario, siento que el mundo se para. Las respiraciones se entrecortan por su presencia colosal, que lo llena todo. Su actitud, sus bailes, sus letras. No puedo dejar de mirarla. Es una diva total.

La gente de la sala se mueve como si fuera un único ser colectivo. Somos una masa informe en un baile sensual. Supongo que todos sienten lo mismo que yo, pero les cuesta menos exteriorizarlo. A mi alrededor la gente se mueve al son de Lapili, pero yo no puedo bailar, es algo muy raro para mí, no me sale de manera natural. Quizá os resulte extraño, pero todavía no estoy acostumbrada. Aunque me encanta lo que oigo, no puedo seguir el ritmo con mi cuerpo. Poco a poco. Tened en cuenta que solo tengo experiencia bailando en bodas afganas, poco más.

MADRID, 2 DE DICIEMBRE DE 2023

Hoy estoy en la Universidad de Comillas para hablar, por primera vez, de la violencia sexual que sufren las mujeres afganas por el mero hecho de haber nacido en ese país y por el mero hecho de ser mujeres. Nunca antes me había explayado hablando sobre este tema, llamando a las cosas por su nombre. Entre el público, hay algunas mujeres afganas a las que esto les sienta muy mal. El sexo es un enorme tabú y debo vencer ese gran obstáculo, sobre todo para poder concienciarlas a ellas. Si detallo la violencia sexual que sufrimos, las propias mujeres, mis compatriotas, mis amigas, mis conocidas, mis afganas, me señalan y me juzgan.

—Khadija, no tienes vergüenza. Hablas de sexo, de relaciones sexuales y cosas muy íntimas.

—Lo hago por todas las mujeres afganas que han sido y son víctimas de violencia sexual, para defender sus derechos. Ellas deben saber que están siendo agredidas por sus propios maridos, ya que muchas, aunque sufran, ni siquiera son conscientes de ser víctimas.

Esta situación me deja muchas veces en una encrucijada difícil de solventar, pero no voy a dejar de hacer lo que creo que es mejor para mis compatriotas. Para los afganos, soy muchas veces una mujer occidentalizada; y para los occidentales, soy una refugiada.

Estoy en el medio, en tierra de nadie, aunque siempre del lado de las mujeres afganas. Ayudo a las víctimas porque yo soy una de ellas, pero muchas veces me siento sola y poco apoyada en esta lucha diaria. En la actualidad, tengo grupos de WhatsApp para ayudar a las afganas en temas de violencia sexual, pero el camino hasta aquí ha sido (y sigue siendo) duro.

Tres Cantos-Vigo, diciembre de 2023

Tradicionalmente, en Afganistán no está bien visto que las mujeres vayan al cine. Si eres mujer y vas a una sala a ver una película, te arriesgas a que la gente te insulte o te denigre. Sin embargo, los hombres sí pueden hacerlo y, en su caso, no es nada negativo ni sospechoso.

Hace cincuenta años, las familias iban juntas al cine como un buen plan de ocio, igual que aquí, pero todo eso ha desaparecido. Muchas de las películas que entonces se podían ver en cartelera eran de Bollywood y la gente las disfrutaba. Ahora, con los talibanes, ir al cine está directamente prohibido.

En Madrid, paseando por el centro, veo las carteleras de las salas cinematográficas, a la gente comprando las entradas y palomitas, y se me ponen los dientes largos. Me llaman mucho la atención y me entran ganas de entrar. Les cuento a mis compañeras de TBS que no he ido nunca al cine y deciden que hay que solucionarlo pronto. Todas queremos ir a ver *Barbie*, pero pasan las semanas y no conseguimos organizarnos para coincidir todas.

Llega la Navidad. Estoy invitada en casa de Magis Iglesias, primero en Tres Cantos primero y luego, en Vigo. El 24 de diciembre cenamos en familia en Madrid, todo está muy rico. Me tratan como si fuera una más de la familia. El marido de Magis, José Miguel, cocina fenomenal y ella no para de tener detalles conmigo. Me siento como en casa y me dejo querer. Al día siguiente, sucede mi gran metedura de pata. Desconozco que el 25 tengo que ir otra vez a su casa a celebrar Navidad. Ese día, todos me esperan y, como no llego, a las tres, Magis me llama por teléfono.

—¿Dónde estás? Queremos darte el regalo…

—¿Cómo? Estoy en mi casa en pijama, no sabía que tenía que ir hoy otra vez…

Ella se enfada, pero se le pasa pronto y luego nos reímos. Cuando llego a su casa, me regalan un bolso para el móvil. Lo pasamos muy bien.

Para fin de año, viajamos a Vigo. El 31 de diciembre consigo tomarme tan rápido las doce uvas que, al final, solo me queda una (o sea, que tomo las once uvas). Me impresionan mucho las luces de la ciudad. Paso los días navideños con Magis y su familia de forma plácida y benévola. Un día, hablando, les cuento que me gustaría ir al cine, por si les apetece. La cuñada de Magis se anima y me invita. Vamos a ver *La sociedad de la nieve*.

La película es buena pero taaan triste. Un avión se estrella y los supervivientes se comen unos a otros… Socorro. Es muy interesante verla en una pantalla grande y con buen sonido, pero la película no es agradable, sobre todo cuando al día siguiente comemos carne.

En suma, ir al cine es una experiencia positiva, pero en mi mente me la imaginaba con amigos, disfrutando, comiendo palomitas, viendo una película más alegre y, luego, saliendo por ahí. Y no es el caso, porque, aunque es una gran historia de superación, es un drama al fin y al cabo. A veces pienso que he sufrido tanto que cuando veo el dolor de otra persona, rescato el mío propio y, por empatía, vuelvo a revivirlo, involuntariamente, de forma intensa; es difícil de gestionar. Nunca llegas a curarte de heridas tan profundas.

Ahora, cuando tengo ocasión, llevo a otras mujeres afganas al cine. También voy con amigos, forma parte de mi ocio.

MADRID, FEBRERO DE 2024

Ahora estoy buscando piso por primera vez yo sola y me enfrento a la apocalíptica realidad del mercado inmobiliario español, en concreto, al madrileño. Conseguir una vivienda es casi como ganar un concurso. Tener un espacio propio, un lugar donde vivir que sea mío, siempre fue mi sueño, pero desde que llegué a España solo he podido acceder a habitaciones en pisos compartidos. En Madrid, la situación está complicada en general, pero para mí, como extranjera y refugiada, aún más.

El periplo es tortuoso. Con una única nómina de un sueldo normal y un solo contrato de trabajo, nada es viable. Entonces le pido a un amigo, Tawfiq, que me deje su nómina y su contrato indefinido para simular que buscamos la vivienda juntos y así ofrecer más solvencia y seguridad. Sin embargo, tampoco les vale. Nos piden avales y nadie quiere ser nuestro avalista. Miro veinte, treinta, cuarenta pisos. No es sencillo para nadie, lo sé. Acceder a una vivienda: misión imposible.

Me paso semanas buscando piso diariamente de forma incansable. Algunos días me dan las dos de la madrugada rastreando pisos por los portales inmobiliarios online, pero nada… El 95 por ciento de las veces ni siquiera responden al escribirles por el chat. Si hay un teléfono en el anuncio, es más probable conseguir algún avance. Una de esas noches, entrada ya la madrugada, veo un piso que me gusta en Puente de Vallecas. Les escribo y me voy a dormir sin muchas esperanzas.

A la mañana siguiente, a primera hora, llamo a los de la inmobiliaria para pedir más información sobre la vivienda que me gusta y para ver si puedo ir a verla. Cuando me informan de que hay que pagar unas cuantas mensualidades para entrar a vivir, no doy crédito.

—Entre los dos meses de fianza, uno como garantía, el mes de alquiler en curso y la comisión de gestión de la inmobiliaria, serán… unos cinco mil setecientos euros.

—(Glups) Entiendo… ¿Y cuándo podría ir a verlo?

—Primero debes enviarnos toda la documentación que pedimos, realizamos el estudio de solvencia y luego, si todo está correcto, agendamos una visita al piso. Hoy ya tenemos unas doce, o sea que si te interesa…

Encima, más presión. Lo bueno es que la documentación la tengo ya lista, tanto la mía como la de mi amigo: nóminas, contratos indefinidos, renta, vida laboral, certificado de titularidad bancaria, etc. Lo envío todo por mail y a esperar. Al día siguiente me llaman y voy a ver el piso. La vivienda me gusta, pero me piden además un avalista y no lo consigo. Adiós piso.

Sigo buscando.

En una semana, otro lugar me seduce para vivir. Un estudio de Puente de Vallecas lleva mi nombre. Este no se me escapa. Es pequeño y está vacío, pero me imagino viviendo sola allí, tranquila y feliz. Antes de terminar la visita, le digo al de la inmobiliaria que me gusta.

—Pues si ingresas la cantidad que hemos hablado, y eres más rápida que los que lo vieron antes que tú, es tuyo.

—Hago el ingreso ahora mismo desde el teléfono, descuida…

Realizo una transferencia de unos cuantos miles de euros. Me quedo sin ahorros de golpe, pero tener una vivienda es un derecho, ¿no? Solo si puedes pagarlo… En Afganistán es imposible que una mujer sola alquile un piso, ya que debe vivir en casa de su padre o marido; si tiene la desgracia de ser viuda, necesita un aval.

Al final…, ¡consigo mi piso! ¡Y mi llave! Puede parecer poca cosa, pero es un gran avance para mí. Poder entrar y salir de casa a la hora que me plazca, sin tener que llamar, sin aguantar reprimendas ni ser juzgada… En mi país, mis padres no me permitían hacer nada de eso ni cuando estaba divorciada, pero ahora tengo mis propias llaves, lo que me da todavía más fuerza y libertad.

Meto suavemente la llave en la cerradura y la giro. Estoy tan contenta que quiero gritar. Abro y cierro la puerta haciendo sonar los engranajes varias veces. Miro a mi alrededor. La casa está vacía, pero, lejos de desanimarme, me parece bien; así puedo comprar los muebles a mi gusto. Aunque, acabo de recordar, no tengo ahorros. Pero algo se me ocurrirá. Estoy pletórica en este mi primer piso como mujer independiente. Solo tengo mi bandera de Afganistán y un Corán. Todo se andará. Pronto, este será mi primer hogar.

MADRID, ABRIL DE 2024

En Afganistán no hay discotecas, no existen como tal. En España, he estado en una (era un restaurante con salón de baile) y cuando se entere mi familia al leerlo aquí publicado, van a pensar mal de mí. Lo de siempre, que soy una puta. Me río por no llorar. El día que salimos a esa discoteca quedo en mi casa con un grupo de amigas españolas y de otras nacionalidades. Son mayores que yo. Ellas siempre están diciendo que quieren llevarme a sitios donde pueda disfrutar, divertirme y dejar de pensar en los problemas del mundo; dicen que siempre estoy con el activismo y que me olvido de mí misma. Soy joven y debo vivir experiencias que nunca tuve en mi país. España me brinda esa oportunidad. ¿Cómo puedo negarme? De ninguna manera. Así, surge la idea de ir a una discoteca.

—Khadija, te llevamos, ya verás qué bien te lo vas a pasar.

—Vale.

La ocasión lo merece y me arreglo por primera vez en mi vida para ir a un sitio a bailar. Me pongo un vestido que realza mi figura, mis curvas. Cuando me visto, pienso que lo estoy haciendo para mí misma, pero también es para gustar a los demás, sobre todo a los chicos. ¿Quiero ligar en la discoteca? No lo sé, eso es algo que tampoco he hecho nunca. He escuchado historias de gente que se conoce en una discoteca; bailan, conectan, se besan, se van juntos… Se vuelven a ver varias veces y se hacen novios. Lo he visto en las películas. Pero ¿y yo? ¿Puedo hacerlo? ¿Caeré bien? ¿Soy aburrida? ¿Podré gustarle a alguien que no sea afgano? Tengo grandes dudas e inseguridades en este sentido. Pero me miro en el espejo y me veo atractiva, perfectamente maquillada y peinada. Me pongo mis tacones altos, que no pueden faltar, y me siento poderosa pisando fuerte como una diva afgana.

Cuando estoy lista, salimos de mi casa y vamos a cenar. El lugar no es exactamente una discoteca, sino un restaurante cubano con baile y música en directo, La Negra Tomasa, en Sol. Allí nos juntamos con más gente. En el grupo hay una periodista de TVE con la que me llevo muy bien, Ebbaba Hameida, y otras siete personas.

Miro a mi alrededor, el ambiente me encanta. Suena música latina y la gente se mueve con gracia. Me impresiona ver a hombres y mujeres hablando entre ellos, pero bailando ellos no quieren propasarse, al contrario, hay camaradería y respeto. Es puro hedonismo, libertad y diversión. Nada más. Si quiero bailar con un chico, me acerco y lo hago, una y otra vez. Y ellos lo mismo. Es sano. Y no pasa nada. Yo me siento extraña y separada de todo el mundo. Me parece estar viendo una película.

Sé que, en España, la gente va por primera vez a la discoteca en sesión de tarde, con doce, trece, catorce años… Yo lo hago con treinta y uno. Pero es bueno seguir venciendo tus límites sin importar la edad. En Afganistán, solo danzamos en las bodas, poco más. La mía fue mi primera y última vez.

MADRID, JUNIO DE 2024

Aunque no os lo creáis, a pesar de que he tenido tres hijos (tres embarazos y un aborto), en mi país nunca me hice una citología. Sé que es la prueba que garantiza la salud ginecológica de la mujer, pero en Afganistán no es algo que se promueva, como os podéis imaginar.

Desde que llego a España, en 2021, Seguridad Social, Ministerio de Sanidad, Servicio Madrileño de Salud… todos me ayudan a que esté mejor. Psiquiatría, psicología, ginecología… Me hacen revisiones, me controlan y aprendo a cuidarme; también a prevenir, algo fundamental. No creo que mi madre o mi hermana se hayan hecho una citología jamás, ya que en mi país no existe la medicina preventiva.

Voy al hospital Gregorio Marañón y me atiende una ginecóloga. En la consulta, me explican en qué consiste la prueba y, seguidamente, me la realizan. Noto algo que me raspa un poco por dentro, pero no me duele, y menos sabiendo que es beneficioso para mí. Mientras me hacen la prueba, me pregunto si me van a detectar cosas malas, espero que no… Cáncer, infecciones, hongos… ¿Tendré algo?

Dos semanas más tarde me dan el resultado: todo está bien. A partir de ahí, sigo con mis revisiones periódicas. Ojalá todas las mujeres afganas tuvieran también acceso a recursos para su salud y su sexualidad. Ahora mismo es una utopía, lo sé.

MADRID, JULIO DE 2024

Estoy con mis compañeros en uno de los maravillosos *afterworks* en el Chino Juan. Estamos tomando algo dentro, apoyados en la barra, y en una conversación casual alguien habla del Satisfyer. Yo les digo que no sé lo que es. Entre varias personas me explican su funcionamiento y para qué está diseñado.

Según dicen, el Satisfyer (amigas afganas) es un juguete sexual, un succionador de clítoris que te hace llegar rápidamente al orgasmo. No tiene efectos secundarios, más que el placer, y se carga enchufándose a la red eléctrica, como un móvil.

Escucharlos me causa un pudor y rubor inmediatos, pero, por lo que cuentan, el aparatito tiene que funcionar bien. Risas mil. Mi compañera Mel me explica en detalle cómo es, cómo funciona y sus efectos. La conversación con ella no me deja ninguna duda sobre su solvencia y eficacia.

—Es una pasada. El Satisfyer marca un antes y un después en tu vida sexual. Tú eres dueña y señora de tus orgasmos. Yo tengo uno que es como un pingüino, hay diferentes modelos…

—¡Qué interesante! Ya no necesitamos a los hombres al lado ni para el sexo, eso nos da todavía más libertad…

Dos semanas más tarde, un domingo, Pat queda conmigo porque quiere darme un regalo. Me da un paquete y lo abro delante de ella.

—¡Ohhh!

—¿Sabes lo que es?

—Es un Satisfyer, ¿no?

—Sí, hemos puesto dinero entre todos y lo hemos comprado para ti. El modelo lo he escogido yo. Espero haber acertado.

—Menudo detalle, muchas gracias…

—¿Te explico cómo va?

—No, no, ya investigo yo… en casa.

Este gesto de mis compañeros de TBS me provoca vergüenza y me parece tierno a la vez, aunque se trate de un juguete sexual. Cada cosa que aprendo me da más y más poder. Vuelve a mi mente el momento, hace unos años, en el que me enteré de que los orgasmos femeninos existían. ¿Y si hubiera tenido entonces mi Satisfyer? ¿Y si todas las mujeres afganas tuvieran uno?

Pienso en ellas, que pasan por la vida sin disfrutar del sexo y sin tener orgasmos. Duele pensar en tanto placer perdido y no sentido. Me imagino fletando un avión lleno de Satisfyer y soltándolos sobre la ciudad de Kabul. Un regalo del cielo para vosotras, hermanas, que os merecéis todo el placer del mundo.[2]

MADRID, ENERO DE 2025

En un paseo con dos amigas afganas (a las que prefiero mantener en el anonimato para proteger su privacidad), nos dejamos caer por el centro. Caminando entre Sol y Gran Vía, vemos un *sex shop*, no recuerdo el nombre. Ir a uno es una cuenta pendiente para mí, así que animo a mis compatriotas y entramos las tres. A ellas también les provoca mucha curiosidad. Decidimos investigar por el misterio que supone, ya que ni remotamente nos imaginamos lo que puede haber dentro.

Vamos lanzadas y vemos varios objetos de sopetón que nos provocan risa y calores a la vez. Hay de todo, pero nos llaman la atención los consoladores, de todos los colores y tamaños, algunos exageradamente grandes. «Pero ¿esto para qué es? ¿No es gigantesco?».

Ellas me preguntan a mí, como si yo tuviera todas las respuestas, pero, en esta materia, estoy tan pez como ellas. No nos atrevemos a tocar nada, pero nos damos cuenta de que el sexo puede ser divertido, y con estos artilugios mucho más. Algunos imaginamos para qué sirven, los más obvios, y en nuestros cerebros se abren puertas a otras dimensiones… Pero también hay cosas que no sabemos para qué sirven y dudamos si preguntar o no. Al final, nos vence la timidez y nos quedamos con grandes interrogaciones en la mente. También vemos DVD de películas porno para alquilar; sus portadas nos sonrojan. No paramos de reír. Hay partes de cuerpos de mujeres, vaginas, pechos…, como si hubieran descuartizado a una chica y la hubiesen repartido por todo el establecimiento. Resulta muy raro, pero entendemos perfectamente la función.

La sección de sexo duro también nos llama mucho la atención; hay cadenas, látigos, pinzas y objetos que parecen de tortura. Los caminos del placer son retorcidos y variados. Esto genera debate entre nosotras, nos choca que el sexo con violencia pueda ser la opción escogida por algunas personas, pero si es con consentimiento por las dos partes, sabemos que está bien. Lluvia dorada, excrementos, fetichismos varios… El universo del sexo es infinito, y nosotras sin saberlo… y sin disfrutarlo.

Seguimos recorriendo el local y revisamos todo lo que hay casi como si de una misión antropológica se tratase. Nos encanta ver tantos objetos, aunque no sepamos bien para qué se usan exactamente. Cuando llegamos a los Satisfyer, quieren saber más.

—¿Estos aparatos qué son y para qué sirven?

—No lo sé.

No les doy la información que tengo y respondo de la forma más aséptica posible. No me atrevo a decirles que yo tengo uno, que lo uso y que conocerlo supuso una gran liberación sexual. Las mujeres tenemos nuestras necesidades y no siempre hay un hombre cerca, ni falta que hace, pero miento porque tengo miedo de que me juzguen.

Salimos del *sex shop* y las tres nos sentimos libres. No hemos comprado nada, pero estamos muy satisfechas. Nos parece bien que existan lugares así en los que te puedes sentir cómoda entre productos diseñados y comercializados para el placer de hombres y mujeres y para todos los gustos. Espacios para poder experimentar algo nuevo si eso es lo que quieres.

En Afganistán, nadie habla de sexo, tampoco entre amigas, por lo que haber ido con mis compatriotas al *sex shop* y haber podido descubrir y comentar con ellas este universo ha sido algo muy interesante para mí.

Pero las cosas no siempre salen bien. En una ocasión posterior, le ofrezco a otra amiga afgana ir al *sex shop*.

—¿Te apetece que vayamos a curiosear a un *sex shop*? Es muy entretenido y divertido.

—¡Nooo!

—¿Prefieres ir sola tal vez?

—Mucho menos.

— Si no te atreves, yo puedo ir por ti y comprarte un regalo…

—¿Estás loca?

Mi amiga declina escandalizada la invitación, con malas formas incluso. Yo solo quiero que prenda en ella la idea de que puede ser la dueña de sus orgasmos, como lo soy yo, sin depender de hombre alguno, pero eso es algo que ni siquiera puede concebir, un tabú colosal.

Encuentro todavía muchas resistencias entre las mujeres afganas a la hora de hacerles entender que una sexualidad plena también forma parte de su salud y de su desarrollo como personas. Todas, yo la primera, necesitamos tiempo para comprender e interiorizar. Ojalá el disfrute sexual sea algún día una prioridad para todas las mujeres afganas.

Desde que vivo en España (y con mi amigo Satisfyer), he aprendido que soy la dueña de mi propio placer y que no necesito a nadie para disfrutar.

MADRID, JUNIO DE 2025

Tras unos años sin poder hacer ejercicio (todavía recuerdo el lugar donde me ejercitaba en mi casa de Kabul), he vuelto al gimnasio. Acudo a uno de una cadena que hay cerca de mi casa, en Vallecas. Es la primera vez que voy a un gimnasio aquí y la primera vez que voy a uno en el que hay hombres en la misma sala. No comento nada al respecto porque no me importa.

Practicar deporte es una válvula de escape. El estrés me hizo coger mucho peso y no me siento cómoda con mi cuerpo. La ansiedad me mata y, a veces, no puedo parar de comer. A la hora de alimentarme, no me fijo y como cualquier cosa. No me cuido nada, así he llegado a la situación actual: peso 92 kilos, no me reconozco. En Afganistán, nunca pasé de los 85 kilos. Ahora quiero perder algunos. Es una necesidad física y mental.

Los fines de semana, tengo el lujo de ir con mi amiga Hafiza, que es una deportista de élite y me ayuda mucho, es casi como una entrenadora personal. Entre semana es menos divertido, ya que voy sola. Cinco días, me levanto a las seis y media y voy a correr y a realizar todos los ejercicios que se recomiendan para quemar grasa. También hago decenas de abdominales y próximamente empezaré clases de zumba.

Después de tantos años en los que me he dado a otros que podían hasta decidir mi vestimenta, me resulta bonito cuidarme. Lo siento como un acto redentor. Liberador. Todavía me queda camino por recorrer, pero me siento cada vez mejor en el templo que es mi cuerpo.

Madrid, noviembre de 2025

España es el país que recorro sola por primera vez. Me encanta este país. Creo que ya he estado en todas partes. Si consigo sacarme el carnet de conducir (tengo el examen este mes), me gustaría explorarlo también por carretera.

Clínica jurídica

En Afganistán, las mujeres divorciadas tienen graves dificultades para obtener la custodia de sus hijos debido a unas normas legales, culturales y sociales pensadas para favorecer a los hombres.

La primera vez que Mary me contó su historia, aluciné y entendí por qué se piensan tanto el hecho de divorciarse. ¿Qué madre no soportaría lo que fuera con tal de que no la alejaran de sus pequeños para siempre? Aguantan hasta que no pueden más. En los procesos de divorcio, la custodia es automáticamente para el padre en casi el cien por cien de los casos. Las madres solo tienen derecho a una custodia temporal *(hadana)* durante los primeros años, pero es un derecho que pierden si se vuelven a casar. Además, como ya sabéis, las mujeres que osan divorciarse enfrentan un gran estigma social y, en muchos casos, no pueden reclamar la custodia si el padre la disputa.

Es más, el sistema judicial afgano no ofrece a las mujeres recursos legales para luchar por sus hijos. Cuando los padres se los llevan a la fuerza, las madres no pueden recuperarlos debido a la falta de protección policial y judicial, que las deja desamparadas. Muchas pierden el contacto con sus hijos después del divorcio, especialmente si el padre se muda o se casa con otra mujer. Mary me ha relatado muchísimas historias de madres a las que les han arrebatado a sus hijos y que, desde entonces, lloran cada madrugada mientras en sueños dicen sus nombres. Lo mismo que hace ella cada día… Otros padres se llevan a los niños al extranjero sin el consentimiento de la madre, aprovechando que algunos países no firman convenios internacionales de restitución de menores (como la Convención de La Haya de 1980). Esto es lo que hizo su exmarido, y completamente amparado por la ley afgana.

Ella, como todas esas otras madres rotas, no tuvo nunca la custodia de sus hijos tras su divorcio. Los niños siempre estuvieron con su padre. Ella los veía muy de vez en cuando mientras se labraba un futuro.[1]

Lleva años luchando por recuperarlos y no va a parar hasta conseguirlo.

MADRID, MAYO DE 2024

Hay una persona próxima al entorno de los niños, cuyo nombre no puedo revelar, que siempre que puede me da información sobre mis hijos. Nunca le estaré lo suficientemente agradecida por eso. Es así como me entero de que los niños están en Europa, en Alemania, cerca de Berlín, con su padre, su nueva mujer y su bebé. No es del todo seguro y la incertidumbre me va destrozando poco a poco por dentro. Para combatirla, me pongo a investigar.

Tratar de obtener algunas certezas hace que no me desplome. Por eso, todas las veces, muy pocas, que he hablado con mis hijos, además de deleitarme con sus caritas, he intentado hacer capturas de todo lo que sale detrás de ellos en la imagen: carteles publicitarios, paredes, cualquier cosa que pueda darme una pista para saber dónde se encuentran… Luego busco en internet. Algunas veces tengo suerte y otras no tanto.

En una ocasión, los niños me enseñan unos juguetes que les gustan mucho sosteniéndolos con sus regordetas manos. En mi ansia detectivesca, hago una foto y luego busco en Google dónde se pueden comprar. Otra vez, mis pequeños me muestran sus mochilas nuevas y repito la misma operación. Fotografío o hago captura de pantalla y luego amplío, rastreo, indago para saber algo más; así me distraigo y siento que hago algo útil para recuperarlos. Pero, en el fondo, sé que de poco, o nada, me sirve.

Entonces, inesperadamente, me llegan noticias que confirman que mis hijos se encuentran en Alemania. No me puedo quedar parada. Saber algo de ellos y recuperarlos se convierte en una obsesión. ¿Cómo podría ser de otro modo? Durante este tiempo, hablo con mis contactos en los ministerios y con varios fiscales, y mi fiel Magis Iglesias organiza reuniones para buscar la manera de dar con los pequeños. Todo parece en vano, estéril, una pantomima. ¿Es que el destino de mis hijos solo me preocupa a mí? ¿Por qué el universo no siente esta misma congoja?

Un día, decido pedir ayuda a la embajada de Alemania. Si alguien debe ayudarme, creo que son ellos, pues allí es donde les perdí la pista.

—Por favor, quiero encontrar a mis hijos, no sé dónde están…

—No te podemos ayudar.

También voy a la policía…

—Necesito que me ayuden a dar con el paradero de mis pequeños. Hay que encontrarlos.

—No te podemos ayudar.

Siento que no me toman en serio. Me tratan como si fuera una loca que llora, que se desgañita y pide auxilio por algo «tan poco importante» como unos hijos. No me hacen caso. Pasan las horas y los días, y cada momento sin ellos es más difícil. No sé en qué circunstancias se encuentran. Siento que les he fallado como madre.

MADRID, JUNIO DE 2024

Un día que estoy especialmente desesperada, todo cambia. Mónica, mi compañera de trabajo en TBS, me habla de un grupo de abogados de Barcelona que tal vez puedan ayudarme a recuperar a mis hijos: la Clínica Jurídica de la Universitat Pompeu Fabra.[2] Desde la facultad de Derecho, ofrecen defensa legal gratuita a personas o colectivos vulnerables; a cambio, los estudiantes de Derecho tienen una formación práctica real. Me parece que es justo lo que necesito. Todo me suena muy bien.

Llevan casos con especial interés académico y social gestionados por equipos compuestos por un profesor, un doctor y tres estudiantes de último curso de Derecho y un abogado experto que actúa gratuitamente. La Clínica cubre diversas ramas del Derecho, aunque prioriza casos que involucren discriminación, violación de libertades individuales o colectivas y justicia social. El director del programa es designado por la decana de la facultad de Derecho (actualmente, es el doctor Maurici Pérez Simeón) y supervisado por una comisión académica. Los beneficiarios son personas migrantes, víctimas de discriminación o familias en riesgo de exclusión. Por su parte, los estudiantes de Derecho ganan experiencia práctica y pueden realizar su trabajo de fin de grado basándose en casos reales.

La Clínica Jurídica acaba de traer a España a una fiscal antiterrorista afgana.[3] Mónica ya ha hablado con ellos sobre mi caso y parece que quieren conocerme. Hablo por teléfono con Maurici, el director, y lo noto tan receptivo e implicado que las lágrimas inundan mi cara. El caso entraña gran dificultad, pero Maurici parece tener claro cómo abordarlo.

—Lo primero es conseguir un abogado de familia en Alemania que esté dispuesto a trabajar *pro bono*.

—Bien.

—Desde la Clínica nos ocuparemos de buscarlo.

—Muchas gracias de corazón.

—También formaremos un grupo de trabajo para ocuparnos de tu caso desde ya. Gracias a ti por contarnos tu historia y confiar en nosotros. Es todo un reto.

¿Habrá algo de esperanza para mis hijos y para mí?

La Haya, 5 de junio de 2024

Aunque desde la Clínica Jurídica trabajan en mi caso, para mí, que llevo tanto tiempo sufriendo, todo transcurre con mucha lentitud. Me siento tan infeliz e inquieta que quiero escapar de mí misma, pero ¿adónde puedo ir? Decido viajar a ver a mis padres a La Haya, por lo menos así me distraigo. Pienso una y otra vez qué puedo hacer para avanzar en la solución de mi drama, pero la respuesta no está clara… Cada día deseo presionar a mi exmarido para que me diga dónde están mis hijos y me permita verlos, abrazarlos, olerlos, arroparlos en sus camas. Me arde la sangre y siento como un sarpullido en mi pecho. Basculo entre esa ansia y el terror hipotético de hacerlo y que el padre se enfade y se escape con ellos de vuelta a Afganistán. Él tiene la sartén por el mango y yo estoy atrapada e impotente. Sufro. ¿Qué puedo hacer? ¿Qué haríais vosotros?

Estando en La Haya, un día que me veo con más fuerzas, llamo a mi exmarido para poder hablar con mis hijos. Bueno, no ocurre exactamente así. Yo le escribo y él me llama, pero cuando quiere y le viene bien. Él siempre manda y solo puedo hablar con mis pequeños una vez al mes. Cuando le escribo, a veces tarda dos o tres semanas en contestar, es desesperante. Muchas veces tengo que insistir, suplicar, desgañitarme y llorar. Yo solo quiero hablar con mis niños. Durante esta llamada, me da un arrebato y comento mis sospechas fundamentadas sobre su paradero.

—Sé que estás en Alemania. ¿Por qué no me das la dirección? Quiero ver a mis hijos.

—Tú ya sabías desde hace tiempo que estábamos en Alemania, pero no querías hablar con ellos. No te interesan tus hijos, eres una mala madre.

—No quiero escuchar más mentiras y tampoco discutir, solo deja que los vea, por favor. Son mis hijos. Ellos me necesitan. ¿Me das vuestra dirección, por favor?

MERSEBURG, 5 DE JUNIO DE 2024, 23.30 H

Llevo tres años sin ver a mis hijos y viajo desde La Haya para ir a su encuentro. No sé si esto va a salir bien o mal, pero tengo que intentarlo. No me fío ni un pelo de su padre, ya que mentir y hacerme daño es su pasatiempo favorito. No ha querido darme la dirección, solo tengo el nombre de una parada de tren, así que si apaga su móvil, estoy perdida, y lo mismo si me bloquea en WhatsApp. Si eso sucede, tal vez podría perder a mis hijos de nuevo y para siempre... Otra vez.

En estos momentos soy muy volátil. Cojo un avión y varios trenes que van muy rápido, pero siento que tardan mucho. Voy como loca. Percibo que me salgo de mi cuerpo. Soy un ansia viva. Por el camino, compro algunos regalos para mis hijos, no recuerdo qué ni dónde. A las once y media, llego a la parada de Merseburg, a una hora y media de Berlín.

Mi exmarido me recoge en coche en la estación y me lleva a su casa. Durante el trayecto, vamos en silencio, es muy incómodo. Estoy tan nerviosa que tengo ganas de vomitar. Al llegar, no se corta y les habla a mis hijos sobre mi atuendo.

—Mirad cómo va vestida vuestra madre. ¿No os da vergüenza?

Llevo un pantalón y una camiseta. ¿Qué le pasa?

—Delante de los niños no. Eso sobra, ¿quién eres tú para opinar sobre mi vestuario? Yo no dejo que nadie me controle. ¿Qué van a aprender de ti nuestros hijos?

Su odio hacia mí es infinito. Ahora lo canaliza a través de los pequeños y así intenta hacerme daño siempre. Los niños parece que le tienen miedo. Las pocas veces que hablo con ellos por teléfono, me impacta mucho que lo hacen a escondidas de su padre.

Miro a mis hijos y no me atrevo a tocarlos y abrazarlos. Están tan crecidos, tan guapos. Es algo casi irreal. No quiero imponerme y espero que tal vez ellos den el primer paso... Pero eso no sucede. Están fríos y percibo su recelo. Pasan las horas y poco a poco recuperamos cierta cercanía, intimidad y cariño. Me alojo en su casa, así que llega un momento en el que derriban sus muros y no parece que hayan pasado tres años sin vernos. Están contentos a mi lado, todavía me quieren, ¡qué alivio! Llega la noche y duermen conmigo. Al día siguiente, alquilo un piso por unos días para estar con ellos hasta que me vaya.

Nos trasladamos y pasamos juntos una semana maravillosa, los niños y yo. En nuestro mundo. Nos queremos y nada más importa. Todo es pura alegría. Ellos me preguntan dónde he estado todo este tiempo. Yo me muerdo la lengua, jamás les hablo mal de su padre. Me abrazan, me besan y se me pasan todos los males. Vamos de compras, salimos a comer, los llevo al parque y hacemos lo que les apetece. Es algo difícil para mí, porque no hablo alemán, pero ellos se comunican a la perfección y me lo traducen todo. El día que debo regresar a España, me acompañan a la estación de tren y lloramos. Duele.

—Mamá, ¿adónde tenemos que ir para decir que queremos vivir contigo?

Me siento plena, entera, solo pasando el día a día con mis hijos. No necesito nada más. No pensaba que esto pudiera ser posible. Pero ¿y ahora qué?

MERSEBURG, 26 DE JULIO DE 2024

Viajo de nuevo de Madrid a Berlín. Vuelvo a ver a mis hijos y, esta vez, llevo a mis padres. Delante de su padre, no quieren ni saludarme ni abrazarme. Noto que mi exmarido pone a los niños en mi contra. Cuando hablan, veo claramente que están manipulados. Les compro regalos del Real Madrid, de Batman y de Spiderman, sus favoritos. Aunque al principio no desean hablarme, poco a poco me los llevo a mi terreno. Vuelven a sonreír y a estar cerca de mí.

MADRID, OCTUBRE DE 2024

Los abogados de la Clínica Jurídica de la Pompeu Fabra y mi abogada de familia de Alemania, Barbara Eiblmaier, deciden escribir una carta a mi exmarido para comunicarle que voy a solicitar un régimen de visitas regular para ver a los niños. Yo creo que es arriesgado, sé cómo es Shafiq y puede enfadarse mucho, su reacción es impredecible. Pero hay que intentarlo. En la misma carta se le informa además de que deseo presentarme en el colegio de los pequeños como su madre para poder estar pendiente y al tanto de su educación. Tengo miedo. ¿Cómo se lo va a tomar? ¿Habrá represalias? Tardo muy poco en averiguarlo, ya que en cuanto le llega la carta, mi exmarido me escribe enfadado por WhatsApp.

—¿Por qué estás con abogados?

—¿Por qué no respondes a la carta?

Es imposible razonar con él. Nunca vamos a llegar a un acuerdo. Se me cruzan los cables y pienso que lo que debo hacer es dejarlo todo en España e irme a vivir a Alemania. Creo que es la única forma de estar cerca de mis hijos. Maurici, abogado y director de la Clínica Jurídica, me dice que, si lo hago, puedo perder la condición de refugiada en España y pueden detenerme y expulsarme de Alemania. ¿Estoy dispuesta a asumir el riesgo?

Contra todo pronóstico, mi exmarido acepta que yo me presente como su madre en la escuela de los niños. Esto me da calma y un rayo de esperanza.

MERSEBURG, 14 DE OCTUBRE DE 2024

Viajo a Alemania para visitar la escuela de mis hijos. Todavía no me creo que esto vaya a ser posible. Como cualquier otra madre, quiero implicarme en su educación.

Entro en el colegio y me reciben muy educadamente. Hablo con determinación con una de las tutoras, en inglés.

—Deseo saber cómo les va a mis hijos en el colegio, por favor.

—Lo siento, no podemos contarte nada porque no te conocemos.

Aunque insisto, en la escuela parece que no van a darme ninguna información. Me siento como una delincuente, como una apestada, totalmente fuera de lugar. A pesar de mis explicaciones y mis ruegos, las profesoras no me aceptan de ninguna manera. Salgo llorando del colegio... Estoy fuera de mí y no sé qué hacer. Mi exmarido me la ha vuelto a jugar. Mi abogada le había dicho que debía hablar con las profesoras de mis hijos para que yo pudiera tener esta charla con sus tutoras, pero no lo ha hecho.

¿Qué hago? Pido ayuda donde se me ocurre. Voy a Cáritas, voy a la policía, voy a una ONG que ayuda a la infancia de la que no recuerdo el nombre... Nadie puede ayudarme porque no puedo demostrar que soy la madre de mis pequeños. No tengo documentos, no soy nadie, menos que cero. Noto en sus miradas que todos piensan que estoy loca por cómo me altero y por cómo me expreso, ya que me duelen las entrañas y así se lo muestro.

Regreso a Madrid destrozada, abochornada y enloquecida.

MADRID, OCTUBRE DE 2024

Hablo con mi exmarido por teléfono y la conversación es una nueva tortura.

—¿Por qué me enviaste esta carta? Dijiste que no me reclamarías nada, que no ibas a ir a juicio...

—Tengo derecho a ver a mis hijos según un calendario de visitas, no cuando tú me des permiso. Si quiero llevar a mis pequeños a casa de mis padres en Holanda, tú no me dejas. Sin embargo, tú te los llevas con toda la libertad y sin mi permiso a casa de tus hermanos a Hungría. No es justo, ni para ellos, ni para mí.

Mi exmarido se enfada mucho y, aunque debería buscarse un abogado, ya me adelanta que no lo va a hacer. Tiene de plazo hasta el 31 de octubre para responder a la carta de mi abogada. Lo que le pido tampoco es tanto: establecer un régimen de visitas para poder ver a mis hijos cada dos meses.

Shafiq sigue sin responder a la carta. Yo voy de nuevo a Alemania a ver a mis pequeños. Otra vez siento su frialdad. Algo ha debido de decirles a los niños, porque no me reciben bien, casi no me saludan, no me hablan… Han pasado de gritarme «Queremos vivir contigo, mamá» a despreciarme.

—Queremos vivir con nuestra nueva madre.

Se refieren a Soman (nombre ficticio), la nueva pareja de mi exmarido, a la que maltrata de la misma forma que a mí y con la que tiene un bebé de pocos meses. Sin comentarios.

Además de que deseo estar con mis hijos, me preocupa la educación misógina que les está dando mi exmarido. He notado que cuando se pelean entre ellos se insultan llamándose «chica». Para ellos, como para su padre, ser mujer es algo peyorativo.

Pasa el tiempo sin ningún avance y eso me destroza. Me pierdo el día a día de la vida de mis hijos, las cosas pequeñas y las grandes. Todos estos años no se repetirán, ya han pasado. Esto es más duro que cualquier atrocidad que haya vivido anteriormente.

MADRID-MERSEBURG, 14 DE NOVIEMBRE DE 2024

Mi exmarido no se busca un abogado, pero me hace saber que no va a dejar que los niños vengan a España en Navidades. No me da una excusa ni una explicación razonada, no, ese no es su estilo.

Al no contestar a la carta, la respuesta se da por negativa. En este punto, mi abogada de familia me dice que ya no puede seguir llevando el caso porque ha pasado a ser algo penal, así que debo encontrar a otro abogado. De repente, estoy en la casilla de salida. ¿Y ahora qué? Empieza una nueva lucha, que es mi prioridad absoluta, pero ¿de dónde sacaré la fuerza para librarla si estoy destrozada? ¿Tendré ánimos? La única respuesta son mis lágrimas.

He podido ver a los niños tres veces estos meses, pero me queda toda la vida por delante con ellos. Solo tengo que ser fuerte, encontrar un nuevo abogado, reunir el dinero que haga falta y empezar la batalla. Estar en Europa es mejor para poder hacer justicia. Al menos, esa es mi esperanza.

Pero, un día, todo se desmorona sin previo aviso. A mediados de mes, un cambio en el estado de WhatsApp de mi exmarido me hace sospechar que deja Alemania. Voy en el metro y, de pronto, leo que ha puesto «Adiós, Alemania, para siempre». ¿Será verdad? En este momento, todavía no tengo la certeza, pero puede que sea un nuevo secuestro, aunque no a efectos legales.

Secuestro

Cuando veo el cambio que ha hecho Shafiq en su estado de Whats-App, me inquieto. No sé si es una nueva locura, otra provocación suya, o es que ha hecho algo que no quiero ni pensar. Estoy en el metro, me empieza a dar una taquicardia y quiero gritar. ¿Qué está ocurriendo? ¿Qué debo hacer? ¿Le pregunto al padre de mis hijos? ¿Me va a decir la verdad?

Lloro, hiperventilo, lo que me rodea se vuelve borroso y me parece que no está sucediendo de verdad. Ojalá sea solo un susto. Una broma macabra. Yo tenía esperanzas de que los niños pasasen conmigo esta Navidad, pero lo que he visto podría cambiarlo todo de una forma trágica. Estoy asustada. Llamo a mi amiga Hafiza para contárselo y pedirle consejo.

—Ha cambiado su estado de WhatsApp y se despide de Alemania... ¿Qué opinas? ¿Qué hago?

—Hum... Es difícil saber lo que pasa por su cabeza, pero creo que solo es un chiste cruel dentro de su extenso repertorio. Busca provocarte y generarte malestar, como siempre. Vamos a esperar unas horas a ver qué pasa... Intenta calmarte.

Es complicado, pero tengo que lidiar con esto y sobreponerme. Pasan unos minutos, envío un mensaje al iPad de mis hijos y no me contestan. Horas más tarde, compruebo que los mensajes no les han llegado. La tragedia indeterminada va tomando forma en mi cabeza. El horror de la incertidumbre. A pesar de todo, debo cumplir con mis obligaciones. Voy a dar una conferencia con un nudo en el estómago, hago lo que puedo, suelto frases que gustan a los asistentes, pero que, a mí, me parecen huecas. Intento no llorar. No sé si mis sospechas son infundadas, pero me estoy temiendo lo peor. Acabo el acto y, volviendo a casa, pienso opciones para averiguar qué pasa.

Quedo con Hafiza en el metro. Quiere ver cómo estoy y saber si puede ayudarme en algo. Lo primero es llamar a la policía alemana. Lo hago, pero es inútil. Para ellos no soy nadie y no tengo derecho a reclamar, desconfían de mí. Escribo al padre de mis hijos y no me responde. Lo hace mi amiga Hafiza y a ella sí le contesta, probablemente porque tiene un número de Afganistán. Me lleno de rabia y, en un arrebato, le cojo el móvil a Hafiza para poder desahogarme con Shafiq.

—¡¿Dónde estás?!

—¿Quién eres?

—¡¿Dónde están mis hijos?!

—Estamos en Afganistán. ¡Déjanos en paz!

Cuelga rápidamente y entonces comienza mi agonía. Empiezo a llorar, a gritar, a insultar y maldecir. ¿Cómo puede haber en este mundo un padre que no piense en el bienestar de sus hijos y solo busque hacer daño a la madre? Sigo en el metro, ahora en la parada de Sol. Me nace de dentro un grito desgarrador y todos en el vagón me miran. Hafiza cree que me va a dar algo. No sé ni dónde estoy...

MADRID-MALLORCA-MERSEBURG, 15 DE NOVIEMBRE DE 2024

Me siento al borde del abismo y eso me lleva a embarcarme en una actividad desenfrenada. No puedo quedarme parada sin saber dónde están mis pequeños. Decido viajar a Alemania, pero estoy tan sobrepasada que, al llegar a Mallorca, me doy cuenta de que me he olvidado el pasaporte. Pierdo el vuelo... Colapso, lloro. Pido ayuda a toda persona del aeropuerto, policía y guardia civil con la que me encuentro. Tras muchas gestiones y cuatro horas esperando, consigo comprar un nuevo pasaje para Berlín. Las autoridades me permiten viajar con un documento especial. Menos mal, por un momento pensaba que mi viaje iba a terminar antes de comenzar.

En el aeropuerto, sigo con mis pesquisas y contacto con abogados afganos para ver posibles soluciones.

—No puedo vivir sin mis hijos. Ya he pasado demasiado tiempo sin saber de ellos. No quiero perderme el resto de sus vidas. ¿Qué podemos hacer?

—Si el padre se los ha llevado a Afganistán, podemos hacer bastante poco. Allí es su tutor legal, no los ha secuestrado…

Se me parte el alma. Ojalá todo lo que estoy viviendo sea solo una pesadilla. En el vuelo, me imagino que todo es un mal sueño y que cuando llegue a Merseburg, la mujer de mi exmarido estará en casa y mis pequeños regresarán del colegio. Pero, al bajar del tren que me lleva desde Berlín, la realidad me da una nueva bofetada. Llamo al timbre de su vivienda y nadie responde. Mi mente me presenta un escenario trágico. Me quedo rondando por los alrededores e intento por todos los medios que alguien me diga algo. Vago durante cinco horas, llamo a muchas puertas. Es complicado hacerme entender porque nadie habla inglés y yo no sé alemán. Finalmente, unos vecinos me confirman que mis hijos no están, que hace tres días que se fueron. Nunca me habría esperado perderlo todo por segunda vez.

Pongo una denuncia en una comisaría alemana, pero no va a servir de nada. Me esfuerzo para dar todos los detalles que puedo y que los policías alemanes se hagan cargo de que de mis pequeños ya no están, los busquen y los encuentren. Se han volatilizado y no ha dejado rastro alguno. Reflexiono en alto y describo posibles escenarios. Pero es como si no me escucharan. Noto la forma en que me miran los agentes, y me siento tan ingenua como defraudada.

En el avión de regreso a España estoy completamente disociada. No recuerdo nada del trayecto. Llego a Madrid y reactivo la búsqueda, aunque nadie me da ninguna solución viable. Ni los abogados de Clínica Jurídica ni mi abogada de familia alemana ven claro qué se puede hacer a partir de ahora. El detonante de esta situación fue la maldita carta y reflexiono sobre si fue adecuado enviarla. Se pasó la fecha que tenía mi exmarido para responder a nuestra solicitud del régimen de visitas y su contestación ha sido esta huida cobarde. Veo claro que no se podía esperar otra cosa de él. ¿Cómo pude volver a fiarme?

Busco otro abogado en Alemania, pero no consigo ninguno que me convenza o que quiera pelear por mi caso. Desde Clínica Jurídica me aconsejan poner una denuncia por secuestro de menores. Reflexiono y al final decido no hacerlo, pues lo veo inútil porque mi exmarido no va a volver jamás a Alemania.

En España, llamo a todo el mundo desesperada. El caso es complicado, ya que Afganistán no responde ante ningún tribunal internacional. Además, yo no puedo entrar en mi país e ir a por los niños porque perdería mi condición de refugiada en España. Legalmente, el padre es mi exmarido, él tiene la custodia, por lo que no ha cometido un secuestro. En Afganistán, no tengo ningún derecho como madre, pero se me ocurre que podría pedir una prueba de ADN. Se lo comenté a mi abogada de familia alemana antes de escribir la desafortunada carta. Una prueba de ADN podría demostrar en cualquier parte que soy la madre de los niños, pero todavía no la he podido realizar.

En ACNUR me dicen que si encuentro un abogado que quiera llevar el caso en Alemania, ellos me cubrirán desde España para poder recuperar a mis pequeños. Aunque lo he intentado por todas las vías, no he encontrado aún un abogado alemán.

MADRID, 14 DE NOVIEMBRE DE 2024

En llamada telefónica, mi hijo mayor, Omar, me pide permiso para instalar un juego o una app en su tablet (tiene instalado el control parental)... y se suelta.

—Quería decirte algo. No me gusta que le hables mal a mi padre. Si lo haces de nuevo, te voy a dar una paliza. Estoy enfadado contigo, por irte y por habernos dejado de nuevo…

No puedo culparle, no es él quien habla. Está desplegando todo el odio que su padre le mete en la cabeza. Shafiq les está educando en una completa misoginia, alimentando que traten mal a las mujeres, generando crueldad hacia nosotras porque sí. Intento racionalizarlo, pero me quiebro, no puedo respirar, no puedo   trabajar.

Tras este contacto con mi hijo, intento seguir con mi día a día lo más estable que puedo, pero es muy difícil. Voy a la oficina y en el metro no puedo parar de llorar. Debo volver a casa. En mi habitación, repaso obsesivamente los últimos momentos con mis hijos en Alemania. Una vez más, no sabía que iban a ser los últimos con ellos. De haberlo sabido, tal vez los habría traído conmigo. Mi estado mental empeora y, poco después, el médico de cabecera me da la baja médica porque no soy capaz de seguir viviendo con normalidad. Agradezco todo el apoyo y la comprensión de mis compañeros y jefes de TBS en estos momentos tan difíciles.

MADRID, 30 DE NOVIEMBRE DE 2024

Es insoportable no saber nada de mis pequeños durante dos semanas. No puedo dormir y, o no tomo nada en todo el día, o me paso de la raya y como hasta reventar. Lloro sin parar, estoy sin estar. La desesperación me lleva a escuchar las ideas más descabelladas para poder recuperar a mis hijos, algunas incluso cercanas a la barbarie. Una amiga afgana me propone un plan dudoso, pero estoy tentada a caer. Un contacto de esta amiga que está en mi país, puede entrar en casa de mi exmarido, secuestrar a los niños con pasamontañas y llevarlos a la frontera de Pakistán, donde estaría yo esperándolos. Me ofrecen hacerlo por veinte mil euros. Pero yo no quiero que mis hijos se vean envueltos en algo tan traumático. Hay varias personas afganas más que me sugieren operaciones de «rescate» de los niños muy similares.

Ahora pienso que debería haberme traído a mis hijos conmigo la primera vez que nos encontramos en Alemania. No podía hacer nada ilegal, pero sabiendo cómo es el padre... ¿Por qué los dejé con él? ¿Podré algún día considerarme buena madre tras permitir que los arrancara de mi lado de nuevo?

LA HAYA, 28 DE DICIEMBRE DE 2024

En busca de apoyo y compañía, voy a ver a mi familia. En el pasado, pocas veces me han dado el consuelo que necesitaba, pero ¿a quién voy a recurrir? Ya no me quedan puertas a las que llamar. Mis hermanos me llevan a restaurantes para que me distraiga. Estoy todavía más triste porque estas Navidades mis hijos iban a estar conmigo en Madrid y ahora les he perdido la pista de nuevo. Solo quiero dormir, no soporto estar consciente y respirar. Llevo desde noviembre sin noticias de los niños y el terror que siento aumenta.

MADRID, 16 DE FEBRERO DE 2025

Para asegurarme de que los niños están Afganistán, empiezo a comunicarme con mis contactos de allí. Los abogados me dicen que es importante que consiga una prueba de vida. Si logro ubicar a los niños en Kabul, mis allegados podrían ir y comprobar si los pequeños salen del portal y cómo es su rutina diaria. Es más complicado de lo que *a priori* pueda parecer, porque en Afganistán, en Kabul, no existen las direcciones como en España, con una calle concreta, un número de portal y un piso. Allí, uno llega a los sitios de memoria. Cuando envío alguna cosa a mi país, pongo la dirección de una oficina de correos.

Cuando yo vivía allí, Google Maps existía, pero nadie lo usaba, no era algo común. Hago algunos dibujos en papel y en el ordenador tratando de reflejar bien el camino hasta su casa familiar, la última que yo conozco. Entraña cierta dificultad, pero al buscar una fábrica de pan cercana a la vivienda, me sitúa más o menos en la zona. Luego amplío el mapa y, con la referencia de la escuela y la guardería, la acoto todavía más.

Surgen otras posibles vías. Una mujer a la que estoy ayudando a venir a España desde Pakistán junto con sus hijos me pone en contacto con alguien en Afganistán. Localizo finalmente la casa donde viven con su padre gracias a un amigo al que, a través de una videollamada desde su coche, le voy dando indicaciones de por dónde debe ir hasta que consigo encontrar el lugar en el que viví seis años.

Le mando la información a la mujer y ella se la reenvía a su contacto en Afganistán. El chico se desplaza varios días al lugar y permanece allí esperando para ver a qué hora salen los niños, a qué hora entran y adónde van. Además, hace una videollamada con el marido de la mujer y graban a mis hijos bajando del coche que los lleva y los trae de la escuela y entrando en casa. Al recibir este vídeo, casi se me para el corazón. Llevo desde noviembre del año pasado sin saber de ellos, por lo que le doy al Play en bucle. Lo veo una y otra vez mientras lloro y sonrío a la vez.

Al día siguiente, un contacto me pasa el teléfono de la supuesta escuela de los niños en Kabul y hablo con una profesora.

—Quisiera tener noticias de mis hijos o poder hablar con ellos.

—Esos niños no estudian aquí.

Más tarde, consigo el teléfono de otra escuela y cruzo los dedos para que esta sí sea la de mis pequeños.

MADRID, 8 DE MAYO DE 2025

Tengo el número del jefe de estudios de un nuevo colegio en Kabul y llamo para saber si mis hijos van a clase allí.

—Soy Khadija Amin, quiero hablar con mi hijo Omar…

Y me pasa el teléfono… No me lo esperaba. Al escucharnos, los dos lloramos. Estamos en videollamada y puedo ver su preciosa carita.

—¡¿Cómo estás?! ¡¿Estás bien?!

—Sí.

Lo veo algo reticente y enfadado conmigo. Habla muy poco y me cuelga sin avisar. Vuelvo a llamar varias veces hasta que el número de móvil me bloquea.

Seguimos intentándolo. Al día siguiente, mi hermana Yalda acude a ese colegio e insiste en que la madre de los niños quiere hablar con ellos, pero le dicen que el padre no da permiso y que nada se puede hacer. Estoy desesperada ¿De dónde sacaré la fuerza? Ahora mismo solo Dios me consuela. Haré todo lo posible por recuperarlos, pero si Dios no quiere que los niños estén conmigo ahora, más adelante ellos vendrán a mí. Me buscarán y recuperaremos el tiempo perdido. Aunque el presente se tambalee, el futuro es mío. Es nuestro.

MADRID, OCTUBRE DE 2025

«Tienes que ser fuerte». «Sigue adelante». «Es injusto lo que estás viviendo». «No estás sola»… Cada persona con la que me cruzo dice lo que le sale intentando ayudarme a afrontar esta situación. Pero no sirve de nada. El verme privada de mis hijos por la legislación afgana es una forma clara de violencia vicaria y yo, la víctima de una tortura psicológica infinita. ¿Recuperación? La esperanza del reencuentro es lo único que me mantiene viva.

Estoy devastada. Ahora mismo, ni tomo medicación ni voy a terapia y mis heridas no cesan de sangrar. Mi trauma psicológico agudo, crónico, se nutre de estrés postraumático, de *flashbacks* de los momentos previos a la separación de mis niños, de pesadillas recurrentes, de hipervigilancia constante. Llevo meses sin saber apenas nada de mis pequeños, sumida en un duelo ambiguo. Al no tener certeza sobre su bienestar, sufro una angustia perpetua. Tétrica impotencia. Soy una incapaz. No he podido proteger ni rescatar a mis hijos, y eso me llena de culpa ¿Por qué no pude evitarlo? ¿Cómo no lo vi venir?

Cada día, cada noche, las emociones me laceran. Desasosiego, llanto incontrolable, pérdida casi total de interés por lo que me rodea. Por lo menos ya he dejado atrás las ideas suicidas. Sin embargo, vivo con una ansiedad permanente y generalizada. Como no puedo ver a mis hijos, tengo un constante temor por su seguridad física y emocional. ¿Están bien? ¿Están enfermos? ¿Los maltratan? ¿Los han alejado de mi memoria para siempre? Siento rabia hacia el padre secuestrador, hacia los sistemas legales alemán y europeo y hacia mí misma.

Ya no sé ni quién soy. Mi identidad y mi autoestima se tambalean. La imposibilidad de ejercer como madre me genera una crisis existencial. ¿Quién soy sin ellos? ¿Cómo voy a seguir mi vida? ¿Estoy haciendo lo suficiente? El dolor es tan grande que se hace físico. Insomnio, pesadillas, pérdida de apetito o atracones, cefaleas, contracturas. A veces me siento apoyada por mi entorno y a veces no. Algunos minimizan mi dolor, otros me culpan indirectamente y sin querer.

No he conseguido nada y estoy desgastada por la lucha legal y burocrática. Buscar justicia no vale más que para generar frustración y agotamiento. Estar ocupada es la única vía de escape que tengo. El activismo me sirve para canalizar el dolor a través de mi lucha, ayudando a otras mujeres. Además, tengo mi propio ritual simbólico: escribir cartas a mis hijos (aunque no pueda enviarlas) los mantiene vivos y presentes para mí.[1]

Estos meses he grabado en diversos vídeos el seguimiento de la búsqueda de mis hijos y estamos realizando un documental en TBS sobre el tema. Se titula: *Khadija Amin: ¿Dónde están mis hijos?* Creo que cualquier ayuda es poca para lanzar al mundo mi súplica y mi rabia. Quiero que mis pequeños estén conmigo. Nada más.

MADRID, MAYO DE 2025

El *taweez* (o *tawiz*) es un amuleto o talismán con fines de protección, curación o atracción de bendiciones. Se trata de un objeto (generalmente de papel, metal o tela) que tiene inscripciones de versos del Corán, nombres de Alá, súplicas, símbolos místicos o combinaciones numéricas. Sirve para proteger contra el mal de ojo o contra las energías negativas; para curar enfermedades físicas o espirituales; y para atraer prosperidad, amor o éxito. Aunque todo está por demostrar. Es cuestión de creer o no creer.

Se cree que el *taweez* actúa en el *malakut* (mundo invisible), protegiendo de fuerzas ocultas. Esta afgana que os habla ha encargado al mulá un *taweez* para poder solucionar el drama del alejamiento de sus hijos. Seiscientos euros han sido transferidos de Madrid a Kabul para este cometido. Los símbolos han sido escritos y el llamamiento a las fuerzas está hecho. Este *taweez* ha estado colgado de mi cuello y luego se ha quemado, así la magia se activará. Por ahora, nada ha cambiado, pero quiero creer que lo hará.

Mientras tengo fe en el *taweez*, otro amigo me propone ir a buscar (secuestrar) a mis hijos interceptándolos en el coche que los lleva a la escuela. Por treinta mil euros los podría tener de vuelta, pero no me atrevo.

MADRID, MAYO DE 2025

Mis pesquisas para localizar a mis hijos en Afganistán van dando, muy poco a poco, sus frutos. Usando un número de teléfono diferente del mío, consigo que me respondan la llamada en un colegio de Kabul.

—Soy la madre de Omar, Seawash y Rezwan, mis hijos estudian ahí. Quiero hablar con ellos, por favor.

—Están de vacaciones, pero a su regreso podrá hablar con ellos.

Tristeza colosal cuando vuelvo a llamar.

—Señora, no podemos darle ninguna información.

Algo es algo. Al final, lo conseguiré.

MADRID, AGOSTO DE 2025

Hablo con la jueza Friba Quraishi y le digo que necesito un abogado afgano para poder denunciar a mi exmarido en Afganistán por falsificar el documento (cubierto por él al salir del país) que indica que la madre de los niños ha fallecido. Friba me da un número y me pongo rápidamente en contacto con el abogado afgano Shafiq Ahmed Afzali, quien me llena de nuevo de fuerza para seguir luchando.

—Khadija, si tienes la nacionalidad española, un pasaporte español, puedes entrar en Afganistán y pelear por los niños desde dentro.

—¿De verdad? Pero mi exmarido no lo va a permitir...

—Deberías denunciar a tu exmarido y podría ser encarcelado seis meses como mínimo por falsear el documento y poner que habías muerto. Pero hay que diseñar bien nuestra estrategia...

Debemos valorar el balance entre riesgos y beneficios. La abuela paterna de los niños falleció hace unos meses y, si detienen a su padre, mis hijos se quedarían solos. Aunque, según sé, ahora él tampoco está para atenderlos; mis fuentes dicen que Shafiq está trabajando en Herat. Mis hijos están en Kabul a cargo de la nueva mujer de su padre y eso es injusto. ¿Por qué no pueden estar conmigo? Los niños necesitan el amor del padre y de la madre, y no tanta angustia y separación. Me imagino que ellos deben de estar sufriendo, ya que están solos, parece que no tienen padres.

El abogado escribió a mi exmarido a principios de agosto, diciendo que me representaba y que quería hablar con él, sin especificar el motivo. Mi ex le dijo que le hiciese la comunicación de forma oficial, pues él no podía quedar porque estaba fuera de Kabul. En estos momentos el abogado se prepara para hablar con Shafiq, pero es peliagudo. Shafiq le va a decir «¿Tú quién eres?». Me juzgará, como siempre, y supondrá que el abogado tiene una relación conmigo. Siempre pensará mal en ese sentido.

Para acercarnos a mi exmarido, le recomiendo intentarlo primero a través de mi cuñada, la médica, para que haga que mi ex entre en razón y me deje hablar con los niños. Pero es con su marido con quien habla y este le dice que ellos no quieren saber nada.

Es posible que mi ex piense que yo no puedo hacer mucho porque estoy fuera del país. Otro abogado afgano al que consulto por teléfono, bastante machista, lo tiene claro.

—Tú abandonaste a los niños, ahora decide sobre ellos el padre. No tienes ningún derecho según la ley y la cultura afganas. Los niños son propiedad de su padre.

Tremendo.

Trago saliva y me aguanto la rabia.

—Si vamos a juicio, tendrás siempre las de perder. El padre de los niños dirá que te fuiste a un país occidental y que quieres educar a vuestros hijos en una cultura extranjera pecaminosa. Investigarán tus redes y leerán tus entrevistas. Verán que no usas velo. Los jueces van a decir que te has quedado sin derechos como madre sobre tus hijos.

Con sistemas legales así, ¿quién necesita enemigos?

El panorama es desalentador. Ni siquiera comenzar es fácil. Mi exmarido debe de saber que hacer una comunicación oficial estando fuera del país es un trámite complejo.

Mientras el abogado intenta localizar a mi exmarido, él me bloquea por mail.

Voy a viajar a Holanda a ver a mi familia y analizaré cómo puedo solucionar la cuestión de los dos testigos. Tengo que intentarlo una vez más. Sea como sea.

Madrid, 22 de abril de 2025

Me despierto agitadísima y empapada en sudor. Mientras recupero el aliento, siento que la ansiedad llena la habitación de forma casi sólida. ¿He tenido una pesadilla? Sí, pero tan real que duele. Mi hijo me decía en sueños: «¿Por qué no vienes a buscarnos? ¿Por qué nos has abandonado de nuevo?».

No ceso de darle vueltas y me desvelo. Para cuando amanece, ya estoy convencida de que el sueño es un mensaje real de mi hijo, transmitido por telepatía.

Esa pesadilla me parte el alma, pero me da más fuerza para seguir luchando por conseguir la nacionalidad española.

Pensando en mis pequeños, me pregunto cómo llevarán el hecho de vivir en Kabul después de haber estado tres años viviendo y escolarizados en Berlín. Sé que el padre les lava el cerebro, pero… ¿cómo podrán perdonar que su padre les arrebate a su madre y su modo de vida en Alemania? Shafiq nunca piensa en los niños. Si no, dejaría que hablaran conmigo.

¿Cuándo va a terminar esta pugna en la que nadie gana?

La Haya, agosto de 2025

Me encuentro de vacaciones con mi familia en Holanda. Los días transcurren con sencillez y ligereza. Son cuatro días en los que duermo a pierna suelta, sin alarmas; la comida está hecha y no tengo obligaciones, pues no me dejan colaborar. En el tiempo de ocio, salimos y vamos a un restaurante afgano muy bueno; también viajamos a Bélgica. Desconecto ligeramente, pero poco, porque debo ir a la embajada de Afganistán.

Al día siguiente, voy con mi hermano. Quiero seguir avanzando y hacerle un poder a mi abogado para que luche por mis hijos en Afganistán. También me dicen que necesito dos testigos, que deben ser dos hombres y que tienen que viajar a Afganistán con el abogado. ¿De dónde los saco? ¿Quién puede aparcar su vida para hacer esto? Nadie de mi familia puede viajar a Afganistán, ninguna persona que se haya ido del país, pues son refugiados y perderían su condición. Regreso llorando a casa y hablo con mi abogado. Ya está, se acabó. Una vez más.

¿Tendré que esperar a que los niños tengan dieciocho años y decidan venir a España?

Me recupero rápido, no me rindo. Lo que tengo claro es que quiero ir a Afganistán cuando tenga la nacionalidad española para poder verlos… ¿Y si consigo visados y me los traigo?

Castillos afganos en el aire.

MADRID, SEPTIEMBRE DE 2025

Mi exmarido me ha desbloqueado, no sé desde cuándo exactamente, y veo que en su estado de WhatsApp pone enlaces a vídeos de TikTok en urdu sobre el tema del divorcio. Le escribo pidiendo que me deje hablar con los niños y no me contesta. Le digo que tengo derecho, pero no responde. Le suplico diciendo que, cuando sean mayores, los niños van a saber todo…, pero nada.

A Shafiq parece que le gusta que le ruegue. Si no le escribo, dice que no quiero hablar con los niños, pero si lo hago, no responde. Tantos años después, me sigue maltratando.

A estas alturas, ya sabe que tengo abogado, pero poco podemos hacer, porque gestionar lo del poder es muy complicado y yo no puedo entrar en el país… Intento estar ocupada para no darle más vueltas, pero no pensar es imposible. En octubre hará un año que no veo a mis hijos. Y nada duele más que eso.

ALMERÍA-GRANADA-MADRID, 13 DE SEPTIEMBRE DE 2025, 16.45 H

Recibo una llamada de alguien cuya foto de perfil es una imagen de Ronaldo. Es un número desconocido. No estoy segura de quién es, ya que recibo muchas llamadas y nunca devuelvo las que son de números que no tengo.

Pasa una semana. Estoy en Almería, de camino al aeropuerto de Granada para volver a Madrid, cuando me llaman desde el mismo perfil. Descuelgo:

—Mamá, ¿qué tal?

¡¡¡Es Omar!!! Se entrecorta y casi no le oigo. Como voy en coche camino al aeropuerto, quedamos en que más tarde hablamos. Me va a explotar el pecho.

Poco después, ya en el aeropuerto de Granada, hago una videollamada y veo a mis tres pequeños en la pantalla. Me parece irreal. Veo sus caritas, sus cabellos azabache, sus sonrisas… Es como si no hubiera pasado el tiempo. Me reconforta y me duele a la vez.

—¿Dónde estás?

—En Madrid.

—¿Real Madrid?

Omar no quiere enseñar su cara en casi toda la conversación, no veo su rostro, dice que le da vergüenza hablar. Solo un momento me muestra su mirada y me derrito. Lleva puesto un polo con botones de color blanco, parece un jovenzuelo.

Rezwan y Seawash están más desatados y me piden regalos.

—Queremos un Samsung y un Oppo, sabemos lo que cuestan…

Siento muchas cosas a la vez, lo que nubla un poco la conversación. Les grabo mientras charlamos porque no sé cuándo se va a volver a repetir esto. De fondo, se ve la casa familiar de su padre, donde yo sufrí tanto. Me inundan la alegría por verlos y el dolor por no poder tocarlos. Es una mezcla de alivio y angustia. Los mellizos no se cortan e insisten.

—¿Nos vas a comprar los móviles?

Creen que puedo ir a verlos…

—¿Puedes saludar a Mbappé y Ronaldo?

—¡Queremos una copa de campeones del Real Madrid!

¡Están tan guapos! Seawash con su corte de pelo moderno, rapado por los lados y a la taza, y una camiseta deportiva azul y amarilla; Rezwan, más delgado que su hermano, con una camiseta azul y desafiante.

Son los cinco minutos más aprovechados de toda mi vida. Durante la conversación, el bebé de año y medio, hermanastro de mis hijos, se acerca también e intenta balbucear algo. Contrasta la calidez de sus voces con la frialdad del entorno que me rodea, uno que no significa nada sin ellos.

Nos despedimos, tienen que colgar.

Silencio.

Vacío.

He cumplido el objetivo de que no me vean llorar. Ahora ya puedo descargar.

En el avión de Granada a Madrid, siento alegría y alivio. Tras tanto tiempo sin verlos ni escucharlos, la videollamada me llena de felicidad al poder confirmar que están bien y ver sus rostros. Me inundan la nostalgia y la tristeza por el tiempo que no he podido compartir con ellos… y que, en la actualidad, tampoco comparto. Tiemblo de ansiedad y nerviosismo porque no sé cómo voy a solucionar nuestra separación. Se me atragantan la culpa y el arrepentimiento. ¿Por qué no os traje conmigo cuando pude hacerlo?

La separación fue dolorosa, tomé algunas decisiones difíciles y no tomé otras, por lo que no he estado presente durante mucho tiempo. Todavía tengo esperanza de reconectar con ellos y reconstruir nuestra relación, nuestra familia, de ellos y mía. Me mata la incertidumbre. Me siento insegura sobre cómo he actuado y lo que he dicho en la videollamada. Pero todo lo puede el amor incondicional que me llena, fuerte, profundo y constante.

Mi motor. Quiero atesorar en mis neuronas sus imágenes, sus voces. Están más crecidos, Omar cumple once años en octubre y los mellizos, nueve. El tiempo se me escurre…

¿Qué pasará a continuación? Días más tarde los llamo y no responden.

Llamo de nuevo y coge el teléfono una mujer con una voz que reconozco. No quiero hablar con ella. Es una familiar con la que no me llevo bien. Recuerdo que una vez me pegó. Pero tengo un plan. Mi estrategia es no perder el contacto y seguir cerca de ellos hasta que Omar sea algo mayor. Mientras yo intentaré obtener la nacionalidad española. Y tal vez, tal vez… Aquí en España puedo pedir el reconocimiento como madre de los niños. Tengo que aportar fotos, algunos documentos… Yo sigo pensando en la prueba de ADN y se me ocurre incluso cómo podría hacerla.

MADRID, I DE OCTUBRE DE 2025

He escrito a mis hijos más de veinte mensajes en siete días. No responden. Hoy, directamente, ya ni les llegan… Los talibanes han cortado internet y han dejado el país totalmente incomunicado durante cuarenta y ocho horas. Apagón de las telecomunicaciones, aislamiento total.

Luego, la red vuelve a funcionar, pero mis pequeños no contestan…

Querido Omar.

Querido Seawash.

Querido Rezwan.

Estoy esperando vuestra respuesta.

Os quiero.

Epílogo

AFGANISTÁN, 2035

A veces, después de todo un día de lucha, duro trabajo y desesperación, antes de caer dormida, me infundo ánimos para seguir imaginando un futuro en el que mi esfuerzo ha dado sus frutos...

KABUL, AFGANISTÁN, 8 DE MARZO DE 2035

Palacio presidencial. Discurso de la presidenta, Khadija Amin:

En el nombre de Alá, el Misericordioso, el Compasivo... Hermanas y hermanos de Afganistán, hoy, en el Día Internacional de la Mujer, tenemos mucho que decir. No lo celebramos con palabras vacías. Actuamos. Y tenemos un plan.

Desde sus orígenes, el islam puso énfasis en la ciencia y el conocimiento, y nosotras queremos hacer lo mismo. No tenemos otra opción. Como dice el *hadiz*: «La búsqueda del conocimiento es obligación de todo musulmán y musulmana». طلب العلم فريضة على كل مسلم و مسلمة.[1]

Si yo hoy estoy aquí y puedo hablaros es porque el conocimiento me lo ha permitido, me ha dado una oportunidad de futuro. He tenido una vocación, una profesión. Pero no todas mis hermanas han disfrutado del regalo de la ciencia. Hoy, mis palabras son por todas ellas y por todas las que nacerán.

El Profeta dijo: «Busca el conocimiento desde la cuna hasta la tumba».

Como bien relata el Corán, las mujeres fueron pioneras en el islam: Khadija, la primera musulmana y gran comerciante; Aisha, transmisora de ciencia y jurisprudencia; Fátima, ejemplo de valentía y pureza. El islam nunca nos impidió nada a las mujeres; al contrario, nos alentó a aprender, a prosperar y a liderar.

Ninguna interpretación errónea de la *sharía* será de nuevo un yugo para nosotras.

Durante décadas, nuestras madres, hijas y hermanas fueron, fuimos, enterradas en vida: negarnos la escuela fue robarnos el futuro; prohibirnos trabajar fue condenarnos a la pobreza; silenciar nuestras voces fue apagar la luz de nuestra nación. Pero hoy Afganistán declara que esa era ha terminado.

Por eso anuncio el Plan Nacional de Restitución y Garantía de Derechos para Mujeres y Niñas. A partir de este momento:

• Toda niña afgana tendrá un lápiz en la mano, no un contrato de matrimonio.

• Ningún acuerdo de matrimonio será válido sin la presencia y el consentimiento explícito de la mujer.

• La edad mínima para casarse será de dieciocho años.

• Se prohíbe la poligamia: ningún hombre podrá tener una segunda o tercera esposa.

• Las Escuelas de Segunda Oportunidad llegarán a cada aldea. Si los extremistas queman un aula, construiremos diez.

• A las madres que enseñaron a sus hijas en secreto: vosotras sois nuestras heroínas. El Estado os pagará un salario, pero ahora a la luz del sol.

• Ninguna viuda volverá a ser despojada de su tierra.

• Los Tribunales Móviles de Género recorrerán cada rincón del país. Restituiremos lo robado, y quien se oponga se enfrentará a la justicia.

- En todas las escuelas será obligatorio enseñar igualdad de género y derechos humanos.
- El trabajo femenino será nuestra bandera económica. Las empresas que excluyan a las mujeres perderán contratos estatales; las que las empleen, pagarán menos impuestos. Prefiero mil críticas antes que ver a otra niña mendigando pan.
- La salud de las mujeres ya no será un pecado, sino un derecho. Las Caravanas de la Vida llevarán médicas a las montañas de Pamir Badakhshan. De este a oeste, de norte a sur, se darán anticonceptivos a las jóvenes y dignidad a las supervivientes de violencia.
- Los medios de comunicación, públicos y privados, estarán obligados a difundir programas de igualdad y derechos de la mujer.
- Se formarán cooperativas de mujeres de agricultura, textiles y tecnológicas que exportarán productos con la marca «Hecho en Afganistán».
- Se desarrollarán centros tecnológicos en Kabul y Herat, con programadoras y emprendedoras desarrollando aplicaciones para salud y educación rural.
- Se concederán microcréditos sin intereses para emprendedoras financiados por bancos estatales.
- Se creará una Bolsa de Valores de Kabul enfocada en *startups* lideradas por mujeres.
- Habrá cuotas de género en el Parlamento (con un 50 por ciento de mujeres).
- Se nombrará la primera vicepresidenta mujer y habrá un gabinete paritario.
- Se impulsarán consejos locales de mujeres en cada provincia para supervisar proyectos de desarrollo.
- Crearemos una comisión para documentar crímenes contra mujeres, no por venganza, pero sin impunidad.

A quienes me acusan de imponer ideas extranjeras, les recuerdo: el Profeta (la paz sea con él) trabajó para una mujer, Khadija.

El islam nunca ordenó encerrar a las mujeres; eso lo provocó el miedo de hombres débiles.

A los talibanes que quieren volver a la oscuridad, les digo: no temo sus balas. Por cada una que me disparen, habrá mil niñas con libros que se enfrentarán a ellos.

Y a las mujeres de mi país… Vosotras ya habéis ganado. Porque desde hoy, el Estado afgano será vuestro marido, vuestro padre y vuestro hermano. Os devuelvo lo que siempre fue vuestro: el derecho a respirar libres.

Que Alá bendiga a Afganistán y que nuestras hijas hereden un país donde «talibán» sea solo una palabra en los libros de historia.

(Aplausos).

Miro a mis hijos, que están cerca, jóvenes apuestos, altos y morenos, con traje y corbata. Me sonríen y aplauden con ganas.

MADRID, 2 DE OCTUBRE DE 2025

Los aplausos me despiertan y abro los ojos sobresaltada. Tengo grabada unos segundos la imagen de mis hijos, ya mayores, en la retina, pero enseguida se disipa. Me doy la vuelta con un giro brusco y tardo en ubicarme e identificar que estoy en mi cama, en mi habitación de mi piso de Vallecas. Todo ha sido un sueño, pero tan sumamente realista que siento que debo levantarme y empezar a escribir el Plan Nacional de Restitución y Garantía de Derechos para Mujeres y Niñas para Afganistán.

Hijos, voy a por vosotros. Nunca os olvido.

Organizo mi regreso. Tiembla, talibán.

Una vida en fechas

- **1993**. El 12 de abril nace Khadija Amin en Kabul.
- **1996**. Comienza sus primeras clases clandestinas.
- **2000**. Viaja a Karachi; es su etapa *bacha posh*.
- **2001**. Regresa a Kabul y se matricula en la escuela primaria Maryam, en el barrio de Khair Khana.
- **2009**. Comienza sus estudios en la escuela de secundaria Sultán Razia, donde se graduará en 2011.
- **2012**. Con diecinueve años, el 12 de octubre se celebra su matrimonio forzado con Shafiq.
- **2013-2014**. Estudia y se gradúa como matrona.
- **2014**. Nace su primer hijo, Omar.
- **2016**. Da a luz a los mellizos Rezwan y Seawash.
- **2018**. Se divorcia de su marido.
- **2018-2019**. Estudia Periodismo en Fanoos.
- **2018-2020** Empieza a trabajar en TV Educación, Saba TV y Parlamento TV.
- **2020**. Se estrena como reportera y presentadora en el noticiero del canal estatal de televisión, RTA.
- **2021**. El 18 de agosto se encuentra con el jefe talibán en las oficinas del canal de televisión.
- **2021**. El 22 de agosto aterriza en la base de Torrejón de Ardoz con los últimos evacuados de Afganistán tras la toma de Kabul por parte de los talibanes.

- **2021**. Recibe el premio especial de los Premios 20Blogs, del diario *20 Minutos* (con el que colabora), por su defensa de la libertad de expresión y su lucha en favor de los derechos humanos, sobre todo de la igualdad.
- **2022**. En octubre, se muda de Salamanca (su primer destino en España) a Madrid.
- **2022**. Se gradúa en Periodismo estando en España (hace los exámenes online) y hace un curso de Reporteros Sin Fronteras.
- **2022**. Comienza a trabajar en Antonia Pizza (Madrid), su primer trabajo fijo en España.
- **2022**. En noviembre, recoge el Premio de Igualdad de Murcia en nombre de todas las mujeres afganas que viven sometidas a un machismo exacerbado.
- **2023**. En junio, comienza a trabajar en la productora audiovisual TBS.
- **2023**. Recoge, en representación, el Premio Club de las 25 a la lucha de las mujeres afganas, que, tras la toma del poder por los talibanes, han visto limitados derechos básicos como el acceso a la educación.
- **2024**. En junio, visita por primera vez a sus hijos, que ahora residen en Alemania. Lleva tres años sin verlos.
- **2024**. En otoño, crea la asociación Esperanza de Libertad, comprometida con «brindar apoyo y esperanza a mujeres y niñas afganas, ayudándolas a acceder a la educación y al emprendimiento de manera segura y clandestina».
- **2024**. Entre el 12 y el 14 de octubre, visita por última vez a sus hijos en Alemania. Después de ese encuentro, solicita por carta un régimen de visitas a su exmarido.
- **2024**. En noviembre, y de manera inesperada, su exmarido viaja con sus hijos de Alemania a Afganistán.
- **2024**. Nominada al Premio Xornalistas de Liberdade de Prensa del Colexio de Xornalistas de Galicia.
- **2025**. El 7 de marzo, es invitada a participar en los actos del Día de la Mujer organizados por la UNESCO en París.

- **2025**. Finalista del Premio Internacional de Periodismo David Beriain.
- **2025**. Tras muchas pesquisas, consigue averiguar la ubicación de sus hijos en Kabul y recibe una prueba de vida.
- **2025**. En septiembre, logra hacer una videollamada con sus hijos. Será la última hasta la fecha de cierre de este libro.
- **2025**. El 14 de octubre, presenta su solicitud de nacionalidad española por carta de naturaleza.
- **2025**. En noviembre, se preestrena en el Festival de Cine Europeo de Sevilla su documental *Khadija Amin. ¿Dónde están mis hijos?* (TBS), en el que Khadija narra su lucha para encontrar a Omar, Redwan y Seawash.

Para colaborar en la actividad de Khadija Amin por los derechos humanos y la libertad y el futuro de las mujeres y niñas afganas puedes hacerlo en <www.esperanzadelibertad.org>.

Agradecimientos

Al Gobierno de España, por darnos una opción de futuro a tantas familias afganas.

A TPS, Telefónica, jefes, compañeros, amigos…, por todo lo bueno compartido en lo profesional y en lo personal.

A Reporteros Sin Fronteras, por su apoyo inquebrantable desde el principio.

A *El País*, *20 Minutos* y RTVE, por hacer periodismo con mayúsculas.

A CEPAIM Salamanca, por su gran labor de integración.

Al Club de las 25, por el regalo del feminismo.

A Magis Iglesias y Chus Torrecilla, por ser las mejores «madres» o madrinas españolas.

A Inma Orquín, por ser «madre» valenciana.

A NetWomening y María López, por ayudar de la manera adecuada.

A Julia Navarro, una gran amiga.

A las mujeres y niñas afganas que siguen en Afganistán, para que no se rindan nunca. Gracias por resistir.

A las mujeres y niñas afganas que son refugiadas, por que su vida sea mejor. Gracias por seguir.

A las personalidades e instituciones que me han facilitado sus cartas para que pida la nacionalidad española.

A Alberto Ibáñez, Carlos Carabias, Salomé Canto, Rafa Ibáñez y Tita Marisol Canto. Gracias por darme un hogar.

Al eje Galicia-Madrid: Tareixa Montes, Lucía Cruz, Marta Fernández, Iratxe y César, Elena Ruiz y Juanjo Bolaños (más Vera), Paula Agulla y Priscila López (y Tato), Esther Barbeito y Lorena Tomé, Nuria Alés, Tamara Blanco e Iria Castro, Manolo Gutiérrez, Sofía Léon y Samu, Los Tocateclas, Sonia Barros, Julio Bellón, Alicia Hurtado, José Antonio Rojo, Mamen Fernández, Corina Mora y Susana Miranda. Y a Fernando Lorente y Tomás Zvizer (desde otros continentes), por sostener dos mudanzas, recta final de embarazo, parto y posparto. No hay palabras.

A Aurelia Roel y Melu Lozano, por ser pensamientos de cada día. Inmortales.

A Rojo, por las fotografías de las autoras.

A la Clínica Jurídica y a Maurici Pérez Simeón, por toda la orientación.

A Nata Lie, ¡por los pelos!

(A pesar de todo), a nuestras familias.

A nuestra editora, Paloma Abad, por ser tan eficaz como sensible.

Las autoras se agradecen mutuamente la colaboración y el trabajo conjunto, hecho con sacrificio y alegría.

Y gracias a nuestros hijos, por ser continua inspiración.

Nota de las autoras

Este libro es el fruto de dos años de conversaciones que fueron, en sí mismas, un viaje hacia lo más profundo de nuestras memorias, de nuestras heridas y de nuestras verdades. Lo decimos en plural porque es la biografía de una de nosotras, pero también un repaso interior de la trayectoria de la otra, interpelada al escuchar y darle forma a determinadas vivencias de una mujer afgana de Kabul que no estaban tan lejos de las que ella misma (mujer coruñesa afincada en Madrid) había vivido o presenciado.

Entre nosotras, hablamos de episodios que a menudo no habíamos compartido nunca con nadie y de otros que habíamos olvidado, deformado y soterrado bajo capas de miedo. Fue un proceso en el que tomamos consciencia, desenterramos, confrontamos y, finalmente, sanamos (o por lo menos iniciamos el camino). Charlas demoledoras en todo tipo de situaciones en las que se rescataron recuerdos bañados por el trauma, a veces, imprecisos, cuando no hemos podido fijar la fecha exacta en la que algo tuvo lugar, pero no por ello menos auténticos. Para no causar más daños, al tratar algunos temas difíciles, hemos usado algunos nombres ficticios y genéricos para proteger la identidad de las personas sin alterar la veracidad de la historia.

Mientras estos diálogos tenían lugar, la vida no dejó de suceder. Cada una de nosotras enfrentó su propia debacle personal: acontecimientos inesperados, ausencias que nos destrozaron, incertidumbres que nos tambalearon el suelo bajo nuestros pies, golpes que nos recordaron nuestra fragilidad y desafíos inesperados. Un tiempo de caos, pero también de transformación.

Escribir este libro fue, en muchos sentidos, una superación, un acto de resistencia, de obstinación… Y de supervivencia. Resistencia contra el silencio, contra el terror y contra la idea de que lo que daña debe permanecer oculto. Un modo de supervivencia, un acto de catarsis, una manera de darle sentido a lo que parecía insoportable. Creemos que es natural que un libro que narra el dolor se escriba con dolor, porque solo así puede ser fiel a la verdad.

Este texto es, en esencia, un testimonio de que, incluso en medio de la hecatombe, la desesperación puede hacerse luz. Es una invitación a mirar de frente aquello que nos aniquila y compartirlo para, quizá así, liberarnos de su peso. Y vencer.

Además, este libro es hermano de un ser humano que se gestaba y desarrollaba en el útero de una de las autoras en el transcurso de las charlas, convirtiéndose en el tercer autor en la sombra.

¡Bienvenido, Max! Le das sentido a la barbarie.

Con fuerza y esperanza,

KHADIJA AMIN y MÓNICA NION
Madrid, noviembre de 2025

Notas

Prólogo. La búsqueda

1. <https://elpais.com/videos/2021-08-16/video-los-talibanes-to man-el-palacio-presidencial-de-kabul.html>.
2. <https://rta.af/en/home/>.
3. <https://tbs.works/>.

Introducción

1. «Afganistán: cómo era la vida para las mujeres afganas antes de la primera llegada del Talibán», BBC News Mundo, 4 de septiembre de 2021, <https://www.bbc.com/mundo/noticias-internacional-58377557>.
2. Informe de asamblea general de Naciones Unidas. Consejo de Derechos Humanos. 53er periodo de sesiones. Tema 3 de la agenda. Promoción y protección de todos los derechos humanos, civiles, políticos, económicos, sociales y culturales, incluido el derecho al desarrollo. Situación de las mujeres y las niñas en Afganistán. Informe del Relator Especial sobre la situación de los derechos humanos en Afganistán y del Grupo de Trabajo sobre la cuestión de la discriminación contra las mujeres y las niñas. Contexto histórico, 19 de junio a 14 de julio de 2023, pp. 2-3.

3. «Afganistán se mantiene a flote con el dinero de Estados Unidos», *ABC,* 16 de septiembre de 2024, <https://www.abc.es/internacional/afganistan-mantiene-flote-dinero-estados-unidos-20240915040814-nt.html>.

4. «La pausa en la financiación de Estados Unidos deja a millones de personas en peligro», Noticas ONU, 4 de febrero de 2025, <https://news.un.org/es/story/2025/02/1536241>.

5. Informe de asamblea general de Naciones Unidas. Consejo de Derechos Humanos. 53er periodo de sesiones. Tema 3 de la agenda. Promoción y protección de todos los derechos humanos, civiles, políticos, económicos, sociales y culturales, incluido el derecho al desarrollo. Situación de las mujeres y las niñas en Afganistán. Informe del Relator Especial sobre la situación de los derechos humanos en Afganistán y del Grupo de Trabajo sobre la cuestión de la discriminación contra las mujeres y las niñas. Contexto histórico, 19 de junio a 14 de julio de 2023, pp. 2-3.

6. «La mujer en Afganistán. Situación catastrófica de los derechos humanos. Los derechos humanos, un derecho de la mujer», Amnistía Internacional, 1995.

7. «Afganistán: el sistema de justicia no da respuesta a las mujeres», Human Rights Watch, 5 de agosto de 2021.

8. Informe de asamblea general de Naciones Unidas. Consejo de Derechos Humanos. 53er periodo de sesiones. Tema 3 de la agenda. Promoción y protección de todos los derechos humanos, civiles, políticos, económicos, sociales y culturales, incluido el derecho al desarrollo. Situación de las mujeres y las niñas en Afganistán. Informe del Relator Especial sobre la situación de los derechos humanos en Afganistán y del Grupo de Trabajo sobre la cuestión de la discriminación contra las mujeres y las niñas. Contexto histórico, 19 de junio a 14 de julio de 2023.

9. «Escuelas clandestinas, la lucha por la educación de las adolescentes en Afganistán», *20 Minutos*, 29 de octubre de 2022,

<https://www.20minutos.es/noticia/5072507/0/escuelas-se
cretas-en-afganistan-para-que-las-adolescentes-puedan-recibir-
una-educacion/>.

10. «Las afganas no quieren ni una legitimación internacional del
régimen talibán ni una nueva intervención extranjera», *El
País*, 30 de agosto de 2023, <https://elpais.com/planeta-fu
turo/2023-08-30/las-afganas-no-quieren-ni-una-legitima
cion-internacional-del-regimen-taliban-ni-una-nueva-inter
vencion-extranjera.html>.

11. «La Fiscalía del Tribunal Penal Internacional pide detener al
líder de los talibanes por perseguir a las mujeres», *El País*, 23
de enero de 2025, <https://elpais.com/internacional/2025-
01-23/la-fiscalia-del-tribunal-penal-internacional-pide-dete
ner-al-lider-de-los-talibanes-por-perseguir-a-las-mujeres.html>.

LAS ÚLTIMAS VECES

1. «Tejido de alfombras, arte nacido de las mujeres afganas»,
20 Minutos, 27 de febrero de 2024, <https://www.20minu
tos.es/noticia/5221481/0/tejido-alfombras-arte-nacido-las-
mujeres-afganas/>.

2. «Los talibanes sacan del directo a dos presentadoras de televisión estatal en Afganistán y golpean a dos periodistas», Com-
mittee to Protect Journalist, 19 de agosto de 2021, <https://
cpj.org/2021/08/taliban-take-2-female-state-tv-anchors-off-
air-in-afghanistan-beat-at-least-2-journalists/>.

3. «El pánico a los talibanes desata el caos en el aeropuerto de
Kabul», *El País*, 16 de agosto de 2021, <https://elpais.com/
internacional/2021-08-16/el-panico-a-los-talibanes-desata-el-
caos-en-el-aeropuerto-de-kabul.html>.

4. «Ataque terrorista en Universidad de Kabul deja hasta el momento 22 muertos». Agencia Anadolu, 2 de noviembre de
2020, <https://www.aa.com.tr/es/mundo/ataque-terrorista-

en-universidad-de-kabul-deja-hasta-el-momento-22-muertos/
2028308#>.

5. «El Gobierno ha evacuado a 3.900 colaboradores afganos desde hace un año con los 300 llegados hoy a Torrejón», La Moncloa, 10 de agosto de 2022, <https://www.lamoncloa.gob.es/
serviciosdeprensa/notasprensa/presidencia/Paginas/2022/100
822_refugiados-afganistan.aspx>.

   «España da por concluida la misión de evacuación de Afganistán», El País, 27 de agosto de 2021, <https://elpais.com/
espana/2021-08-27/espana-da-por-concluida-la-mision-de-
evacuacion-de-afganistan.html>.

6. «La ofensiva talibán en Afganistán causa 250.000 desplazados,
el 80 % mujeres y niños», RTVE, 13 de agosto de 2021,
<https://www.rtve.es/noticias/20210813/ofensiva-taliban-
afganistan-causa-250000-desplazados-80-mujeres-ninos/215
8240.shtml?utm_source=chatgpt.com>, <https://fundaciona
cnur.org/emergencias-humanitarias/refugiados-afganos/?utm_
source=chatgpt.com>.

7. «Aterriza en Torrejón de Ardoz un avión con 177 personas
evacuadas desde Afganistán», El Mundo, 23 de agosto de 2021,
<https://www.elmundo.es/espana/2021/08/22/6122bfa9fc
6c8305048b45a0.html>.

LA MAESTRA Y EL INGENIERO

1. Informe de asamblea general de Naciones Unidas. Consejo de
Derechos Humanos. 53er periodo de sesiones. Tema 3 de la
agenda. Promoción y protección de todos los derechos humanos, civiles, políticos, económicos, sociales y culturales, incluido el derecho al desarrollo. Situación de las mujeres y las
niñas en Afganistán. Informe del Relator Especial sobre la situación de los derechos humanos en Afganistán y del Grupo
de Trabajo sobre la cuestión de la discriminación contra las

mujeres y las niñas. Contexto histórico, 19 de junio a 14 de julio de 2023, pp. 2-3.

O te casas o te mato

1. Informe de asamblea general de Naciones Unidas. Consejo de Derechos Humanos. 53er periodo de sesiones. Tema 3 de la agenda. Promoción y protección de todos los derechos humanos, civiles, políticos, económicos, sociales y culturales, incluido el derecho al desarrollo. Situación de las mujeres y las niñas en Afganistán. Informe del Relator Especial sobre la situación de los derechos humanos en Afganistán y del Grupo de Trabajo sobre la cuestión de la discriminación contra las mujeres y las niñas. Contexto histórico, 19 de junio a 14 de julio de 2023, p. 14-15.

2. «El aumento de los matrimonios infantiles en Afganistán: "Estamos viendo chicas que se casan cada vez más jóvenes, con 11 y 12 años"». *El País*, 7 de octubre de 2023, <https://elpais.com/planeta-futuro/2023-10-07/el-aumento-de-los-matrimonios-infantiles-en-afganistan-estamos-viendo-chicas-que-se-casan-cada-vez-mas-jovenes-con-11-y-12-anos.html?utm_source=chatgpt.com>.

3. «Crece el matrimonio infantil en Afganistán: "Está en juego el futuro de toda una generación"», Noticias ONU, 12 de noviembre de 2021, <https://news.un.org/es/story/2021/11/1499952>.

4. «Hablar de la regla es un tabú», *20 Minutos*, 27 de junio de 2023, <https://www.20minutos.es/noticia/5141309/0/hablar-regla-es-un-tabu/>.

TEN UN NIÑO O ABORTA

1. Informe de asamblea general de Naciones Unidas. Consejo de Derechos Humanos. 53er periodo de sesiones. Tema 3 de la agenda. Promoción y protección de todos los derechos humanos, civiles, políticos, económicos, sociales y culturales, incluido el derecho al desarrollo. Situación de las mujeres y las niñas en Afganistán. Informe del Relator Especial sobre la situación de los derechos humanos en Afganistán y del Grupo de Trabajo sobre la cuestión de la discriminación contra las mujeres y las niñas. Contexto histórico, 19 de junio a 14 de julio de 2023, p. 15.
2. *Daughters of Rabia*, Free Women Writers, <https://freewomenwriters.org/about-us/?utm_source=chatgpt.com>. El libro *You are not alone* está disponible en https://web.archive.org/web/20220516231945/https://www.freewomenwriters.org/wp-content/uploads/2020/11/You-Are-Not-Alone-Free-Women-Writers-English-PDF-Final.pdf>.

MATERNIDADES AFGANAS

1. Informe anual de UNICEF, 2023, <https://www.unicef.org/es/informes/informe-anual-unicef-2023>.
2. Grupo Banco Mundial, <https://datos.bancomundial.org/indicator/SP.DYN.CBRT.IN?locations=AF>.
3. Informe de asamblea general de Naciones Unidas. Consejo de Derechos Humanos. 53er periodo de sesiones. Tema 3 de la agenda. Promoción y protección de todos los derechos humanos, civiles, políticos, económicos, sociales y culturales, incluido el derecho al desarrollo. Situación de las mujeres y las niñas en Afganistán. Informe del Relator Especial sobre la situación de los derechos humanos en Afganistán y del Grupo de Trabajo sobre la cuestión de la discriminación contra las

mujeres y las niñas. Contexto histórico, 19 de junio a 14 de julio de 2023, p. 12.

ESCLAVITUD O SUICIDIO

1. Informe de asamblea general de Naciones Unidas. Consejo de Derechos Humanos. 53er periodo de sesiones. Tema 3 de la agenda. Promoción y protección de todos los derechos humanos, civiles, políticos, económicos, sociales y culturales, incluido el derecho al desarrollo. Situación de las mujeres y las niñas en Afganistán. Informe del Relator Especial sobre la situación de los derechos humanos en Afganistán y del Grupo de Trabajo sobre la cuestión de la discriminación contra las mujeres y las niñas. Contexto histórico, 19 de junio a 14 de julio de 2023, p. 13.
2. «Del suicidio al periodismo», *20 Minutos*, 20 de enero de 2023, <https://www.20minutos.es/noticia/5095313/0/del-sui cidio-al-periodismo/>.

TODAS LAS MUJERES QUE CONOZCO FUERON VIOLADAS

1. <https://main.un.org/securitycouncil/sites/default/files/es/ sc/repertoire/96-99/Chapter%208/Asia/96-99_8_Asia_23_ Afghanistan.pdf>.
2. Septuagésimo octavo periodo de sesiones. Tema 73 c) del programa provisional.* Promoción y protección de los derechos humanos: situaciones de los derechos humanos e informes de relatores y representantes especiales. Situación de los derechos humanos en Afganistán. Informe del Relator Especial sobre la situación de los derechos humanos en Afganistán, Richard Bennett (se basa en su informe anterior y abarca la evolución de la situación principalmente entre febrero y agosto de 2023, 1 de septiembre de 2023, <https://docs.un.org/es/A/78/338>.

3. <https://www.amnesty.org/es/location/asia-and-the-pacific/south-asia/afghanistan/report-afghanistan/>.

La libertad duele

1. Informe de asamblea general de Naciones Unidas. Consejo de Derechos Humanos. 53er periodo de sesiones. Tema 3 de la agenda. Promoción y protección de todos los derechos humanos, civiles, políticos, económicos, sociales y culturales, incluido el derecho al desarrollo. Situación de las mujeres y las niñas en Afganistán. Informe del Relator Especial sobre la situación de los derechos humanos en Afganistán y del Grupo de Trabajo sobre la cuestión de la discriminación contra las mujeres y las niñas. Contexto histórico, 19 de junio a 14 de julio de 2023, p. 17.

Mujer, periodista, afgana

1. Grupo Banco Mundial, <https://datos.bancomundial.org/indicador/SL.TLF.TOTL.FE.ZS?locations=AF>.
2. «Dos años bajo el régimen talibán: la resiliencia del periodismo afgano, pese a la represión», Reporteros Sin Fronteras España, 14 de agosto de 2023, <https://rsf-es.org/dos-anos-bajo-el-regimen-taliban-la-resiliencia-del-periodismo-afgano-pese-a-la-represion/>.
3. «Los talibanes prohíben a las afganas trabajar en las ONG», Reuters, 24 de diciembre de 2022, <https://elpais.com/internacional/2022-12-24/los-talibanes-prohiben-a-las-afganas-trabajar-en-las-ong.html>.
4. «Afganistán: El Consejo de Seguridad condena la prohibición talibán de que las mujeres trabajen para la ONU», Noticias ONU, 27 de abril de 2023, <https://news.un.org/es/story/2023/04/1520462>.

5. Informe de asamblea general de Naciones Unidas. Consejo de Derechos Humanos. 53er periodo de sesiones. Tema 3 de la agenda. Promoción y protección de todos los derechos humanos, civiles, políticos, económicos, sociales y culturales, incluido el derecho al desarrollo. Situación de las mujeres y las niñas en Afganistán. Informe del Relator Especial sobre la situación de los derechos humanos en Afganistán y del Grupo de Trabajo sobre la cuestión de la discriminación contra las mujeres y las niñas. Contexto histórico, 19 de junio a 14 de julio de 2023, p. 9.

6. «Afganistán: Al menos 9 periodistas muertos y 6 heridos en explosiones en Kabul», Reporteros Sin Fronteras, 30 de abril de 2018, <https://rsf.org/en/afghanistan-least-9-journalists-killed-6-wounded-kabul-blasts>.

7. «Ataque en Afganistán: el número de muertos en la sala de maternidad asciende a 24», BBC, 13 de mayo de 2020, <https://www.bbc.com/news/world-asia-52642503>.

8. «Expresentador de televisión afgano muere en explosión en Kabul», Aljazeera, 7 de noviembre de 2020, <https://www.aljazeera.com/news/2020/11/7/former-afghan-tv-presenter-killed-in-explosion-in-capital>.

Viva España

1. «Exteriores cierra 2021 con el éxito de la evacuación de Afganistán y tras superar su compromiso de vacunación internacional solidaria», Ministerio de Asuntos Exteriores, 30 de diciembre de 2021, <https://www.exteriores.gob.es/es/Comunicacion/NotasPrensa/Paginas/2021_NOTAS_P/20211230_NOTA213.aspx>.

2. «España tiene acogidos a 4.575 refugiados afganos, 1.674 atendidos por ACCEM desde agosto de 2021», Europa Press, 14 de agosto de 2025, <https://www.europapress.es/epsocial/

migracion/noticia-espana-tiene-acogidos-4575-refugiados-afganos-1674-atendidos-accem-agosto-2021-20250814110150.html>.

3. «Prendas rojas y amarillas, la señal de los colaboradores afganos para identificarse como españoles en Kabul», *El Mundo*, 22 de agosto de 2021, <https://www.elmundo.es/espana/2021/08/22/61226c92e4d4d82b5b8b45dd.html>.

4. <https://www.cepaim.org/>.

5. «Amanece en España para Massouda y Khadija», *El País*, 29 de agosto de 2021, <https://elpais.com/internacional/2021-08-29/amanece-en-espana-para-massouda-y-khadija.html>.

6. «Nunca me callaré. Protestaré contra los talibán y alzaré mi voz por la libertad», *20 Minutos*, 7 de octubre de 2021, <https://www.20minutos.es/noticia/4847237/0/khadija-amin-premio-especial-20blogs-nunca-callare-protestare-contra-taliban-alza re-mi-voz-libertad/>.

7. <https://www.instagram.com/afghanwomenontherun/?hl=es>.

8. <https://netwomening.org/>.

9. «El renacer en España de la afgana Khadija Amin: de dormir en un parque a trabajar como periodista», *El País*, 18 de febrero de 2024, <https://elpais.com/internacional/2024-02-18/el-renacer-en-espana-de-la-afgana-khadija-amin-de-dormir-en-un-parque-a-trabajar-como-periodista.html>.

EL PRIVILEGIO DE LA INTEGRACIÓN

1. Informe anual CEAR 2023, <https://www.cear.es/informe-cear-2023/>.

2. <https://www.elclubdelas25.com/>.

Activismo infinito

1. <https://www.esperanzadelibertad.org/>.
2. <https://www.facebook.com/watch/?v=1654092435151551>.
3. «El presidente del Gobierno se reúne con representantes de la labor de la ONU», La Moncloa, 24 de octubre de 2024, <https://www.lamoncloa.gob.es/presidente/actividades/paginas/2024/241024-sanchez-encuentro-representantes-labor-onu.aspx>.
4. Internacional Feminista en Madrid, 17 de octubre de 2024, <https://compi-coordinadora.org/internacional-feminista-en-madrid/>.
5. UNESCO's Conference on Women and Girls in Afghanistan, 7 de marzo 2025, <https://www.unesco.org/es/event/35077>.
6. <https://www.instagram.com/aryanasayeed/>.
7. «RSF España recoge el I Premio Victoria Prego en el Congreso de los Diputados», Reporteros Sin Fronteras, 6 de mayo de 2025, <https://rsf-es.org/rsf-espana-recoge-el-i-premio-victoria-prego-en-el-congreso-de-los-diputados/>.

Las primeras veces

1. <https://www.instagram.com/lapili_/?hl=es>.
2. <https://www.satisfyer.com/es?srsltid=AfmBOooQ7mbUUqDrl6t1lU1hodKpaUvw7z24RTZCdSal0s0Fd6msfan2>.

Clínica jurídica

1. «La lucha de Khadija Amin tres años después de huir de los talibanes: "Sigo sufriendo y solo quiero vivir con mis hijos", RTVE, 15 de agosto de 2024, <https://www.rtve.es/noti

cias/20240815/entrevista-khadija-amin-presentadora-televi sion-afganistan/16218387.shtml>.

2. <https://www.upf.edu/es/web/clinica-juridica>.

3. «La Clínica Jurídica de la UPF logra que la Audiencia Nacional ordene el traslado a España de una fiscal antiterrorista afgana perseguida por los talibanes», Universitat Pompeu Fabra Barcelona, 15 de abril de 2024, <https://www.upf.edu/es/web/focus/categorias/-/asset_publisher/hlsDZSvuyDY5/content/la-cl%C3%ADnica-jur%C3%ADdica-de-la-upf-logra-que-la-audiencia-nacional-ordene-el-traslado-a-espa%C3%B1a-de-una-fiscal-antiterrorista-afgana-perseguida-por-los-talibanes/10193/maximized>.

SECUESTRO

1. «Una carta para mis hijos», *20 Minutos*, 29 de diciembre de 2023, <https://www.20minutos.es/noticia/5204364/0/una-carta-para-mis-hijos/>.

EPÍLOGO

1. Ibn Māŷa en Sunan Ibn Māŷa, *Libro de la Introducción*, «Capítulo sobre la virtud de los sabios y la exhortación a buscar el conocimiento», *hadiz* n.º 224. También lo transmitieron al-Bayhaqī en Shu'ab al-īmān y al-Ṭabarānī en al-Mu'ŷam al-Awsaṭ.